铁路职工岗位培训教材

动车组列车员（长）

（第二版）

铁路职工岗位培训教材编审委员会

中国铁道出版社

2013年·北京

内 容 简 介

本书为动车组列车员(长)岗位培训教材。本书是根据最新版的《铁路旅客运输规程》对《动车组列车员(长)》第一版的内容进行了修订,同时,增加了 CRH380A、CRH380B 型动车组车内主要设施设备、动车组实名制和网路售票等内容。全书共分为五个部分,主要包括:高速铁路概述、动车组列车设备设施、动车组旅客运输组织、动车组列车安全管理和应急处置以及站车服务人员行为规范。

本书针对铁路职工岗位培训、职业技能鉴定进行编写,是各单位组织职工各级各类岗位培训、技能鉴定的必备用书,对各类职业学校相关师生也有重要的参考价值。

图书在版编目(CIP)数据

动车组列车员(长)/铁路职工岗位培训教材编审委员会编. —2 版. —北京:中国铁道出版社,2012.1
(2013.9重印)
铁路职工岗位培训教材
ISBN 978-7-113-14128-8

Ⅰ.①动… Ⅱ.①铁… Ⅲ.①高速列车:动车-乘务人员-技术培训-教材 Ⅳ.①U293.3

中国版本图书馆 CIP 数据核字(2012)第 004866 号

书　　名:铁路职工岗位培训教材
动车组列车员(长)(第二版)
作　　者:铁路职工岗位培训教材编审委员会

责任编辑:薛丽娜　黄　燕　　电话:51873055
封面设计:薛小卉
责任校对:孙　玫
责任印制:陆　宁

出版发行:中国铁道出版社(100054,北京市西城区右安门西街 8 号)
网　　址:http://www.tdpress.com
印　　刷:北京精彩雅恒印刷有限公司
版　　次:2010 年 1 月第 1 版　2012 年 3 月第 2 版　2013 年 9 月第 4 次印刷
开　　本:787 mm×1 092 mm　1/16　印张:15.25　字数:386 千
书　　号:ISBN 978-7-113-14128-8
定　　价:40.00 元

前　言

党的十六大以来，铁路事业蓬勃发展，大规模铁路建设全面展开，技术装备现代化实现重大跨越，尤其在高原铁路、机车车辆装备、客运专线、既有线提速和重载运输技术方面达到了世界先进水平。铁路职工队伍素质得到了相应提高，但距离铁路现代化发展的要求还有一定差距，铁路人才队伍建设和职工教育培训工作任重道远。

教材是劳动者终身教育和职业生涯发展的重要学习工具，教材建设是职业教育培训工作的重要组成部分，是提高教育培训质量的关键。加快铁路职工岗位培训教材建设，已成为加强和改进铁路职工教育培训工作的当务之急。为适应铁路现代化发展对技能人才队伍建设的需要，加快铁路职工岗位培训教材建设，铁道部决定按照铁道行业特有职业（工种）国家职业标准，结合铁路现代化发展的实际，组织开发铁路职工岗位培训教材。

本套教材由铁道部劳动和卫生司、运输局共同牵头组织，相关铁路局分工负责，集中各业务部门的专家和优秀工程技术人员编写及审定，多方合作，共同完成，涵盖了铁路运输（车务、客运、货运、装卸）、机务、车辆、工务、电务部门的77个铁路特有职业。教材坚持继承与创新相结合，充分体现了近几年来铁路新技术、新设备的大量运用及其发展趋势，特别是动车组系列教材填补了教材建设的空白，为动车组司机和机械师等铁路新职业员工提供了岗位培训教材；教材坚持科学性与规范性，依据铁道行业国家职业标准中的基本要求和工作要求编写，力争准确体现国家职业标准和有关作业标准、安全操作等规章、规范的要求;教材坚持实用可行的原则,重点突出实作技能、应急处理和新技术、新设备、新规章、新工艺等四新知识,对职业技能部分按照技能等级分层编写,便于现场职工的培训与自学。

本套教材适用于工人新职、转职(岗)、晋升的岗位资格性培训,也适用于各类岗位适应性培训,同时为职业技能鉴定提供参考。

本书是根据最新版的《铁路旅客运输规程》对《动车组列车员(长)》第一版的内容进行了修订,同时,增加了 CRH_{380A}、CRH_{380B} 型动车组车内主要设施设备、动车组实名制和网路售票等内容。

《动车组列车员(长)》一书由北京铁路局负责主编,主编人员:朱殿萍,参加编写人员:辛洪杰、裴瑞江、张居才、曹元枫、邓洪、韩志强、周斌、万千、阚静、方华祥、李彦军、李卫东、刘敬杪,主要审定人员:崔艳、任广鑫、廉文彬、马恩坡、汪洪飞、赵军、于东明、牛建华、赵万香。本书在编写、审定过程中得到了有关单位的大力支持,在此一并表示感谢!

铁路职工岗位培训教材编审委员会

2011 年 10 月

目 录

第一章 高速铁路概述

对世界每个国家来讲，交通运输作为基础性产业，对国民经济和社会发展起着至关重要的作用。铁路以其速度高、运量大、安全性能好等特点在19世纪后期和20世纪初期得到迅速发展，成为各国交通运输的骨干力量。20世纪初至20世纪50年代，德国、法国、日本等国家先后开展了大量的有关高速列车的理论研究和试验工作，在20世纪60年代进入实用阶段，1964年日本新干线的成功运营，为世界铁路发展树立了典范，标志着世界铁路的客运发展进入了高速时代。

1981年，法国建成了最高时速270 km的TGV东南新干线，它的修建开辟了一条低成本建造高速铁路的新途径，把高速铁路的技术发展推向了一个新台阶。日本、法国这两条新干线不但是高速铁路不同发展阶段的标志，还以其明显的社会经济效益、先进的技术装备和优良的客运服务享誉世界。在日本、法国修建高速铁路取得成效的基础上，世界上许多国家掀起了建设高速铁路的高潮，德国、意大利、西班牙、瑞典等国家相继发展了不同类型的高速铁路，且速度不断刷新。

第一节 国内外高速铁路概况

一、高速铁路的技术经济特征及经济优势

高速铁路的定义：1970年5月，日本定义高速铁路为列车在主要区间以200 km/h以上速度运行。1985年5月，联合国欧经会定义客运专线为列车在主要区间运行速度300 km/h及以上，客货混线列车运行速度为250 km/h。国际铁路联盟（UIC）定义新线列车运行速度250 km/h以上，既有线改造列车运行速度200 km/h以上的铁路称为高速铁路。

高速铁路技术是当代世界铁路的一项重大技术成就，它集中地反映了一个国家铁路牵引动力、线路结构、运行控制、运输组织和经营管理等方面的技术进步，也体现了一个国家的科技和工业水平；同时，高速铁路在经济发达、人口密集的地区具有突出的经济效益和社会效益。

与公路、航空相比，高速铁路的主要技术经济优势表现在：速度快、旅行时间短；列车密度高、运量大；高速列车乘坐舒适性好；土地占用面积小；能耗低；环境污染小；外部运输成本低；列车运行准点；安全可靠；不受气候影响，全天候运行；社会经济效益好。

二、国外高速铁路发展概况

目前，世界高速铁路以日本新干线、德国ICE和法国TGV为世界高速铁路技术、运营管理的代表。瑞典主要通过开发摆式列车实现铁路高速化。摆式列车的技术特点可以概括为：列车在曲线运行的自主摆动，提高列车通过曲线的速度，从而提高列车区间运行速度。西班牙高速铁路采用高、中速混跑的运输模式，实现了与既有铁路兼容和一体化。另外，意大利、韩国、荷兰、比利时等国家都建有高速铁路或正在修建高速铁路。

日本的高速铁路“新干线”诞生于1964年。当时的东京至大阪“东海道”线仅用8年时间就收回全部投资。40多年来,新干线技术不断进步,已经构成了日本国内铁路网的主干部分。

虽然新干线的速度优势不久之后就被法国的TGV超过,但是日本新干线拥有目前最为成熟的高速铁路商业运行经验,而且新干线修建之后对于日本经济的拉动也是引起世界高速铁路建设狂潮原因之一。

TGV是法国享誉世界的产品。所谓TGV是Traina Grande Vitesse(法语“高速铁路”)的简称。第一条TGV是1981年开通的巴黎至里昂线。此后不过几个月,TGV就打败法国航空拥有了这条线路的最大客源。

1972年的试验运行中,TGV创造了当时的318 km的高速轮轨时速。

从此TGV一直牢牢占据高速轮轨的速度桂冠,目前的纪录是2008年创下的574 km/h。另外法国境内的加来至马赛线是目前世界上唯一一条超过1 000 km的高速铁路运营线,在这条线路上TGV的平均时速超过300 km,表现也非常稳定。

法国TGV的最大优势在于传统轮轨领域的技术领先。1996年,欧盟各国的国有铁路公司经联合协商后确定采用法国技术作为全欧高速火车的技术标准。因此TGV技术被出口至韩国、西班牙和澳大利亚等国,是被运用最广泛的高速轮轨技术。

德国的ICE则是目前高速铁路中起步最晚的项目。ICE(Inter City Express的简称)的研究开始于1979年,其内部制造原理和制式与法国TGV有很多相似之处,目前的最高时速是1988年创下的409 km。因此现在德国与法国政府正在设计进行铁路对接,用各自的技术完成欧洲大陆上最大的两个国家铁路网的贯通。

ICE起步较晚和进展比较落后的一个重要原因是德国人在高速轮轨和磁悬浮的两线作战。由于磁悬浮在设计理念上的先天优势(没有固态摩擦),德国的常导高速磁悬浮一直是其铁路方面科研的重点。磁悬浮的设计理念与传统意义上的轮轨完全不同,因此当法国的TGV顺利投入运行,而且速度不亚于当时的磁悬浮时,德国人才开始在高速轮轨方面奋起直追,但是至今仍与法国TGV技术有不小的差距。

三、我国高速铁路的发展

京津城际铁路是我国第一条建成的高速铁路,北京南站至天津站,全长120 km。2008年8月1日正式投入运营,运营最高时速350 km。

京沪高速铁路是我国规划修建的第一条高速铁路,对于究竟是采用轮轨技术还是磁悬浮技术,是整体引进还是与国产相结合,是单独采用一个国家的技术体系,还是集成各国之长,有关方面一直争论不断,因此京沪高速铁路自论证到修建经历了一个漫长的历程:

1990年,修建京沪高速铁路的相关可行性研究提上日程。

1997年3月,铁道部向国家计委正式上报了《新建北京至上海高速铁路项目建议书》。

2006年3月,温家宝总理主持国务院常务会议,讨论并原则通过了《京沪高速铁路项目建议书》,至此京沪高铁正式立项。

2007年9月,京沪高铁可行性报告获批。

2007年10月,高铁建设领导小组成立,组长曾培炎。

2011年6月30日,被称为“重大战略性交通工程”的中国京沪高速铁路全线开通运营,京沪高速铁路全线纵贯北京、天津、上海市和河北、山东、安徽、江苏四省，是《中长期铁路网规划》中投资规模最大、技术含量最高的一项工程。京沪高速铁路正线全长约 1 318 km，与既有京沪铁路的走向大体并行，使北京至上海全程运行时间缩短至 5 h。

四、我国客运专线的发展规划

高速铁路客运专线是以客运为主的快速铁路，是国家重点建设项目。铁路等级除Ⅰ、Ⅱ、Ⅲ级外增加了“客运专线”等级，时速 200～350 km 的铁路统称为客运专线，曲线半径一般在 2 200 m 以上。根据《中长期铁路网规划》，计划建设“四纵四横”客运专线，将辐射我国 70%的 50 万人口以上的城市，年旅客数量达 3 亿人次以上。

(一)客运专线的设计速度

1964 年日本建成世界上第一条时速 210 km 的高速客运专线后，法、德、西、意、韩等国家和中国台湾地区纷纷修建高速客运专线，设计速度从 210 km/h 到 270 km/h、300 km/h、350 km/h。

(二)客运专线的特点

客运专线运量大、效能高，社会经济效益显著。客运专线列车最小行车间隔可达 3 min，按现在间隔 5 min 计算，列车密度可达每小时 12 列，列车定员可达 1 200 多人/列，理论上每小时最大输运能力可达 28 800 人，能够实现大量、快速和高密度运输。从发达国家实践来看，客运专线取得了非常好的社会和经济效益。如法国三条客运专线每年输送旅客各 2 000 多万人次，均取得盈利。日本四条客运专线自开业以来客运量增加 6 倍多，被日本人誉为“经济起飞的脊梁”。

客运专线安全可靠。安全是人们出行选择交通运输方式的首要因素。

据中国经济景气检测中心日前对北京、上海、广州三座城市居民的随机抽样调查问卷显示，现在有 66.9%的居民外出首选火车，其中一条重要原因就是看中铁路运输安全。铁路客运专线是最安全的现代高速交通运输方式。它采用了先进的列车运行控制系统，能够保证前后两列车必要的安全距离，有效防止列车追尾及正面冲撞事故。信息化程度很高的行车设施诊断、监测、预警设备和科学的养护维修，构成了客运专线现代化的、完善的安全保障系统。

(三)我国客运专线规划

为适应全面建设小康社会的目标要求，铁路网要扩大规模，完善结构，提高质量，快速扩充运输能力，迅速提高装备水平。到 2020 年，全国铁路营业里程将达到 12 万 km 以上，复线率和电化率分别达到 50%和 60%以上，主要繁忙干线实现客货分线，基本形成布局合理、结构清晰、功能完善、衔接顺畅的铁路网络，运输能力满足国民经济和社会发展需要，主要技术装备达到或接近国际先进水平。

为满足快速增长的旅客运输需求，建立省会城市及大中城市间的快速客运通道，规划“四纵四横”等客运专线以及经济发达和人口稠密地区城际客运系统。建设客运专线 1.6 万 km 以上。其中：

“四纵”客运专线：

(1)北京—上海客运专线，包括蚌埠—合肥、南京—杭州客运专线，贯通京津至长江三角洲东部沿海经济发达地区，全长约 1 318 km，纵贯京津沪和冀鲁皖苏四省，连接环渤海和长江三角洲两大经济区。

(2)北京—武汉—广州—深圳,全长 2 260 km,连接华北、华中和华南地区。

(3)北京—沈阳—哈尔滨(大连)客运专线,包括锦州—营口客运专线,连接东北和关内地区。

(4)上海—杭州—宁波—福州—深圳客运专线,连接长江、珠江三角洲和东南沿海地区。

“四横”客运专线:

(1)徐州—郑州—兰州,全长约 1 400 km,连接西北和华东地区。

(2)杭州—南昌—长沙—贵阳—昆明客运专线,连接西南、华中和华东地区。

(3)青岛—石家庄—太原,全长约 770 km,连接华北和华东地区。

(4)南京—武汉—重庆—成都(宁汉蓉),全长约 1 600 km,连接西南和华东地区。

同时,建设南昌—九江、柳州—南宁、绵阳—成都—乐山、哈尔滨—齐齐哈尔、哈尔滨—牡丹江、长春—吉林、沈阳—丹东等客运专线,扩大客运专线的覆盖面。

中长期铁路网规划图(2008 年调整)见图 1-1。

区域城际客运系统:

在环渤海、长江三角洲、珠江三角洲、长株潭、成渝以及中原(郑州)城市群、武汉城市圈、关中(成都)城镇群、海峡西岸城镇群等经济发达和人口稠密地区建设城际客运系统,覆盖区域内主要城镇。

长江三角洲、珠江三角洲、环渤海地区城际轨道交通,覆盖区域内主要城镇。

图 1-1　中长期铁路网规划图(2008 年调整)

第二节 高速铁路的主要技术简介

一、高速铁路系统

高速铁路系统大致由 6 个子系统构成，分别是基础设施、牵引供电系统、运营调度系统、通信信号控制系统、动车组及旅客服务系统，这 6 大系统之间是相辅相成的关系。作为一个系统，任何一个子系统都如同一个机器上不可或缺的零件一样，只有每个零件正常工作，才能保证整个机器正常运转。因此，这 6 大系统在高速铁路的运营中发挥着各自重要的作用，见图 1-2。

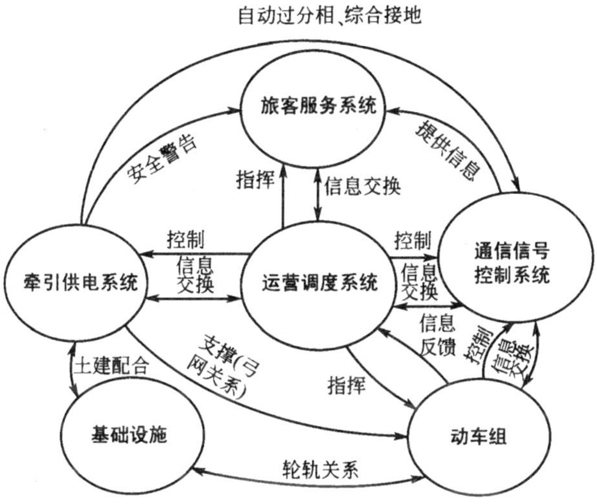

图 1-2 高速铁路系统

二、高速铁路基础设施

高平顺性是高速铁路与普通铁路的最大区别，高速铁路要求线路的空间曲线平滑，即平纵断面变化尽可能平缓，要求路基、轨道、桥梁具有高稳定性、高精度和小残余变形，要求建立严格的线路状态检测和保障轨道持久高平顺的科学管理系统。

(一)高速铁路线路的平面和纵断面

线路平纵断面是旅客乘坐舒适性的基础。客运专线的线路平面和纵断面的设计，更须满足行车安全，保证旅客舒适和便于线路维修等的要求，而且必须力求在工程和运营两方面，经济上最为合理。

高速铁路平纵断面设计参数包括平面曲线半径、超高、欠超高、过超高、竖曲线半径等。

1. 线路平面

线路平面由直线和曲线组成。高速铁路的曲线同样包括圆曲线和缓和曲线。曲线一般能较好地适应地形的变化，减少工程量。但是，它也带来一些缺点，主要是降低行车速度，增加轮轨磨耗。

超高是为了平衡所产生的离心力，必须把曲线线路的外股钢轨加高，称为超高。

最小曲线半径的选定主要应考虑行车速度、地形条件和机车牵引种类等因素，其中行车速度是选定最小曲线半径的主要依据。

2. 纵断面

高速铁路的特点是允许采用较大的坡度值。在运营方面，限制坡度增大，牵引重量减少，列车速度降低；而在工程方面，可以适应地形，减少建设线路的工程量。

竖曲线一般采用圆曲线形的。竖曲线半径的大小，除应保证列车经过变坡点时车钩不脱钩、车轮不脱轨外，还应考虑在竖曲线上产生竖向离心加速度和离心力对旅客舒适的影响。曲线半径与行车速度有关，行车速度越高，竖曲线半径也应越大。

(二)高速铁路路基

为保证路基状态的完好，保证线路质量和列车的安全、正常运行，路基应满足下述要求：

1. 路基面必须平顺并应有足够宽度，路基面的上方应形成与铁路限界规定相符的安全空间，不得侵入铁路建筑限界，以保证列车运行与线路作业安全的要求。

2. 路基应具有抵御各种自然因素影响的足够的坚固性和稳定性。坚固性是指路基本体须有足够的强度，不发生超过允许的沉落；稳定性是指路基边坡和基底应保持固定的位置，不发生危及正常运营的变形。

3. 水的活动往往是造成路基病害的重要原因。为保证路基的坚固和稳定，必须做好路基的排水工作。

4. 路基的设计、施工与养护应符合经济合理的原则。

(三)高速铁路桥梁

高速铁路桥梁有以下特点：

1. 所占比例大、高架长桥多。

2. 以中小跨度为主。

3. 刚度大、整体性好。

4. 限制纵向力作用下结构产生的位移；避免桥上无缝线路钢轨的受力出现过大的附加应力。

5. 重视改善结构耐久性，便于检查、维修。

6. 强调结构与环境的协调。

7. 桥梁主要承重结构应满足100年使用寿命的要求。

8. 桥梁上部结构应优先采用预应力混凝土结构。

9. 结构要有足够的竖向刚度、横向刚度和抗扭刚度。

10. 在适宜的条件下，应优先采用连续结构。

(四)高速铁路轨道结构

高速行车的轨道结构，大体可分为有砟轨道和无砟轨道两种类型。高速铁路对轨道结构有如下要求。

1. 高平顺性的要求

运用高精度和高可靠性的轨道部件；轨道结构是由钢轨、扣件、轨枕及枕下基础等轨道部件组成的结构体；铺设高精度、良好的养护维修质量、可维修性是轨道结构的重要特点，也是设计和运营阶段需要考虑的重要方面。

2. 高稳定性的要求

轨道稳定性是指轨道在高速运营条件下保持高平顺性与均衡弹性、维持部件有效性与完整性的能力，其内涵是少维修或免维修。如果轨道的稳定性难以保证，就必须进行必要的维修。维修的不利影响包括两个方面：一是干扰正常运输秩序，构成新的安全隐患；二是作为网络化、高密度的高速铁路，需要线路具有较高的使用率，而维修是影响线路使用率最重要的因素。所以，轨道稳定性应是贯穿轨道设计和施工过程的最重要概念。

3. 有砟轨道

应用情况：在已开通运营的高速铁路线上，有砟轨道占75%，无砟轨道占25%。

优点：结构形式简单，造价低，线路的弹性和减振性能较好，建设周期短，轨道超高和几何形态调整简单，而且噪声较小。

缺点：轨道的横向抗力较小，桥上道床稳定性、维修工作量、道砟飞散及道砟资源等问题需要解决。

4. 无砟轨道

应用情况：德国、日本、法国以及我国台湾地区等高速线路都大比例地应用无砟轨道，荷兰、西班牙、意大利、韩国等世界各国也都积极进行无砟轨道的试验与试铺。

优点：(1)较低的使用寿命成本、较高的可靠性。

(2)稳定、永恒的轨道几何尺寸，且具有最佳的乘坐舒适度。

(3)精确确定的轨道弹性。

(4)最少的养护维修费用。

(5)更好地适应于车辆的涡流制动系统。

(6)免除高速条件下有砟轨道的道砟飞溅。

(7)对地震和环保的适应性。

(8)为未来更高速的列车提供足够的富余量。

缺点：施工工艺要求高。

（五）高速钢轨和扣件

钢轨：在轨道上，钢轨直接承受车轮压力并引导车轮运行方向。它应当具有足够的刚硬性和柔韧性。刚硬性是为了承受车轮的强大压力，同时防止过快地磨耗；柔韧性是为了减轻车轮对钢轨的冲击作用。

扣件：钢轨与轨枕之间用联结扣件联结。联结扣件应具有足够的强度、耐久性及一定的弹性。

（六）高速道岔

高速道岔是精密机械设备。

设计理念：系统化设计；具有与区间线路相同的行车舒适性；安全可靠；高平顺性及低维修工作量；完善的道岔动力学计算及试验。

（七）高速综合检测车

高速综合检测车采用摄像装置、加速度检测器、陀螺仪、冲击检测器等，测量轨道几何形状、钢轨断面和磨耗以及运行品质，检测接触导线几何形状、磨耗和弓网接触情况，包括轨道和接触网的视频检查，还能检测信号和通信设备。

三、高速铁路牵引供电

高速铁路牵引供电系统包括牵引变电所及接触网两个部分,其任务是保证质量良好并不间断地向机车供电。牵引变电所是电气化铁路供电系统中的心脏,要求具有高度的可靠性。接触网是牵引供电系统的主动脉,其功能是通过与受电弓在运行中的良好接触将电能传给电力机车。其供电方式有:

1. 直接供电——牵引网中不加特殊防护措施的一种供电方式。它以一根馈线接在接触网上,另一根馈线接在钢轨上。

2. 带回流线的直接供电方式——在接触网支柱上架设一条与钢轨并联的回流线,利用接触网与回流线之间的互感作用,使钢轨中的电流尽可能地由回流线流回牵引变电所,因而能部分抵消接触网对邻近通信线路的干扰。

3. 自耦变压器供电方式(简称 AT 供电方式)——每隔 10 km 左右在接触网与正馈线之间并联接入一台自耦变压器,其中性点与钢轨相连。自耦变压器将牵引网的供电电压提高 1 倍。

电力机车受电后,牵引电流一般由钢轨流回,由于自耦变压器的作用,经钢轨流回的电流经自耦变压器绕组和正馈线流回变电所。当自耦变压器的一个绕组流过机车电流时,其另一个绕组感应出电流供给电力机车,因此,当机车负荷电流为 I 时,由接触网和正馈线供给的电流为 $0.5I$,另外的负荷电流由自耦变压器感应电流供给。

四、高速铁路通信信号

(一)高速铁路信号系统基本结构

高速铁路信号系统主要由分为列车运行控制系统(用于控制列车间隔)、联锁系统(用于控制进路)、调度集中系统(用于行车指挥)、专用通信设备等组成。

高速铁路信号系统特点:

1. 采用列车运行自动控制系统。
2. 客运专线都建有调度中心。
3. 在各车站及区间信号室附近设置车次号核查等列车—地面信息传递设备(TIPB),对列车实际位置进行确认。
4. 车站采用计算机联锁和大号码道岔,道岔转换采用多台转辙机多点牵引。
5. 重视安全防护。
6. 通信信号一体化在客运专线得到充分体现。
7. 客运专线对信号系统可靠性、可用性要求更高。

(二)列车运行控制系统

京津城际高速铁路采用 CTCS-2 列车运行控制系统,由车载设备、地面设备和地车信息传输设备三部分组成,见图 1-3。

CTCS-2 级列控系统是基于轨道电路加点式应答器传输列车运行许可信息并采用目标距离模式监控列车安全运行的列车运行控制系统,包括车载设备和地面设备。

列控车载设备由车载安全计算机(VC)、轨道电路信息接收单元(STM)、应答器信息接收

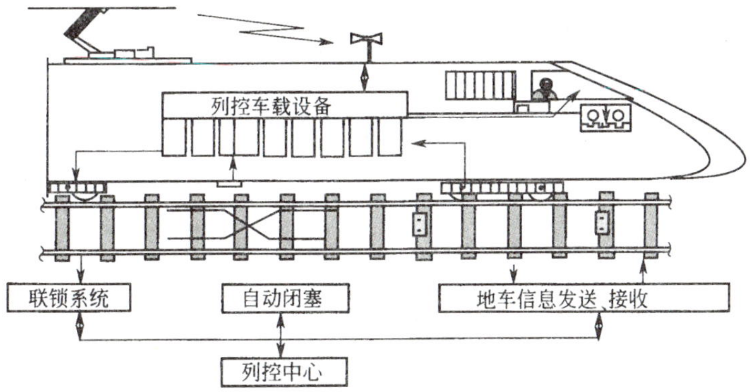

图 1-3 高速铁路列控系统

单元(BTM)、列车接口单元(TIU)、记录单元(DRU)、人机界面(DMI)、速度传感器、轨道电路信息接收天线、应答器信息接收天线等部件组成。

列控地面设备由 ZPW-2000(UM)系列轨道电路、车站电码化、应答器和车站列控中心(包括地面电子单元 LEU)等设备组成。车站列控中心应具备与车站联锁系统、TDCS/CTC、微机监测等系统的接口。

在进站端、出站端及区间适当地点设置点式应答器,必要时设置特定用途的应答器。

在 CTCS-2 级区段与 CTCS-0/1 级区段的分界处,应设置级间转换应答器并增加防护措施,以实现列控车载设备与 LKJ 之间的转换。

在级间转换应答器组对应的线路左侧设级间转换标志。该标志采用涂有白底色、黑框、写有黑“C2”或“C0”标记的反光菱形板及黑白相间的立柱,见图 1-4。

图 1-4 级间转换标志

动车组在 CTCS-2 级区段按列控车载设备方式行车;在 CTCS-0/1 级区段和列控车载设备故障(机车信号故障除外)、列控地面设备故障情况下的 CTCS-2 级区段,按 LKJ 方式行车。

按列控车载设备方式行车时,LKJ 仍应有线路数据、运行状态和司机操纵等显示记录功能。

动车组按 LKJ 方式行车时,列车最高运行速度 165 km/h(167 km/h 报警,170 km/h 启动常用制动,175 km/h 启动紧急制动)。

列控车载设备采用设备制动优先模式。

列控车载设备有完全监控模式(FS)、部分监控模式(PS)、目视行车模式(OS)、调车模式(SH)、隔离模式(IS)和待机模式(SB)等 6 种。

1. 完全监控模式是列车在区间(含车站正线通过和侧进直出)和车站接车作业时的正常运行的模式,列车按高于允许速度 2 km/h 报警(对于道岔侧向限速和临时限速,达到允许速度值时报警)、5 km/h 常用制动、10 km/h 紧急制动设置。列控车载设备根据控车数据自动生成目标距离模式曲线,司机依据人机界面(DMI)显示的列车运行速度、允许速度、目标速度和目标距离等控制列车运行。

2. 部分监控模式是列车侧线发车和引导接车时的模式；当列控车载设备接收到轨道电路允许行车信息，而缺少应答器提供的线路数据或限速数据时，也进入部分监控模式。

在部分监控模式下，列控车载设备给出如下限速值：

(1)侧线发车，列控车载设备接收到的轨道电路信息为 UU 码时，人机界面(DMI)显示固定限速值 45 km/h；接收到的轨道电路信息为 UUS 码时，人机界面(DMI)显示固定限速值 80 km/h。

(2)引导接车，列控车载设备接收到的轨道电路信息为 HB 码时，人机界面(DMI)显示固定限速值 20 km/h。

(3)当列控车载设备接收到轨道电路允许行车信息，而缺少应答器提供的线路数据或限速数据时，最高限速值为 45 km/h。

3. 目视行车模式是司机控车的固定限速模式，限速值为 20 km/h。列控车载设备显示停车信号停车后，司机按压专用按钮使列控车载设备转入目视行车模式。

4. 调车模式是动车组进行调车作业的固定模式，限速值为 40 km/h。司机按压专用按钮使列控车载设备转入调车模式。只有在列车停车时，司机才可以选择进入或退出调车模式。

5. 隔离模式是列控车载设备控制功能停用的模式。列车停车后，根据调度命令，司机操作隔离手柄使列控车载设备转入隔离模式。若列控车载设备能提供机车信号，可采用 LKJ 控制列车运行。

6. 待机模式是列控车载设备上电后的默认模式。待机模式不由司机选择，列控车载设备执行自检和外部设备测试后，自动处于待机模式。在待机模式下，列控车载设备正常接收轨道电路及应答器信息，同时无条件输出制动，司机不得移动列车。

列控车载设备 6 种模式之间的转换见表 1-1。

表 1-1 列控车载设备 6 种模式之间的转换

当前模式＼转换模式	完全监控模式	部分监控模式	目视行车模式	调车模式	隔离模式	待机模式
完全监控模式	—	自动	人工	人工	人工	—
部分监控模式	自动	—	人工	人工	人工	—
目视行车模式	自动	自动	—	人工	人工	—
调车模式	—	—	—	—	人工	人工
隔离模式	—	—	—	—	—	人工
待机模式	—	人工	—	人工	人工	—

注：调车模式、隔离模式须人工转换为待机模式，然后才能人工转换为部分监控模式。

动车组运行中出现故障时，司机应按车载信息监控装置的提示，按步骤及时处理；需要由随车机械师配合处理时，司机应通知随车机械师。经处置确认无法正常运行时，司机应按车载信息监控装置的提示和随车机械师的要求，选择维持运行或停车等方式，并使用列车无线调度通信设备报告列车调度员或车站值班员。

动车组在区间被迫停车时，随车机械师、客运乘务组均应听从动车组司机指挥，处理有关行车、列车防护和事故救援等事宜。

动车组被救援时，过渡车钩、专用风管和电气连接线的连接和分解由随车机械师负责，动车组司机配合。具备升弓供电条件的，允许动车组升弓供电。

在 CTCS-2 级区段与 CTCS-0/1 级区段级间自动转换失败时，司机应立即向车站值班员、列车调度员报告，并按下述规定办理：

(1)若由 CTCS-2 级向 CTCS-0/1 级运行，停车手动转换。

(2)若由 CTCS-0/1 级向 CTCS-2 级运行，可维持按 LKJ 方式继续运行。

如列控车载设备发生故障且机车信号显示不正常时，司机应将列控车载设备转入隔离模式，按照机车信号故障办理。

动车组司机或设备维护单位人员发现应答器故障时，应及时报告临近车站值班员，车站值班员应及时向列车调度员报告。

(三)高速铁路计算机联锁的功能

1. 车站信号基本联锁控制功能。

2. 排列列车调车进路、引导、引导总锁、单操单锁、封闭道岔、单溜、连溜等功能。

3. 满足车站、调车场、枢纽等各种铁路信号作业要求。

4. 各种场间、站间联系与结合；信号相关设备诊断功能；与 CTC、TDCS、列控等系统交互信息功能。

五、高速铁路调度系统

(一)客运专线运营调度系统的作用

客运专线运营调度系统是客运专线运输管理和列车运行控制的中枢，是客运专线运营管理现代化、自动化、安全高效的标志。它根据机车车辆配备和动力特性、车站配备及作业、沿线线路和设备状态、相邻线路列车运行的状态等，统筹编制列车运行计划，集中指挥列车运行和协调铁路运输各部门的工作。

(二)我国客运专线调度系统的基本情况

综合国外高速铁路的实践，我国客运专线调度系统按功能要求划分为计划编制、运行管理、车辆管理、供电管理、旅客服务、综合维修等子系统。

1. 运输计划子系统

铁道部和客运专线调度所运输计划编制部门采用统一的计划编制系统，能随时按业务需求的调整进行权限控制和功能切换。计划编制系统依据计划编制规则要求，提供计算机辅助计划编制方式，具备牵引计算、合理性检查和模拟仿真功能。

2. 运行管理子系统

运行管理子系统具备实施计划接收、人工和自动列车运行计划调整、列车运行监视等功能。在异常情况下，铁道部调度指挥中心运行管理系统能接管客运专线调度所指挥权。

3. 车辆管理子系统

该系统具备接收列车运行计划、动车组交路计划和列车运行调整计划的功能，可实时显示动车组的运行位置、运用情况和动车组的状态，在动车组发生故障时，提供紧急处置预案。此外，系统还具备动车组各项指标的统计与分析功能。

4. 供电管理子系统

该系统具备实时监视牵引供电系统运行状态、系统设备带电状态、设备技术状态和故障信息分类归档的功能，将重要信息发往相关系统，系统还有事故记录功能、历史数据回放功能、调度事务管理、提供供电设备故障紧急处置预案等功能。

5. 客运服务子系统

该系统接收列车运行计划、动车组交路计划和列车运行调整计划，自动生成相关的旅客服务信息，并发送到站车及有关单位；集中管理旅客服务有关各类信息，实时掌握列车运行实绩信息和预测信息，并实时监督管辖范围内客运专线列车编组、上座率、各站中转旅客人数、动车组周转、中转列车接续以及列车乘务组等信息的功能。通过监督列车晚点情况，制定其运行调整建议方案；查询与旅客服务相关的数据功能，生成相关数据统计和信息汇总。当发生突发事件时，能提出紧急处理预案、旅客疏运方案，提出列车运行调整方案建议，同时对大型车站关键场所进行视屏监控。

6. 综合维修子系统

综合维修子系统具备综合维修管理、防灾安全监控和综合设备管理功能。其中防灾安全监控能够接收灾害信息如风、雨、洪水等自然灾害信息，机房、站房等关键设备火灾报警等，根据对灾害的分析作出判断并提出应急处理建议，并将有关信息及时发送到相关系统。

第三节　高速铁路旅客运输组织

一、高速铁路运输组织的特点

1. 高速度

速度是高速铁路主要技术水平的标志，但旅客最关心的是旅行速度，而不是最高运行速度。因此要达到高速度就必须具备以下条件：

(1)线路的限速地段不能过多。

(2)列车牵引性能要好，加减速快，起停车附加时间短。

(3)高速铁路的行车组织工作，尤其是列车运行图的铺划，要在保证旅客上下车的前提下，尽可能提高旅行速度。在满足一定服务频率的前提下，要减少列车停站次数及停站时间，一般大站停车 3～5 min，小站停车 1～2 min。

(4)列车停站时间短，一般不挂行李车，行包由专列输送。

(5)列车停靠站要准确对位，车站要在列车到达前组织好旅客按车位等待。

2. 高密度

列车的开行密度决定于客流量和列车定员，而客流量主要决定于沿线社会和经济发展水平、其他交通运输方式的情况以及高速铁路的运输质量及服务水平。

由于客流波动，早晚集中出行、某些区段客流量较大时，可以考虑重联运行，但非高峰时段也要保证一定的列车密度，以利吸引客流。

3. 高正点率

高速列车的正点率问题，是与其他交通运输方式竞争的重要手段。

西班牙高速列车晚点超过 5 min 退还旅客的全额车票费；日本晚点超过 2 h 退还旅客的

加快费，自 1964 年开通以来所有列车的平均晚点时间不到 1 min；法铁承诺，当列车晚点超过 30 min，按票额的 30％以交通券方式进行补偿。

高速度、高密度是高速铁路吸引旅客的重要因素。京津城际铁路自开行以来上座率在 60％～70％之间，节假日期间运能更是不能满足需求。

快捷、简明、方便、流畅的旅客流线和相对固定使用的站台、站线，是高速铁路车站建设的方针和目标，也是能更好吸引客流的必要条件。以北京南站为例，旅客流线简捷、流畅，旅客由进站购票到检票上车最短 10 min 之内就能完成。同时车站应该具备完善的旅客引导系统。车站和列车上均配备和提供为旅客旅行所需的、先进的设施和设备，营造舒适的候车和乘车环境。

二、高速铁路客运市场营销

任何一个产品从规划设计到投入生产，都要经历市场调查、分析、预测、产品设计定位等许多环节，只有把每一个影响产品成功销售的工作做到位，才能保证产品上市后能有一个好的销售前景或得到用户的认可和拥护。高速铁路旅客运输的产品是旅客的位移。因此在产品投入生产之前，我们首先需要进行市场调查、分析与预测。

（一）动车组客运产品市场定位

1. 动车组列车客流的特点

高速铁路动车组的顾客对象多数以商务旅客为主，旅游游客是第二主要客户。

我国目前动车组客流的特点主要有：

（1）公务流为主流，旅游流不断增长。

（2）旅客的年龄构成以中青年为主。

（3）商务流的比例不断增加。

（4）旅客最关心的是速度和安全。

（5）短途流比例大。

京津城际铁路的开通，缩短了两个城市间的距离，带动了经济的发展。石家庄至太原间客运专线的开通，把太原划入了北京的 3 小时经济圈。合宁、合武客运专线相继开通，是上海—武汉—成都快速大通道的重要组成部分，是我国中西部地区与东部沿海的又一条快速便捷通道。

2. 动车组列车目标市场定位

从上面的分析可以看出，动车组客流应以商务、公务客流为主，旅客的年龄构成以中青年为主，旅客的身份以管理人员和技术人员为主。

客流结构对时间和效率的关注高，对乘车的舒适度要求高，因此动车组列车的总旅行时间与其他方式相比要有足够的竞争力。短途客运市场占有重要地位。

（二）高速铁路客运产品设计

国外旅客运输组织的成功经验主要体现在紧密结合市场需要，设计高效益的运输产品，包括列车开行方案、列车运行图和种类丰富的客票。

列车时刻表是铁路运输最重要的产品形式，也是列车运行图面向社会的另一种形式，正是这种内在的关联性决定了铁路必须重视列车运行图的编制工作。

1. 高速铁路旅客列车开行方案设计

旅客列车开行方案是以客运量为基础，以客流性质、特点和规律为依据，科学合理地安排包括旅客列车开行等级、种类、起讫点、数量、经由线路、编组内容、停站方案、列车客座利用率、车底运用等内容,从客流到列车流的组织方案。

2. 影响列车开行方案的因素

(1)铁路基本技术设施条件。

(2)方案本身应该满足的技术条件和指标。

3. 客车开行方案设计目标

(1)符合旅客出行规律,最大限度地方便旅客,提高服务频率,减少等待时间,尽可能地减少换乘,提高列车上座率。

(2)充分利用运输能力,合理利用动车组,控制列车超员。

第四节　京津城际铁路客服系统简介

京津城际铁路客服系统设计方案包括区域中心集成平台系统、票务系统、车站客服系统三部分。

旅客服务系统总体采用两级架构,分别部署在区域中心和车站,铁道部设置公共数据管理平台。区域中心旅客服务系统以集成管理平台为核心,原则上实现对所辖区域大型车站旅客服务系统的监视,对中、小型车站旅客服务系统的集中管控;在紧急情况下,可以代管大型车站旅客服务系统;完成区域内公共音视频数据的制作、发布和转发,以及系统间信息共享和功能联动。

大型车站旅客服务系统以集成管理平台为核心,集成导向揭示、广播、监控、时钟、投诉、查询、求助、站台票发售、无线、呼叫中心座席、寄存子系统,连接火灾报警和楼宇自控等外部系统,实现对本站旅客服务系统的集中监视和控制,完成系统间信息共享和功能联动,紧急情况下接受区域中心代管。根据线路情况,可对邻近中、小车站进行代管。以科学合理的布局配置服务终端设备,为旅客提供导向、广播、时钟、投诉、查询、求助、呼叫、站台票发售、寄存、无线上网、人工服务等多样服务。

中小型车站旅客服务系统根据线路情况可由区域中心集中管控或者由邻近大站代管,以科学合理的布局配置服务终端设备,为旅客提供导向、广播、时钟、投诉、查询、求助、呼叫、站台票发售、寄存、无线上网、人工服务等多样服务。

铁道部中心对全路客运专线旅客服务系统提供信息上的支撑,进行宏观上的管理,实现对全路旅客服务的监督、管理和统计分析,并完成公共数据管理和音视频基础信息库的制作以及视频监控的功能。

一、区域中心集成平台系统

集成平台系统包括广播子系统、导向子系统、监控子系统、查询子系统、求助子系统、寄存子系统和时钟子系统。旅服平台系统接收 TRS(票务系统)的基本列车时刻信息和 TDCS(列车调度系统)的实时列车信息,通过综合运算和处理,控制各子系统的执行。系统具有如下特点:

1. 自助式旅客服务。

2. 各种服务设施间信息共享和功能联动。

3. 对列车到发信息、余票信息和各服务设施信息的自动采集。

集成平台客运组织的综合管理见图 1-5。

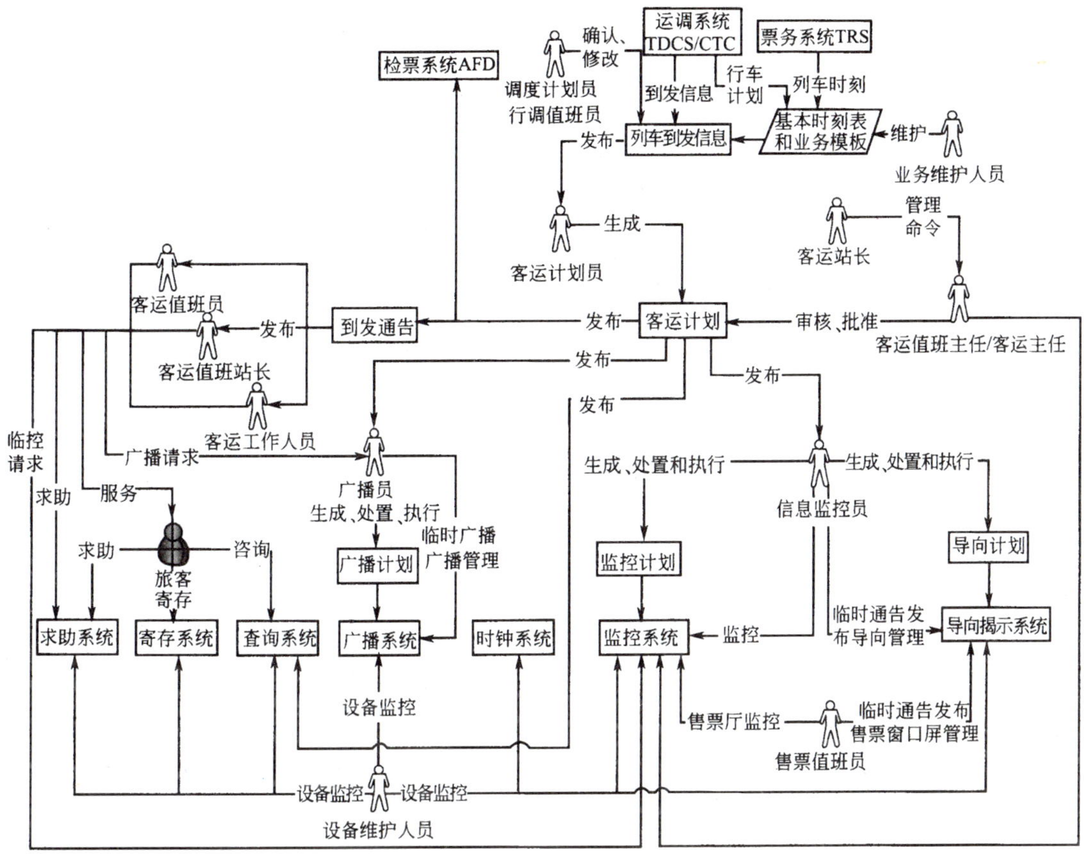

图 1-5 集成管理平台业务流程总图

二、票务系统

票务系统包括自动售检票系统、窗口制票系统、自动售票系统、自动检票系统等。

1. 自动售检票系统

自动售检票系统简称 AFC，是基于计算机、通信、网络、自动控制等技术，实现轨道交通售票、检票、计费、收费、统计、清分、管理等全过程的自动化系统。对于城际铁路，铁道部均在进行 AFC 系统的规划与实施。

客运专线自动售检票系统由磁性客票、窗口磁制票机（BOM）系统、自动售票机（TVM）系统、自动检票机（GATE）系统四大部分组成，其建设目的是为了适应客运专线大客流、高密度、旅客快速进出站的需求，同时达到检票安全准确、提高统计效率和分析能力，使铁路客运服务的质量和管理提升到更高的水平。

2. 自动售票系统

自动售票机系统主要由自动售票机和自动售票软件组成。自动售票机集制票、支付、取票于一体的自助式售票设备。自动售票机与客票系统连接，旅客能实时购买列车车票。自动售票机主要部件包括:控制计算机、乘客显示屏(触摸屏)、银行卡读卡器、密码键盘、IC卡读卡器、纸币识别和找零单元、车票打印单元、供电单元等。

自动售票系统应用软件包括售票机应用软件、自动售票系统管理软件、自动售票系统监控软件三大部分。

自动售票机设备安装在车站非付费区内,由旅客自助操作发售客运专线车票。自动售票机能提供纸币、银行卡、储值票(可选功能,预留软、硬件接口及物理空间)等支付手段,支持纸币和硬币找零,支持票据打印功能。通过人机界面操作,设备自动出售车票,同时还支持多媒体广告播放等业务扩展。设备提供给旅客友好、快速的人机操作界面,体现出"可靠、高效、安全"的设计理念。

3. 自动检票系统

自动检票系统根据检票计划和运行参数,实现自动检票机自动读判磁票电子信息及旅客通行智能监控,允许合法旅客通过,阻挡非法旅客,实现旅客进出站自助检票。

自动检票系统通过车站检票服务器系统生成及管理检票计划和运行参数,并及时下载到自动检票机,自动检票机自动完成旅客车票的验证,记录检票存根,并按系统设定时间上传到车站检票服务器系统。

设备主要部件有:旅客信息显示器、通行指示器、蜂鸣器与指示灯。

三、客服系统

车站旅客服务系统包括:集成管理平台(IMP)子系统、导向揭示(PIS)系统、广播(PA)系统、监控(CCTV)系统、时钟(CLK)系统、求助(HP)系统、查询(IS)系统、寄存(BLS)系统、安检(SI)系统、门禁(AC)系统和窗口对讲系统。

1. 集成管理平台子系统

IMP系统是铁道部公共数据管理平台作为公共音频、公共视频的制作、审核、发布平台,完成旅客服务系统公共数据的维护和管理功能。

2. 导向揭示系统

PIS系统在旅客进站、购票、候车、检票、乘车、出站等各个环节上为旅客和工作人员提供及时准确的信息服务。通过车站监控室对前端显示设备控制,在指定的时间,将指定的信息给指定的人群。在旅客通道位置的显示屏为旅客提供列车到发信息、候车引导信息及检票信息等;在候车室及贵宾室的显示屏在正常情况下播放综合资讯,包括:乘车须知、管理者公告、检票提醒、政府公告、出行参考、媒体新闻、赛事直播、广告及天气、时间、股票信息等实时动态的多媒体信息,在火灾、阻塞及恐怖袭击等非正常情况下,提供动态紧急疏散引导服务。系统通过视频直播技术,对有线电视、数字电视和高清视频进行直播服务。

PIS系统通过数据服务器共享信息,按设置的预案播放文字、视频信息,在紧急情况下,车站工作人员可在车站综合监控室编辑、插播特定的信息到指定的显示终端,PIS系统提供对外数据接口,为车站集成管理平台提供需要的数据和系统联动。显示终端分别为LED、LCD、PDP显示屏,根据使用环境结合运用。

PIS系统由应用服务器、数据服务器、控制器、维护终端、各类显示屏和到发通告终端等设备组成。

3. 广播系统

车站的广播系统主要用语音广播，基本由业务广播和消防广播两部分组成，正常情况下进行业务广播，向站内的旅客提供信息，实时地进行业务、宣传、临时、紧急、背景音乐、资讯广播等，让旅客顺利地进站、乘车、出站；在出现火灾等紧急情况时进行消防广播。

车站广播系统的广播方式包括人工广播和自动广播（含半自动），可提供中文普通话、英语等多种语言。

4. 监控系统

视频监控系统是通过在某些地点安装摄像头等视频采集设备对现场进行拍摄监控，然后通过一定的传输网络将视频采集设备采集到的视频信号传送到指定的监控中心，监控中心通过人工监控或者将视频信号存储到存储设备上对现场进行视频监控。

5. 时钟系统

时钟系统的主要作用是为铁路工作人员和乘客提供统一的标准时间，并为其他有关系统提供统一的标准时间信号，使各系统的定时设备与本系统同步，从而实现铁路全线统一的时间标准。时钟系统的设置对保证铁路运行计时准确、提高运营服务质量起到了重要的作用。

6. 求助系统

在客运专线旅客服务系统范围内，求助是指旅客在车站内使用求助系统的终端设备远程得到车站工作人员帮助的过程。

为提高求助系统的使用效率，改变旅客的问讯习惯，在站台、候车厅、售票厅等旅客聚集位置设置求助终端，上方设置醒目标志及使用说明，车站投入使用初期的一段时间内还需由工作人员引导使用。同时建议保留车站总服务台，解决一些棘手的问题。

7. 查询系统

查询系统主要以本地数据库和集成管理平台为主要数据源，采用触摸屏、计算机、多媒体、网络、接口等先进技术，为旅客提供列车、票价、席位、服务设施、站区环境等相关信息，查询系统提供给旅客一种人性化的自助信息查询途径，在某种程度上大大减轻了问讯处人工服务压力。

8. 寄存系统

寄存系统采用钱币识别、控制、计算机、网络和接口技术实现旅客自助寄存功能。集成管理平台通过接口对寄存设备进行远程监控。

寄存系统采用主柜带附柜的方式，在主柜上设置控制芯片，控制并监视所有柜格信息，主柜设置钱币识别模块、液晶显示模块和寄存存根打印模块，红外传感器、柜门设置锁具实现旅客自助寄存小件物品。寄存系统设置维护管理终端，进行收费统计报表的制作和打印，并与集成管理平台接口，实现在集成管理平台对寄存设备的远程监控。

9. 安检系统

安检系统通过 X 射线安全检查设备，对旅客行包进行安全检查，防止旅客携带容易引起爆炸、燃烧、腐蚀、毒害或有放射性的物品及枪支、管制刀具等可能危害公共安全的物品，有效地保障了铁路运输和旅客生命财产安全。

10. 门禁系统

门禁系统即出入口控制系统，是对出入口通道进行管制的系统，是由传统的门锁基础上发展而来的。

出入口安全管理系统是新型现代化安全管理系统，它集微机自动识别技术和现代安全管理措施为一体，涉及电子、机械、光学、计算机技术、通信技术、生物技术等诸多新技术。它是解决重要部门出入口实现安全防范管理的有效措施。

11. 窗口对讲系统

窗口对讲系统广泛适用于火车站、各类银行、证券、邮政储蓄、公安局车管所、汽车站、医院、电业局、高速公路收费站等众多营业性服务窗口。

第二章　动车组列车设备设施

第一节　动车组列车简介

所谓动车组，就是由若干动力车和拖车或全部由动力车长期固定连挂在一起组成的车组。动车组编组中的车辆全部为动力车或大部分为动力车，即牵引动力分散配置。高速动车组牵引动力的配置基本上有两种形式，即集中配置型和分散配置型。

动力分散方式动车组的动力配置也有两种模式，一种是完全分散模式，即动车组中的车辆全部为动力车，如日本的0系高速列车，16辆编组中全部是动力车。另一种是相对分散模式，即高速列车编组中部分是动力车，部分为无动力的拖车，如日本的100系、700系高速列车，16辆编组中有12辆动力车，4辆是拖车，所谓12动+4拖。

一、动车组的构成

1. 车体

动车组车体分为带司机室车体和不带司机室车体两种。它是容纳乘客和司机驾驶的地方，同时又是安装与连接其他设备和部件的基础。为使车体轻量化，高速动车组车体通常采用铝合金和不锈钢材料制造。

2. 转向架

转向架是保证列车运行品质和安全的关键部件。动车组转向架分动力转向架和非动力转向架。动力转向架的车轴可以是全动轴，也可以是部分动轴。转向架置于车体和轨道之间，用来牵引和引导车辆沿轨道行驶与承受和传递来自车体及线路的各种载荷，并缓和其动作用力。转向架一般由轮对轴箱装置、构架、弹簧悬挂装置、车体支承装置和制动装置所组成。对于动力转向架，还包括牵引电动机及传动装置。

3. 车辆连接装置

车辆编组成列车运行必须借助于连接装置，其中，机械连接包括车钩缓冲装置和风挡等；同时还有车辆之间的电气和空气管路的连接、高压电器连接、辅助系统和列车供电连接以及控制系统连接等。

4. 制动装置

制动装置是保证列车安全运行所必需的装置。动车组常采用动力制动与摩擦制动的复合制动模式，制动控制系统包括动力制动控制系统(再生制动)和空气制动控制系统。此外，还有电子防滑器及基础制动装置等。

5. 车辆内部设备

车辆内部设备是指服务于乘客的车内固定附属装置。如车内电气、供水、通风、取暖、空调、座席、车窗、车门、行李架、旅客信息服务系统等。

6. 牵引传动系统

牵引传动系统包括:主电路、高压设备、受电弓、主断路器、其他高压设备、主变压器、牵引变流器、牵引电机及电传动系统的保护等。

7. 辅助供电系统

辅助供电系统供电的设备包括:空气压缩机、冷却通风机、油泵/水泵电机、空气调节系统、采暖设备、照明设备、旅客服务设备、应急通风装置、及维修用电等。另外,辅助供电系统还具备应急供电功能。应急用电包括:客室应急通风、应急照明、应急显示、维修用电、通信及其控制等。辅助供电系统见图 2-1。

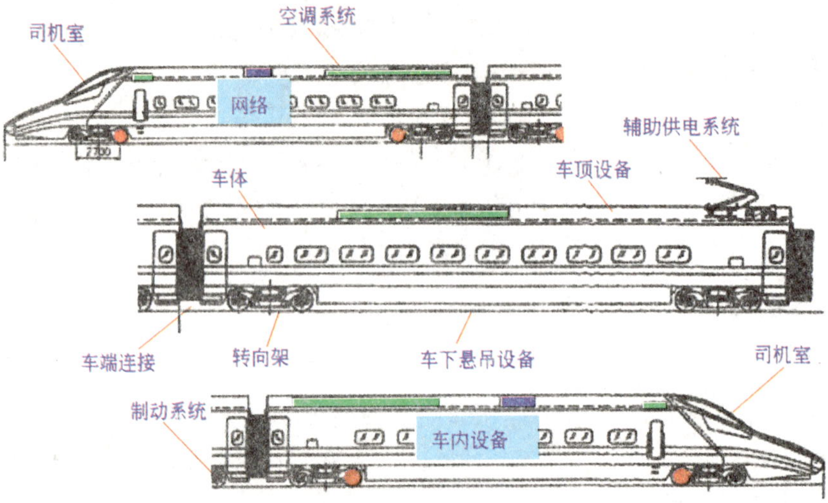

图 2-1　辅助供电系统

二、动车组的主要技术特点

高速动车组集成了一系列当代高新技术:交流传动技术;复合制动技术;高速转向架技术;高强轻型材料与结构;减阻降噪技术;密封技术;高速受电弓技术;现代控制与诊断技术。

动车组的特点主要包括:固定编组;动力集中或动力分散;密接车钩;整体运用;整体保养检修;大修前不解体;采用网络控制;交流传动/液力传动;制动系统完整设计。

高速动车组的特点主要包括:头部流线型;车体轻量化技术;高速转向架;高速受流技术;车厢密闭、空调换气;高功率重量比;低噪声、低轮轨力;配备现代化动车段、综合维修基地。

1. 优良的空气动力学外形

随着列车运行速度的提高,空气的动力作用一方面对列车和列车运行性能产生影响;同时,列车高速运行引起的气动现象对周围环境也产生影响。对于高速动车组来说,列车头型设计非常重要,好的头型设计可以有效地减少列车表面压力、列车空气阻力、会车压力波、隧道内列车表面压力和列车风等问题,见图 2-2。

2. 车体结构轻量化

为了节省牵引功率,降低高速所引起的动力作用对线路结构、机车车辆结构产生的损伤,以及提高旅客乘坐舒适度,需要最大限度地降低高速动车组的轴重。因此,各国高速动车车体

图 2-2　动车组优良的空气动力外形

的主要材料是铝合金和不锈钢，从发展趋势看，铝合金将成为动车组车体的主导材料。

3. 高性能转向架技术

提高列车运行速度首先遇到的问题是转向架运行的稳定性和安全性，所以，提高列车运行速度应具有高性能的转向架。对于高速转向架，要求具有高速运行的稳定性和安全性，良好的曲线通过性能，旅客乘坐的舒适性。

4. 复合制动技术

高速列车对制动技术提出了严峻的挑战，因为列车的动能与速度的平方成正比，而在一定的制动距离条件下，列车的制动功率是速度的三次函数。因此，传统的空气制动能力远远不能满足需要。

动车组制动系统具备的条件是：①尽可能缩短制动距离以保障列车安全；②保证高速制动时车轮不滑行；③司机操纵制动系统灵活可靠，能适应列车自动控制的要求。因此，需要采用大功率盘形制动机；采用复合制动方式，即：空气盘形制动＋电气动力制动（再生制动）＋非黏着制动（涡流制动和磁轨制动）；按速度控制制动力的大小以充分利用黏着；采用高性能的防滑装置以及采用微机控制等。

5. 密接式车钩缓冲装置

车辆间的牵引缓冲装置是关系到缓和列车冲击、提高旅客舒适性和列车安全的重要部件，高速列车对牵引缓冲装置提出了更高的要求。

目前，世界各国高速列车（如日本、德国）普遍采用密接式车钩连接装置。该装置两车钩连接面的纵向间隙一般都小于 2 mm，上下、左右偏移也很小，对提高列车的运行平稳性和电气线路、风管的自动对接提供了保证。

6. 交流传动技术

早期的电力牵引传动系统均采用“交—直”传动，用直流电动机驱动。由于直流电动机的单位功率重量较大，使高速列车既要大功率驱动又要求减轻轴重，特别是减轻簧下部分的质量，形成了难以克服的矛盾。在交流传动系统中，交流牵引电动机较传统的直流牵引电动机具有额定输出功率大；结构简单、体积小、重量轻、易维修；速度控制方便；效率高等一系列优点。

7. 列车自动控制及故障诊断技术

列车自动控制系统对保证高速列车安全运行有十分重要的作用，世界各国在发展高速铁路时都十分重视列车自动控制系统的研究和开发，研制了多种基础技术设备，例如列车超速防护系统、卫星定位系统、车载智能控制系统、车载微机自动监测和诊断系统等。目前,世界高速铁路自动控制方式上主要分为两类:一类是以设备为主、人控为辅的控制方式,以日本新干线采用的 ATC(列车自动控制)方式为代表。另一类是人机共用、人控为主的方式,以法国 TGV 高速列车为代表,主要采用 TVM300 型安全防护系统及改进的 TVM430 型安全防护系统,还有德国 ICE 高速列车采用的 FRS 速差式机车信号和 LZB 型双轨条交叉电缆传输式列车控制设备等。

8. 高速受流技术

接触网—受电弓受流系统的受流过程是受电弓在接触网下,以列车速度运动中完成的,是一个动态过程,这一动态过程包括了多种机械运动形式和电气状态变化。因此,高速铁路中接触网—受电弓受流具有新的特点。受流系统的电流容量、适用速度、安全性能有了相当大的提高,高速铁路的受流系统必须符合以下基本条件:首先,要保证功率传输的可靠性,必须保证动车组所需要的最低电压,保证动车组的可靠运行,高速列车的电流负荷特性较之常速列车有较大的区别,其特征是脉冲负荷占的比例大,整个牵引供电系统要适应高速列车对电压水平和电流负荷的要求;二是受流系统的运行安全性;三是良好的受流质量;四是保证受流系统的使用寿命。

9. 倾摆式车体技术

为了提高列车通过曲线的速度,国外发展了各种形式的摆式列车,也即通过各种措施,使列车车体在通过曲线时,可以向曲线内侧倾摆,使车体相对轨道平面转动一个角度,车体转动角和轨道超高角的转动方向一致。在车内的旅客感受到的超高角是线路实设超高和车体倾角之和,旅客感受到的重力加速度的横向分量显著增加,可以大幅度抵消列车的离心加速度,使旅客感受到的未被平衡的离心加速度保持在容许范围之内。因此,采用摆式列车可提高曲线限速 30%～40%,提高旅行速度 15%～20%。

10. 动车组车内环境及卫生排污技术

高速动车组车内环境参数包括空气压力、温度、湿度、空气流速、噪声和空气清洁度等。高速列车的卫生排污系统与普通列车有着非常大的区别,也是全新的技术。如车内温度,我国制定的“高速试验列车供水、采暖、卫生、密封等技术条件”中规定,客车内、外设计计算参数为,当冬季车外空气温度最低为－14 ℃时,客车室内平均气温不得低于＋18 ℃。卫生与排污系统的集便装置采用密闭式厕所装置,实行污物集中处理。随着旅客列车速度的提高,客车气压密封性问题非常突出,也要求采用密闭式厕所。所以高速列车必须具备密封性能良好的给排水系统,密封的便池冲洗,污物汇集及排放设备。

三、高速动车组的分类

1. 按动车组动力轮对的分布和驱动设备的设置,分为动力分散型和动力集中型。

2. 按动车组车辆转向架布置和车辆之间的连接方式,分为独立(转向架)式和铰接(转向架)式。

世界高速动车组向动力分散方式发展。动车组分类方式见图 2-3。

四、我国动车组车型介绍

目前,我国大部分动车组是引进、消化、吸收国外动车组先进技术自行制造的,具体见表 2-1。

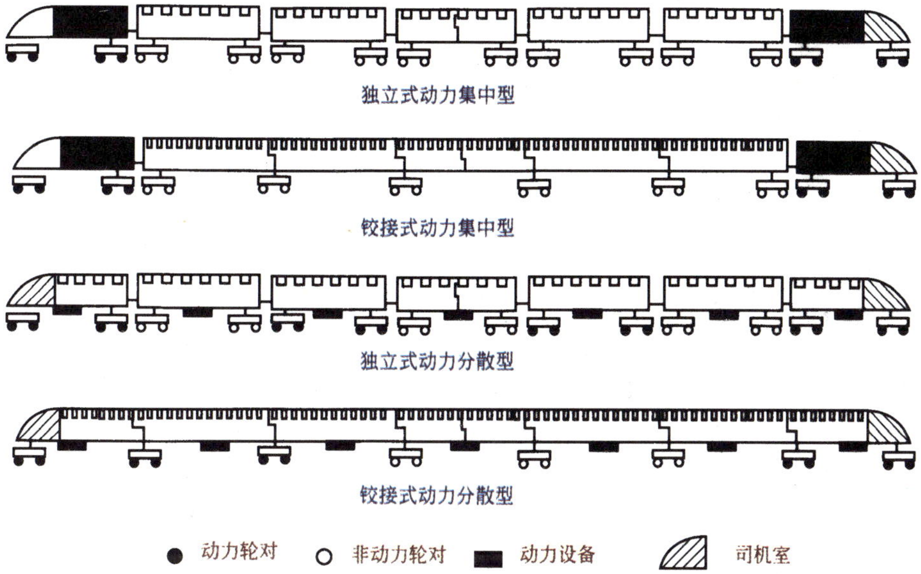

图 2-3 动车组分类方式

表 2-1 我国动车组制造情况

动车组类型	国内制造商	国外合作伙伴	原型车
CRH1	BSP(四方股份)	庞巴迪	Regina
CRH2	四方股份	川崎重工	E2-1000
CRH3	唐山厂	西门子	Velaro
CRH5	长春股份	阿尔斯通	SM3

1. CRH1 型动车组

CRH1 型动车组由 8 辆车组成，其中 5 辆动车 3 辆拖车；首尾车辆设有司机室，可双向驾驶，编成后结构如下：

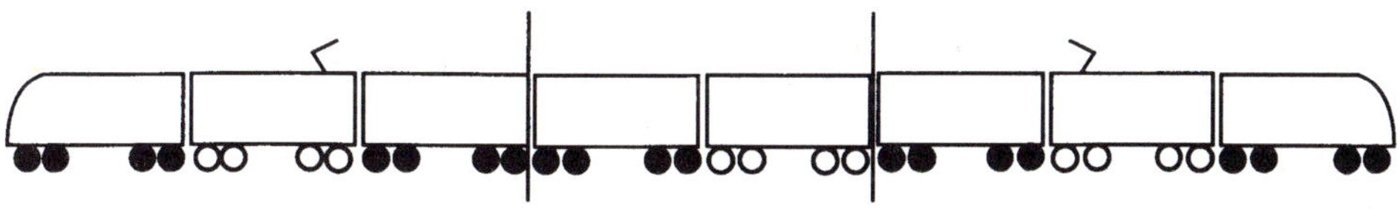

两列动车组可连接运行。

CRH1 型动车组头车长度 26.95 m，中间车长度 26.6 m，总长 213.5 m，车体宽度 3.328 m，车体高度 4.04 m。编组总重 420.4 t。

CRH1 型动车组全列车在舒适度方面有两个等级的基本设置：一等和二等。列车两头端车为一等车，其余 6 辆为二等车。一等车内座椅 2+2 布置，二等车内座椅 2+3 布置。

一等车座席宽 500 mm，座间距 1 000 mm，过道宽 600 mm；

二等车座席宽 458 mm，座间距 900 mm，过道宽 604 mm。

一等车座椅为靠背可调式座椅，二等车座椅为固定式座椅。

全列车定员 668 人，一等车座席 144 人，二等车座席 524 人，定员布置见表 2-2。

表 2-2 CRH1 型动车组代码定员表

车号	1	2	3	4	5	6	7	8
车厢代号	驾驶动车 Mc1	带弓动车 Tp1	中间动车 M1	中间动车 M3	酒吧拖车 Tb	中间动车 M2	带弓拖车 Tp2	驾驶动车 Mc2
车种代码	ZY	ZE	ZE	ZE	ZEC	ZE	ZE	ZY
定员	72	101	101	101	19	101	101	72

注:M—动车;T—拖车;c—控制车;Tb—拖车有主断路器,无受电弓;Tp—有受电弓。

2. CRH2 型动车组

CRH2 型动车组由 8 辆车组成,其中 4 辆动车 4 辆拖车;首尾车辆设有司机室,可双向驾驶,编成后结构如下:

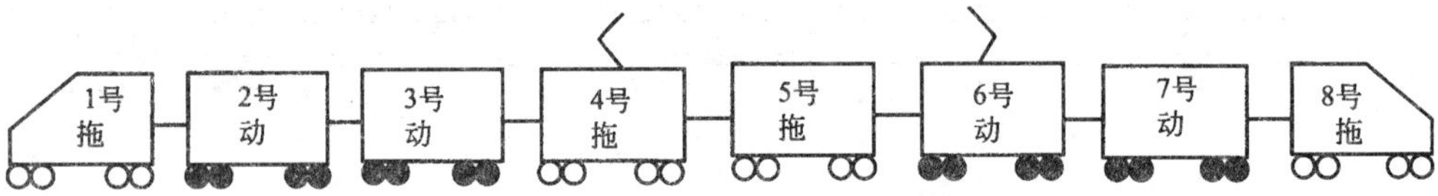

两列动车组可连挂运行。

CRH2 型动车组头车长度 25.7 m,中间车长度 25 m,总长 201.4 m,车体宽度 3.38 m,车体高度 3.7 m。编组总重为 345 t。

CRH2 型动车组全列车有 1 辆一等车和 7 辆二等车。一等车内座椅 2+2 布置,二等车内座椅2+3 布置。

一等车座席宽 475 mm,座间距 1 160 mm,过道宽 600 mm;

二等车座席宽 440 mm,座间距 980 mm,过道宽 600 mm。

座椅为旋转式可调靠背,全列车定员 610 人,一等车座席 51 人,二等车座席 504 人,二等座车/餐车座席 55 人,定员布置见表 2-3。

表 2-3 CRH2 型动车组代码定员表

车号	1	2	3	4	5	6	7	8
车厢代号	驾驶拖车 Mc1	中间动车 M2	中间动车 M1	带弓拖车 T2	酒吧拖车 T1K	带弓动车 M2	中间动车 2M1s	驾驶拖车 Mc2
车种代码	ZE	ZE	ZE	ZE	ZEC	ZE	ZY	ZE
定员	55	100	85	100	55	100	51	64

3. 时速 350 km(CRH3 型)动车组技术条件

CRH3 型动车组由 8 辆车组成,其中 4 辆动车 4 辆拖车;动车组的两端端车(又称为控制车)上设司机室,列车正常运行时由前端司机室操纵(只需一人操作)。两列动车组可以连挂在一起运行(只需一人操作)。

CRH3 型的动力配置与辅助供电系统的示意图如下:

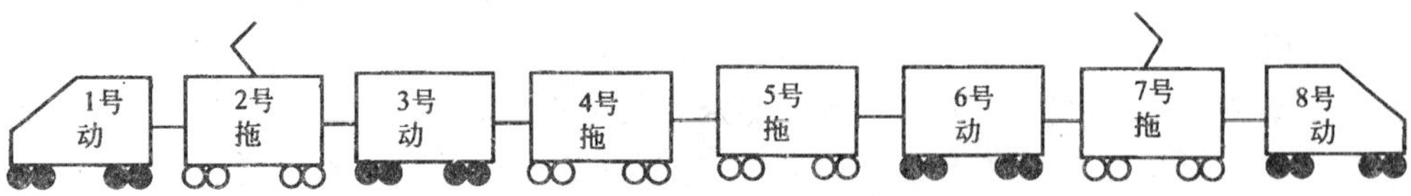

CRH3 型动车组车体宽度：3.265 m。中间车辆车体长度：25 m。车辆高度(车顶距轨面高度，新轮，不含受电弓)3.89 m，受电弓落弓时高度 4.50 m。

CRH3 型动车组中设一等座车 1 辆(第 5 辆)、二等座车 6 辆和一辆座车与餐车的合造车(第 4 辆)，总定员 601 人(见表 2-4)。一等车座席采取 2+2 布置，较高舒适性的宽体座椅采用丝绒座椅面料，设有脚蹬和可调节座椅靠背；部分一等车设高级座席或包房。二等车内座椅采用丝绒座椅面料，座椅后背可调。

一等车座席宽 500 mm，座间距 mm，过道宽 495 mm；

二等车座席宽 458 mm，座间距 mm，过道宽 520 mm。

表 2-4 CRH3 型动车组代码定员表

车号	1	2	3	4	5	6	7	8
车厢代号	带司机室动车 Ec01	变压器拖车 TC02	中间动车 IC03	座餐拖车 BC04	一等拖车 FC05	中间动车 IC06	变压器拖车 TC07	带司机室动车 Ec08
车种代码	ZE	ZE	ZE	ZEC	ZY	ZE	ZE	ZE
定员	73	87	87	50	56	87	87	73

4. CRH5 型动车组

CRH5 型动车组由 8 辆车组成，其中 5 辆动车 3 辆拖车；首尾车辆设有司机室，可双向驾驶，编组后结构示意如下：

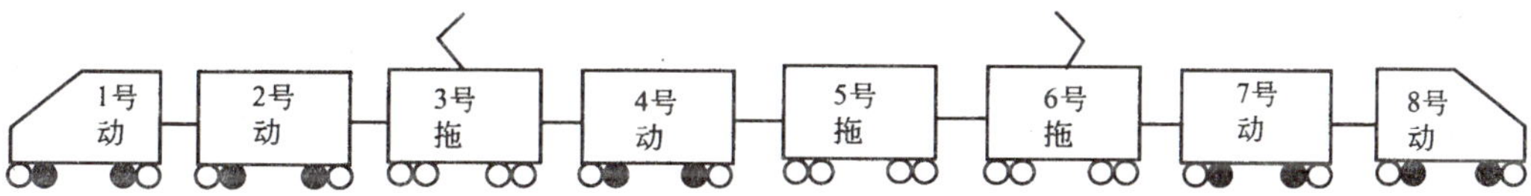

CRH5 型动车组头车长度 27.6 m，中间车长度 25 m，总长 211.5 m，车体宽度 3.2 m，车体高 4.27 m。编组总重为 451 t。

CRH5 型动车组全列车有 1 辆一等车和 7 辆二等车。一等车内座椅 2+2 布置，二等车内座椅2+3 布置。

一等车座席宽 480 mm，座间距 960 mm，过道宽 600 mm；

二等车座席宽 430 mm，座间距 960 mm，过道宽 570 mm。

CRH5 型动车组根据定员有两种型号，全列车定员有 586 人和 622 人两种情况。其中定员 586 人的车型座椅为可旋转型，定员 622 人的车型座椅为不可旋转型。定员布置见表 2-5。

表 2-5 CRH5 型动车组代码定员表

车　　号	1	2	3	4	5	6	7	8
车 厢 代 号	驾驶动车 Mc2	中间动车 M2	带弓拖车 Tp	中间动车 M2	中间拖车 T2	酒吧拖车 TPb	中间动车 Mh	驾驶动车 Mc1
车种代码(622 人)	ZE	ZE	ZE	ZE	ZE	ZEC	ZE	ZY
定　　员(622 人)	74	93	93	93	93	42	73	60
车种代码(586 人)	ZY	ZE	ZE	ZE	ZE	ZEC	ZE	ZY
定　　员(586 人)	56	90	90	90	90	40	74	56

五、动车组编号规则

1. 动车组的型号和列车编号构成：

CRH×××× ×

- ×——型号系列代码，以一位大写英文字母表示
- ×××——制造序列代码，以三位阿拉伯数字表示
- ×——技术序列代码，以一位阿拉伯数字表示
- CRH——中国高速铁路动车组简称

2. 动车组中车辆的车种和编号构成：

××× ××× ××

- ××——编组顺位代码，以两位阿拉伯数字表示，由1位头车至2位头车的代码为01、02、03……
- ×××——制造序列代码，同动车组
- ×——技术序列代码，同动车组
- ××——车种代码，以两位大写英文字母表示

3. 动车组编组中的车种代码是汉语拼音缩写。

车种	一等座车	二等座车	软卧车	硬卧车	餐车（含酒吧车）	二等座车/餐车	餐车卧车合造车
代码	ZY	ZE	RW	YW	CA	ZEC	CW

4. 各型动车组的技术序列代码分配如下：四方BSP动车组定为“1”，四方股份动车组定为“2”，唐山工厂动车组定为“3”，长客股份动车组定为“5”。

5. 各型动车组的制造序列代码按不同的技术序列单独编排，顺序由001～999依次排列。

6. 各型动车组的型号系列代码按动车组的速度等级、车种确定。对已有的动车组规定如下：

A——运行时速200 km、8辆编组、座车。

B——运行时速275 km、8辆编组、座车。

C——运行时速350 km、8辆编组、座车。

7. 动车组编组顺位代码以两位阿拉伯数字表示，位置排列编号自首车起从“01”开始顺序排列，尾车的排列编号为“00”。

8. 动车组编号示例如下：

示例1：动车组的型号和车号（见图2-4）

CRH 2 063 C

- C——运行时速350 km、8辆编组、座车
- 063——制造顺序第63列
- 2——四方股份动车组
- CRH——中国高速铁路动车组

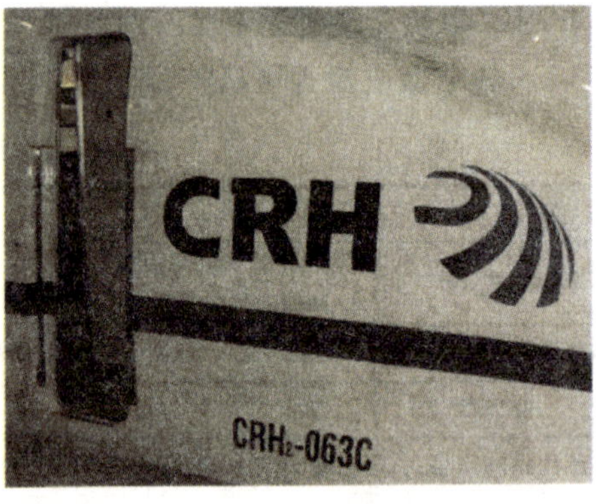

图2-4 动车组的型号和车号

示例 2：动车组中车辆的车种和编号（见图 2-5）

图 2-5　动车组中车辆的车种和编号

第二节　CRH1 型动车组车内主要设备设施

CRH1 型高速动车组 8 辆编成，可两组重联运行。动力配置：2(2M＋1T)＋(1M＋1T)，车厢种类包括一等车、二等车、酒吧车；座位布置一等车 2＋2，二等车 2＋3，定员：670 人。最高运营速度 200 km/h。制动方式：直通式电空制动。

见图 2-6～图 2-13 和表 2-6。

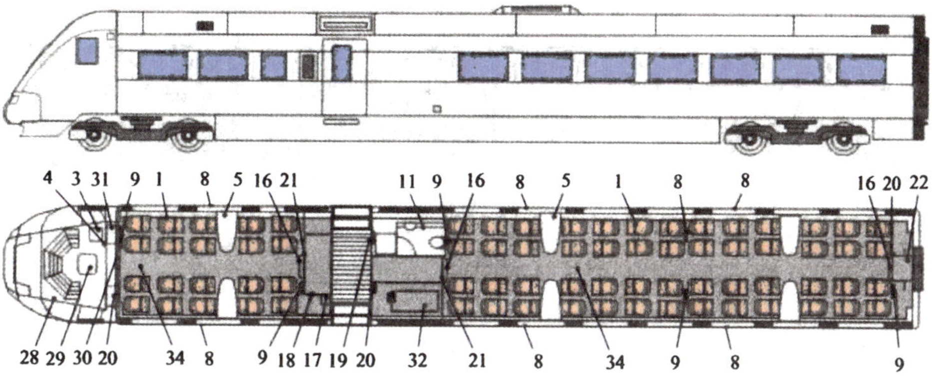

图 2-6　CRH1-01 号车(Mc1)

图注见表 2-6

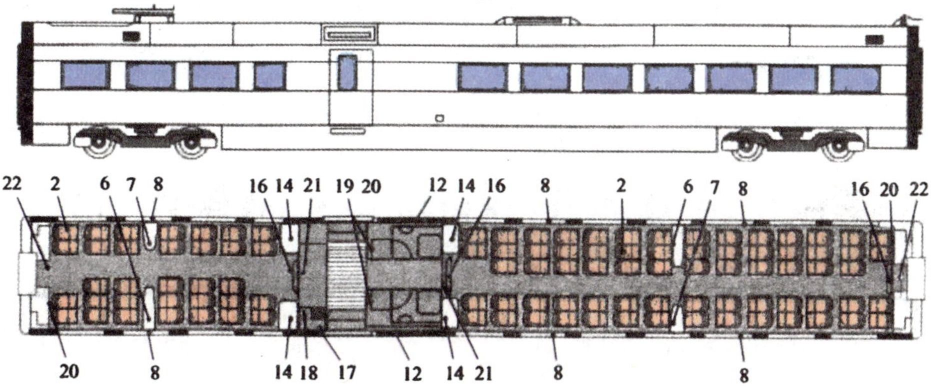

图 2-7　CRH1-02 号车(Tp1)

图注见表 2-6

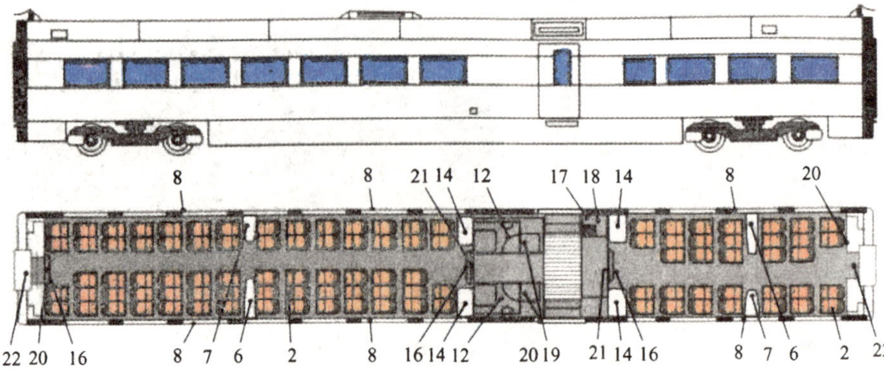

图 2-8　CRH1-03 号车(M1)

图注见表 2-6

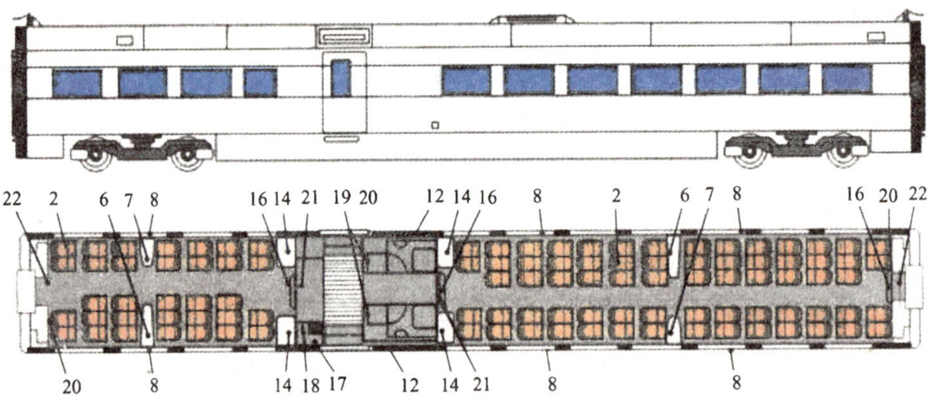

图 2-9　CRH1-04 号车(M3)

图注见表 2-6

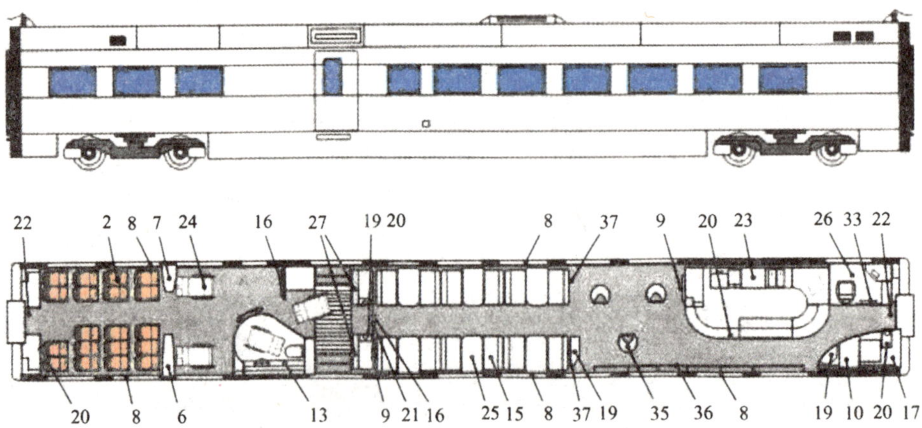

图 2-10　CRH1-05 号车(Tb)

图注见表 2-6

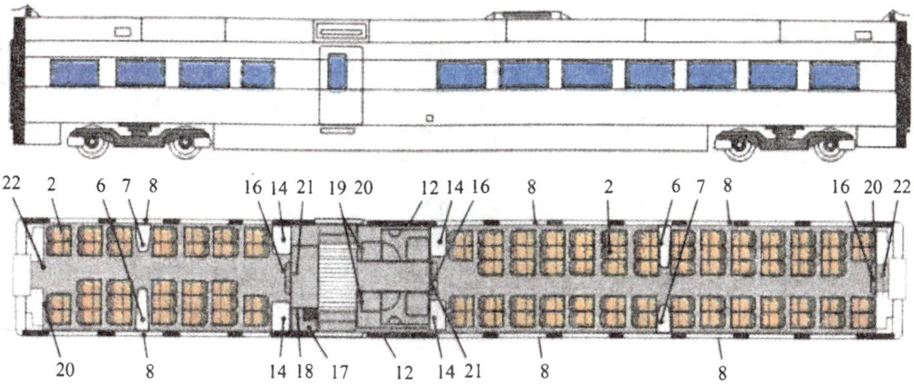

图 2-11　CRH1-06 号车(M2)

图注见表 2-6

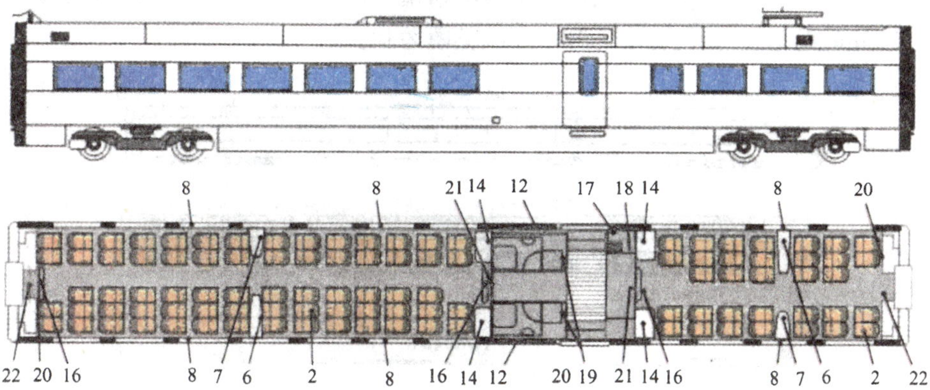

图 2-12　CRH1-07 号车(Tp2)

图注见表 2-6

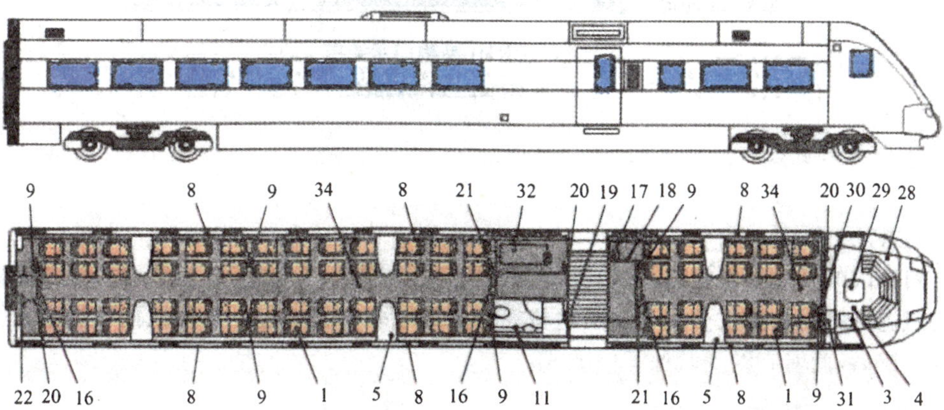

图 2-13　CRH1-00 号车(Mc2)

图注见表 2-6

表 2-6　CRH$_1$ 型车上设备标注

标号	标注	标号	标注	标号	标注	标号	标注	标号	标注
1	一等车座椅	9	显示屏	17	洁具室	25	餐桌	33	乘务室门
2	二等车座椅	10	餐车储藏间	18	热水炉	26	乘务员室	34	走廊地毯
3	折叠椅	11	厕所/坐式	19	垃圾箱	27	轮椅升降装置	35	站立就餐桌
4	司机室灭火器	12	厕所/蹲式	20	灭火器	28	司机操纵台	36	扶手
5	一等车桌子	13	厕所/残疾人	21	客室门	29	司机座椅	37	客室分隔屏
6	二等车桌子/大	14	行李架	22	通过台门	30	司机室门		
7	二等车桌子/小	15	餐车座子	23	吧台	31	LKJ 主计算机		
8	逃生窗	16	信息显示屏	24	轮椅位置	32	ATP 装置		

一、基础设备

(一)侧　　门

车厢两侧各设有一个侧门,采用电动单页滑动塞拉门,各门有两级伸出脚踏板,可以适应 800～1 250 mm 的站台,侧门宽度 1 100 mm,见图 2-14。

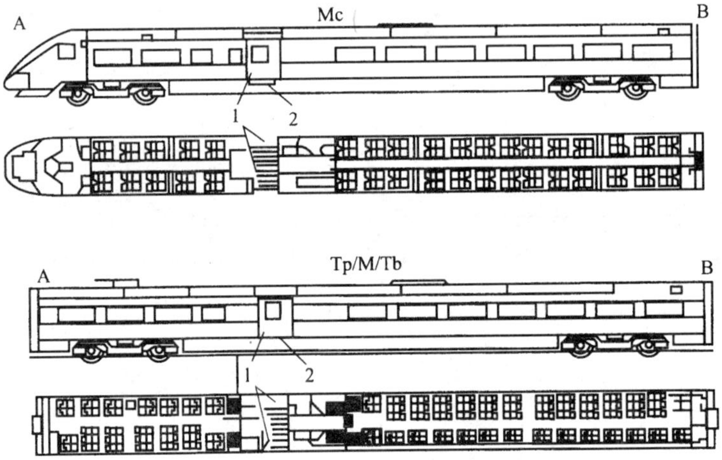

图 2-14　CRH$_1$ 型侧门示意图

1—乘客车门;2—滑动脚踏板

1. 侧门开关装置

侧门设有开门按钮、手动开门把手、车门隔离装置等开关装置。

2. 正常开门操作

全列侧门的开启集中控制,由司机负责开关。在司机下达允许开门指令后,通过操纵台的开关按钮进行侧门的集控开关,开/关门按钮灯亮同时蜂鸣器响起。当司机按下操纵台上的车门释放按钮后,此时有以下两种开门方式:

(1)乘客可以通过按动“开门按钮”打开本车厢该侧车门。

(2)司机在司机室内操作同时打开全列一侧车门。

3. 正常关门操作

(1)正常情况下,车门打开 30 s 后会自动关闭。如果系统探测到有乘客移动,车门会自动打开，30 s 后，再次关闭。

(2)司机可在司机室操纵，集中控制关门。

(3)侧门立柱设置的操作装置包括光栏装置、紧急开门装置及本地控制面板。其中本地控制面板上设有状态指示灯和使用三角钥匙的操作开关。

4. 紧急开门装置

每个门有两个紧急开门装置，一个在内部，一个在外部。内部紧急开门装置位于侧门立柱内侧，外部紧急开门装置位于开口后面的裙板内侧，见图 2-15。

在有电情况下的紧急开门操作：

(1)用三角钥匙开关“本地操作”，黄灯亮起。

(2)用三角钥匙开关“开/关本地车门”，红灯亮。直到车门完全打开前不得松手。

(3)关门用三角钥匙插入“开/关本地车门”复位即可。

在没电情况下的紧急车门操作：

(1)打开车内紧急开门装置，按下红色手柄，用手拉开车门。

(2)关门时，先手动把门合上，并用三角钥匙插于内部开门装置中的锁芯，复位即可。

5. 侧门控制

(1)如任一侧门处于开启状态，列车就不能开动。

(2)系统探测到车门附近有人或物移动时，将停止关门动作。

(3)侧门具有防挤压功能。

(二)内 部 门

内部门有手动车门和自动车门。手动车门：司机室门和厕所门。自动车门：风挡门和过道门，都是电动感应式双扇拉门。风挡门位于每辆车的端部。过道门位于各车的过道和客室之间。过道门和风挡门的操作如下：

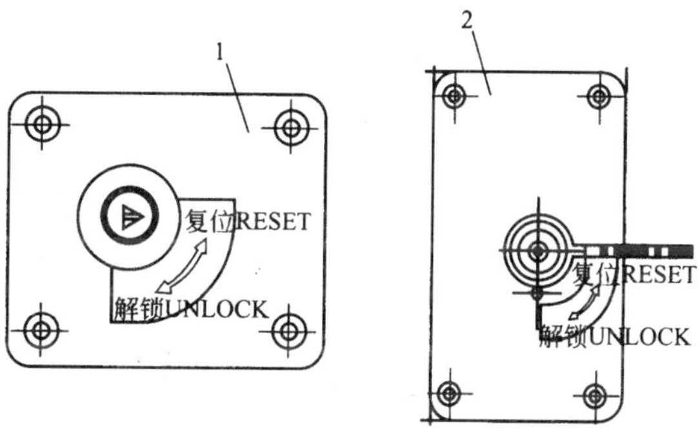

图 2-15 CRH1 型紧急开门装置

1—外部开门装置(只用三角钥匙)；

2—内部开门装置(手柄开门，三角钥匙复位)

(1)过道门和风挡门设有钥匙开关和主开关。

钥匙开关设有 A(自动)、C(关门锁定)、O(开门锁定)三个工位，用于设定车门的操作模式。

主开关用于运行期间将门机构进行隔离。当主开关被启动时，无论钥匙开关处于哪个工位，车门即关闭，然后可被手动打开。

(2)开关操作：

当钥匙开关在“A”时，门可自动开关并具有防挤压功能。当门立柱发出“清洁模式”的指令时，所有的过道门和风挡门都被打开并锁定。当司机室发出“火灾模式”的指令时，所有的风挡门被关闭并锁定。可以手动将其打开，但它们会自动返回关闭状态。

当钥匙开关处于“O”位时，车门处于打开锁定位。当司机室发出“火灾模式”的指令时，风挡门即被关闭并锁定。

当钥匙开关处于“C”位时，车门处于关闭锁定位。

(三)车　　窗

车窗包括侧窗、司机室侧窗、盲窗和挡风玻璃。

1. 司机室侧窗包括左侧窗和右侧窗,由隔热的中空玻璃组成。

2. 必要时,司机室侧窗可用作紧急出口,见图 2-16。

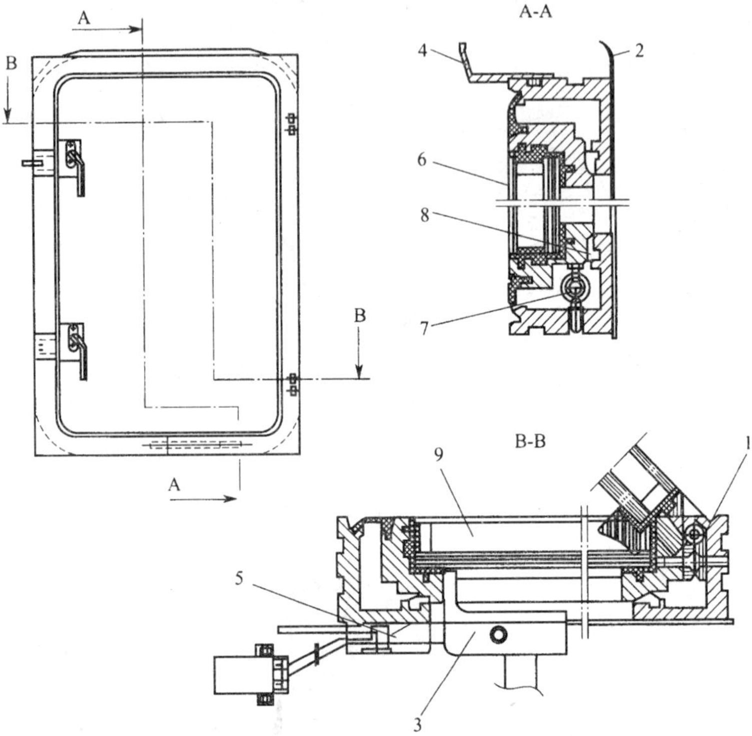

图 2-16　司机室侧窗

1—铰链;2—外窗框;3—手柄;4—滴水槽;5—微动开关;
6—外窗玻璃板;7—气体支杆;8—内橡胶条;9—折叠部分

3. 盲窗是为车体美观而设置的一块不透明窗户,其与侧窗一起形成一个长窗。

4. 盲窗由单层钢化玻璃构成,内部丝网印刷成黑色,见图 2-17。

5. 司机室的挡风玻璃由两块安全玻璃组成,内窗玻璃板有一层车窗保护膜,防止在发生事故或石头冲击时玻璃破碎伤害到司机。

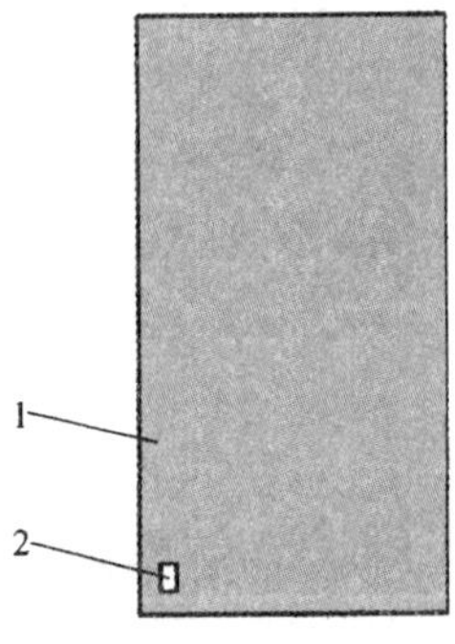

图 2-17　盲窗

1—丝网印刷;2—标识

(四)座　　位

1. 一等座位

一等座位为 2+2 布置,每个座椅的扶手处设有一个调节按钮,用于调节座椅靠背的角度。一等车座椅主要包含了织物衬套、头枕片、扶手、小桌板、杂志网、脚蹬等。

2. 二等座位

二等座位为 3+2 布置,主要包含织物衬套、头枕片、小桌板、杂志网等。

3. 座椅旋转方法

座椅设有转向调整装置。通过踩下座椅下部踏板，逆时针旋转座椅，就可以改变座椅方向。

（五）乘　务　室

乘务室设在 5 号车厢。设有车载信息系统智能显示器、旅客信息服务系统和烟火报警装置显示屏。

二、服务设备

（一）照　　明

1. 概要

(1)客室和乘务员室天花板上、行李架和功能面板上设荧光灯。

(2)在过道和厕所外部区域天花板上设紧凑型荧光灯。

(3)厕所、风挡过道和乘务员室外部区域天花板上设聚光灯。

(4)过道内直接在乘客区域外门上方设聚光灯。

(5)乘客座椅上方设阅读灯。

2. 照明控制开关位置

列车照明可通过列车网络系统集中控制。其他辅助照明控制开关主要有门立柱开关、司机室及乘务员室电灯开关、厨房和餐厅区照明开关、阅读灯开关。

(1) 门立柱照明控制开关设置在 1 号、5 号和 0 号车。

(2)司机室及乘务员室电灯开关设置在司机室及乘务员室。

(3)厨房和餐厅区照明开关设置在厨房。

(4)阅读灯开关安装在行李架上。

3. 照明控制

照明控制主要分为一般照明控制和紧急照明控制。

(1)“一般照明”是指除厨房灯、阅读灯、过道车内外门聚光灯及司机室室内照明和乘务员室车顶聚光灯以外的照明，可以在司机室集中控制或在本车门立柱通过三角钥匙单独控制。

“一般照明”打开时，客室照明、餐厅区域客室、厨房照明、阅读灯照明可单独控制。

(2)“紧急照明”是指在电池充电失效时，由蓄电池系统进行供电的照明。紧急照明期间，餐厅区域客室照明可被单独控制。

(3)外门照明根据车门系统状态进行自动控制。

(4)司机室和乘务员车顶聚光灯单独由司机室及乘务员室电灯开关控制。

（二）餐吧车设备

餐吧车位于每组动车中部。餐吧车一般分为厨房区、酒吧服务区、酒吧外储藏区，设有餐桌（坐式、立式）、椅子（倚靠栏）、吧台、陈列柜、咖啡机、微波炉、冷藏箱（柜）、储藏柜、电磁灶、电茶炉、水槽、垃圾箱、售货车。售货车配有防撞条和制动装置。

1. 电磁炉

(1)电磁炉包括炉体、带盖炒勺、1 套汤锅和不锈钢架。

(2)当锅底离开电磁炉超过 50 mm 时，电磁炉自动关闭电源。

2. 冰箱设备

(1)冰箱设备包括2个立式冰箱,一个安装在吧台内,另一个安装在吧台外。

(2)每台冰箱包括箱体、门、门配件、隔热、搁架和容器、制冷和控制系统。

(3)冰箱温度由控制器控制调整。

(三)卫生系统

卫生系统的功能是提供净水和收集废水。

1. 卫生系统的主要设备

(1)卫生间。分为座式和蹲式两种,坐式卫生间设在一等车,蹲式卫生间设在二等车。均为集便器卫生间。卫生间内设有整容镜、洗手盆、感应式水龙头、按压式洗手液装置、电源插座、按压式冲洗装置、垃圾箱、烟火感应装置。残疾人卫生间内还有婴儿护理台和求助按钮等设备。当旅客在卫生间内发生紧急情况时,按下求助按钮,立即发出报警声,同时乘务室内显示屏显示求助信息。每个卫生间门框旁边设有“有无人显示”装置。

(2)供水箱。除5号车,每个厕所间有一个供水箱。

(3)污水箱。5号车有两个污水箱,其他车各有一个污水箱。

2. 卫生系统的设置区域(见图2-18)

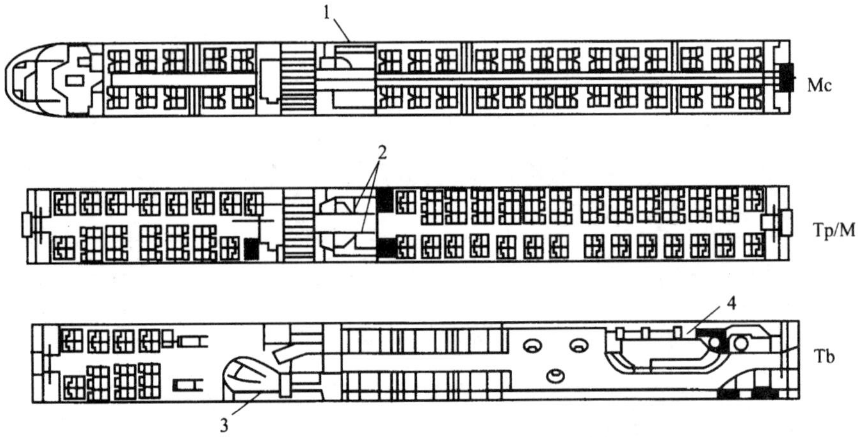

图2-18 卫生系统设置区域

1—座式厕所;2—蹲式厕所;3—残疾人厕所;4—酒吧厨房

3. 卫生系统污水箱位置(见图2-19)

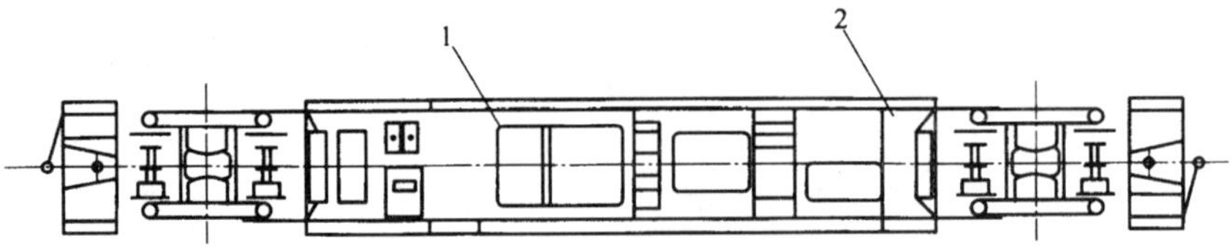

图2-19 卫生系统水箱位置

1—污水箱(在所有车的同一位置);2—酒吧区的污水箱(只Tb车)

4. 厨房卫生系统指示面板

厨房内设有厨房卫生系统指示面板,提供酒吧区/残疾人厕所的供水箱和酒吧区污水箱的液位指示,见图2-20。

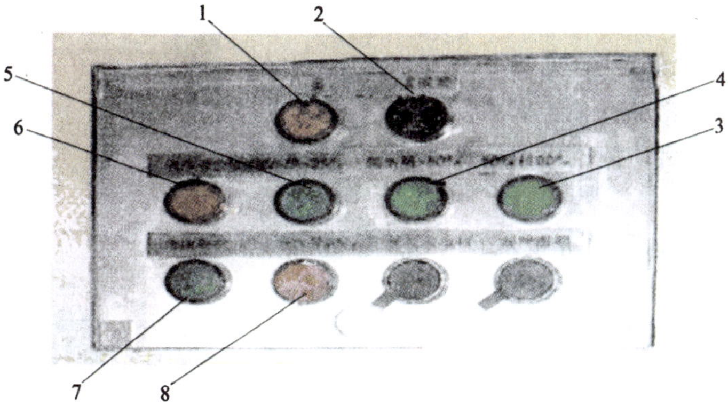

图 2-20 卫生系统指示面板

1—残疾人厕所警报指示灯；2—残疾人厕所警报指示蜂鸣器；3—酒吧区/残疾人厕所供水箱液位指示，高于 90%；4—酒吧区/残疾人厕所供水箱液位指示，高于 50%；5—酒吧区/残疾人厕所供水箱液位指示，高于 25%；6—酒吧区/残疾人厕所供水箱液位指示，已空或低于 25%；7—酒吧区污水箱液位指示，80%；8—酒吧区污水箱液位指示，满

5. CRH1 型动车组水箱、厕所、污物箱概况(见表 2-7)

表 2-7 CRH1 型动车组水箱、厕所、污物箱概况

序号	车种项目	Mc1 一等座车	Tp1 二等座车	M1 二等座车	M3 二等座车	Tb 餐车座车合造车	M2 二等座车	Tp2 二等座车	Mc2 一等座车
1	水箱容积(L)	630	860	860	860	1 000	860	860	630
2	水箱可用时间(h)	48	48	48	48	48	48	48	48
3	厕所形式	1 座	2 蹲	2 蹲	2 蹲	1 座 (残疾人厕所)	2 蹲	2 蹲	1 座
4	污物箱容积(L)	650	650	650	650	910	650	650	650
5	污物箱集污时间(h)	48	48	48	48	48	48	48	48

(四)乘客信息系统和影音系统

1. 乘客信息系统

乘客信息系统提供与运行相关的信息，主要具有两项功能：

(1)车内电子显示屏设在每个车厢两端的过道门上方，将有关运行的信息显示在贯通整个列车的电子显示屏上(显示车号、厕所有无人信息，与运行相关的信息等)，并伴有通过扬声器系统播出的数字声音。

车外电子显示屏设在每节车厢的车体两边外侧面，显示列车运行区间、车次和车厢顺号。

(2)处理列车员与乘客之间的声音通信。

2. 影音系统

影音系统提供影像和音乐播放。主要有三项功能：影像放映、播放 MP3 音乐、FM 无线电广播。在一等座车和餐吧车内播放视频和音乐。全列车播放 MP3 音乐以及全列车 AM/FM 广播。

3. 紧急通话

(1)每个车厢过道靠近外门处设有紧急通话单元。出现紧急情况时，通过乘客紧急通话单元可实现乘客与司机的通话。

(2)紧急通话单元外形图(见图 2-21)。

(3)乘客紧急通信方法:

①乘客可按红色启动按钮或拉紧急手柄启动紧急通话单元。

②启动后,该紧急通话单元的红色 LED“等待”被启动;司机室播出注意提示音,按钮“紧急通话”开始闪亮;已启动的紧急通话单元的指示就显示于 IDU 和 PIS 显示屏上。

③司机按“紧急通话”按钮。

④按钮变为一直亮着,注意提示音播放停止;紧急通话单元的绿色 LED“通话”亮起。乘客即可与司机通话。

⑤司机保持“通话”按钮处于按下状态,通过麦克风向乘客讲话。特殊紧急通话单元的红色 LED“等候”被启动。

⑥司机释放“通话”按钮,等候乘客的回话;紧急通话单元的绿色 LED“通话”亮起。乘客即可与司机讲话。

⑦司机再按一次亮着的“紧急通话”按钮结束通话。

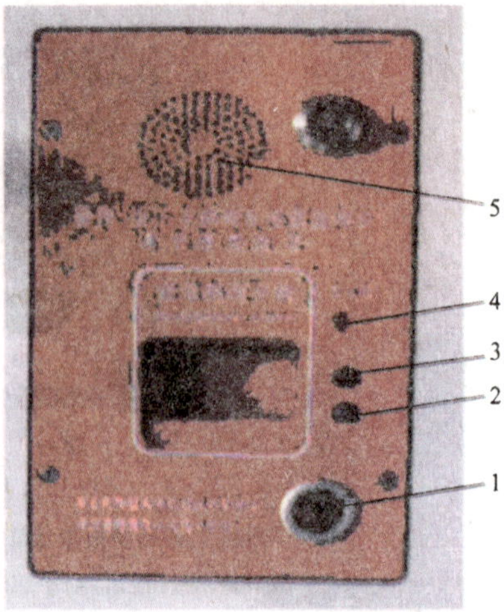

图 2-21　紧急通话单元
1—与司机进行通话连接的按钮(红);
2—指示 LED“讲话”(绿);
3—指示 LED“等候”(红);
4—麦克风;5—扬声器

4. 广播系统

广播系统能自动播放音乐、播放预先储存的节目。车内联络电话设在司机室、乘务员室、吧台内。根据需要,每部电话均具备全列广播、单独拨号对讲功能。

第三节　CRH2 型动车组车内主要设备设施

一、基础设备

(一)侧　　门

1. 侧门设置

CRH2 动车组每辆车两侧各设有两个侧门。在司机室及乘务员室内设置有侧门集中控制开关,通过操作开关,可以以集中控制的方式,同时打开或关闭全列车的侧门。关闭侧门之后各车厢侧面的显示灯会熄灭,司机室驾驶台的关门显示灯会亮起。司机在确认了显示灯状态之后,可以开车。

2. 侧门锁闭装置

(1)侧门锁:在车门关闭状态下,车内使用专用钥匙操作,可锁闭侧门(气密和非气密时都可以进行上锁)。

(2)压紧装置:通过油压动力缸来顶住侧门,将门和车体紧密贴近,保证车内的气密性。列车运行速度在 5 km/h 以上的情况下,乘务员即使操作侧门开关,侧门也不会打开,这是关门保护电路在起作用;速度达到 30 km/h 以上时压紧装置会启动,将门和车体紧密贴近,保证气密性。

(3)紧急开门开关:在每辆车侧门的上方,设有紧急开门开关。在紧急情况下,可通过操作车内侧门上部的气阀，将侧门气缸里的空气强行进行排气，然后用手动可以打开门（见图 2-22）。

3. 使用方法

侧门的开关可以在 1 号车、8 号车的驾驶室和 7 号车的列车员室进行操作，正常情况下由司机集中操作（见图 2-23）。

特殊情况需要列车员操作时，按如下步骤进行：

（1）将列车员钥匙插入靠站台侧的侧拉门操作开关。

（2）将列车员钥匙转到[合]位置。

图 2-22　侧拉门紧急开关

（3）按下开门开关（车侧灯亮灯、车门打开、乘客上下车）。

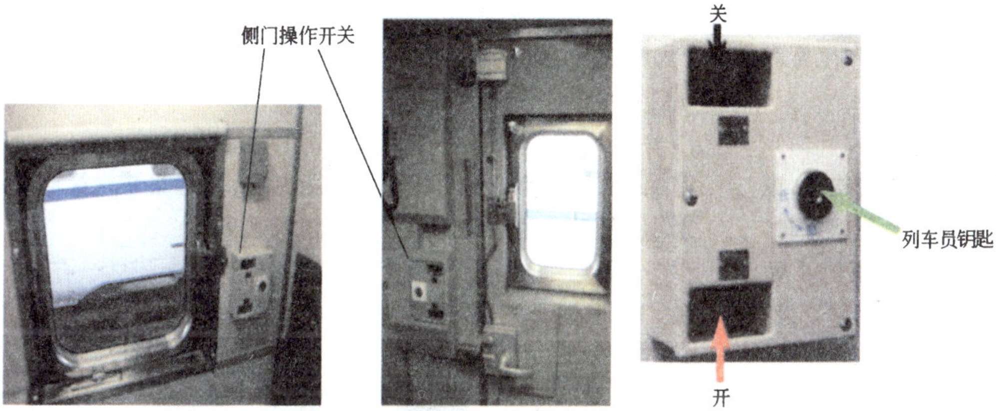

图 2-23　侧门操作开关

（4）确认已无乘客上下车后按下关门开关。

（5）确认车侧灯已熄灭。

（6）将列车员钥匙转到[断]位置。

（7）拔出列车员钥匙。

（二）内　部　门

1. 内端拉门装置

内端拉门为电动式自动门，分为对应轮椅使用者（7 号车后位，8 号车前位）的加宽型和普通型两种类型，具备防挤压功能。门控电源由设置在门框上的开放开关控制，在“关”位时，可通过手动操作来开关门。在“开”位时，由天花板内置光线开关探测器控制门的开闭。自动门在有故障或停电时，能够手动开关门。

2. 外端拉门（防火门）

外端拉门为装在通道上的防火用不锈钢拉门，在 8 辆编组的 2～8 号车通道口的车端部，设有 1 处防火门。并且，为了在全开、全关时能够保持其状态而设置了压紧装置。

3. 多功能室拉门

车门上设有乳白色聚碳酸酯玻璃窗和换气用的通风板。锁为内侧搭扣方式，可在内侧开闭或在外侧用专用钥匙打开或锁闭拉门。

4. 卫生间拉门

卫生间拉门上设有把手和在内侧锁闭的暗锁。在外侧用专用钥匙可以打开或锁闭厕所。适用轮椅使用者(一等车)的卫生间门加宽，设置了可通过按钮开关进行控制的自动开关式的拉门。

5. 小便间折叠门

小便间折叠门是向通道侧开的对折门，宽度上力求不妨碍通道上旅客的通行，折叠门上没有安装门锁装置。

6. 垃圾箱室门

垃圾箱室门是由氯乙烯发泡材料的夹板构成。按下锁的突起部位即变为把手，旋转即可打开。关闭时，旋转把手。

(三)车　　窗

车窗为气密构造，除司机室、乘务员室以外全部为固定窗。一等车是每列座席对应一个小窗，二等车是两列座席对应一个大窗的布局。另外，在各个车厢内的四角，设有紧急逃生用的紧急窗。

1. 车厢窗

车窗为气密构造，窗玻璃用的是强化玻璃。侧窗窗台为树脂材质，设有能够放置饮料的台面。在发生紧急状态时，旅客能够使用安全锤砸破四角的紧急窗口逃出。

2. 乘务员室侧开窗

乘务员室侧开窗设有车窗锁和气密性开关，见图 2-24。

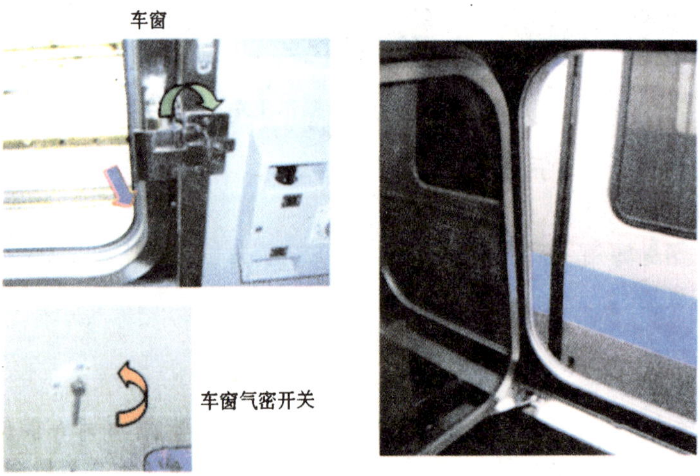

图 2-24　乘务员室侧开窗

(1)打开车窗步骤：

①打开车窗下的车窗气密开关，排出密封橡胶中的压力空气。

②打开车窗锁。

③打开车窗。

(2)关闭车窗步骤：

①关闭车窗。

②锁闭窗锁。

③打开车窗下的车窗气密开关，向密封橡胶中充入压力空气，压紧窗体，实现密封。

3. 遮阳幕

遮阳幕采用在拉开的状态之下就可以更换面料的可拆装式卷帘装置。

(四)座　　席

座席背椅的倾斜角度，按动扶手按钮即可根据旅客需要进行调整(见图 2-25)。座席背面及内端墙隔板上设有小桌。为了使旅客在乘坐时能够始终面向列车前进方向，座席设置了可转动机构。在座席侧面的下部设有脚踏式开关，需要转动时，用脚踏下开关，手推动座席即可转动方向，从而调整座席乘坐方向。座席规格见表 2-8。

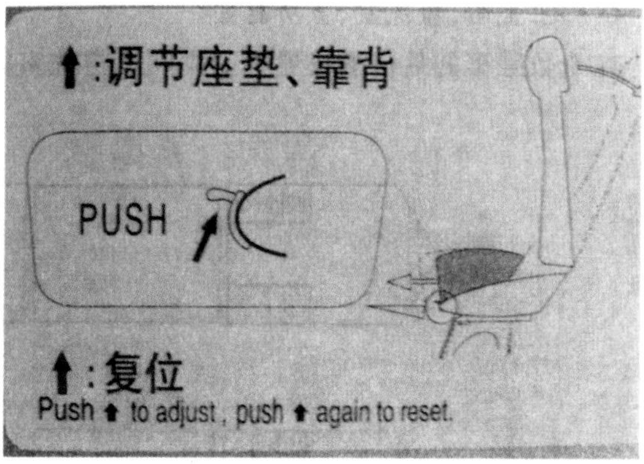

图 2-25　座椅调节示意图

表 2-8　客室座席规格

车　种	二等车		一等车
种　类	旋转可调背椅		旋转可调背椅
配　置	每排 2 座+3 座		每排 2 座+2 座
座椅间距	980 mm		1 160 mm
一个人有效宽度	430 mm 以上		475 mm 以上
重　量	2 人座	3 人座	70 kg 以下
	37 kg 以下	52 kg 以下	
其　他	可手动旋转 两侧扶手及中央部扶手(中央为可收起形式) 收藏式大型桌子 靠背背面储存用网袋 座面滑动机构 杯架 设置把手或相当于把手的部分，使走过通道的乘客能够抓住		可手动旋转 两侧扶手及中扶手 置脚板 收藏式大型桌子 靠背背面储存用袋子 设置把手或相当于把手的部分，使走过通道的乘客能够抓住

1. 二等车座椅

座席面料为绒头毛线，为了防止从座垫的间隙往底座内插入垃圾，设有座席罩。

残疾人用座椅设置有固定轮椅用的安全带。8 号车残疾人用座椅的后侧座椅中，侧扶手中设置拉出式桌子。

2. 一等车座椅

座席置脚板为座席背面弹动式，同样的置脚板也被设置在端墙上。这种置脚板为 2 级定位，转动抽出方式。扶手内设置有内置式桌子。

3. 其他座席

(1)乘务员室设有转椅及双人座席,双人座席的底座部位设有抽屉。

(2)多功能室内,有折叠式座席及转式座席。

(3)餐饮室内,设置有专用的可搬式座席。

二、服务设备

(一)卫生间、盥洗室、多功能室

在奇数号车的后位侧设置了卫生间及盥洗室(见图 2-26)。

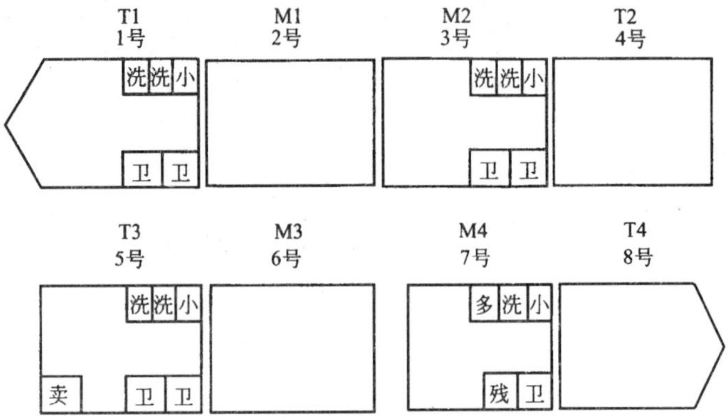

图 2-26　卫生间及盥洗室示意图

洗—盥洗室;卖—小卖部;小—小便间;卫—坐式卫生间;

残—残疾人用卫生间;多—多功能室

1. 卫生间

(1)卫生间概况

卫生间全部采用坐式便器,安装了洗手装置、清洗用光电开关、灯具托架、扶手、镜子、厕纸支架。门是从内侧能够用手锁闭的结构(外侧为暗锁,能用专用钥匙从外面打开或锁闭)。残疾人用的卫生间的拉门为按键式自动门。

(2)坐便器冲洗装置

坐便器的污物处理装置采用节水式清水冲洗系统。

旅客在使用坐便器后,用手触摸光电开关处,即可对污物进行冲洗,将污物排入车下污物箱。

(3)洗手装置

旅客使用洗手装置时,将手伸到出水用传感器的下方就会自动出水。手撤回后就会自动停止。

(4)卫生间紧急按钮

卫生间内设有紧急按钮。旅客在卫生间发生紧急情况时,按下卫生间紧急按钮,车内蜂鸣器报警且乘务员室和司机室的显示屏显示紧急报警信息,列车工作人员可及时收到报警信息。

2. 小便间

小便间的折叠门没有安装门锁装置,旅客使用后会自动冲洗。在清洗水配管内设置了清洗剂筒,以除去尿浊、防臭。清洗剂需定期补充。

3. 盥洗室

(1)盥洗室概况

盥洗室设置了镜子、桌子及插座。洗脸盆设置了全自动洗脸盆。

(2)洗脸盆的使用方法

洗脸盆的光电传感器感应到使用者伸出的手,会分别自动进行喷出洗手液、出水、吹出暖风的动作。

①喷出洗手液。手伸出到洗手液用传感器的下方就会自动喷出洗手液(喷出时间设定约0.5 s),在设定时间内将手缩回时就会停止,如不缩回,到规定时间也会自动停止。当停止后,如果还需要洗手液,缩回手约1 s后再次伸出手,就会继续喷出。

②出水。将手伸到出水用传感器的下方就会自动出水,手撤回后就会自动停止。为防止恶作剧,约60 s连续出水后就会自动停止出水。缩回手,再次用手遮住传感器就会继续出水。

③干燥。将手伸到干燥用传感器的前面,就会自动出干燥风。将手撤回后就会自动停止。为防止恶作剧,约60 s连续动作后就会自动停止。缩回手,再次用手遮住暖风就会继续出来。

(3)洗手液的补充方法

①按下5 min停止开关。LED监控器亮灯(橙色),使出水以外的动作都停止,补充作业才能够正常进行。

②用手指按住洗手液补充口盖子的下部,由于上部的磁石错开能够形成空隙,手指伸入空隙将盖子卸下。

③从补充口注入洗手液。补充洗手液时要缓慢倒入,否则会溢出。要补充已经稀释过的洗手液,否则会造成洗手液喷出稀疏不匀。洗手液箱的容量约4.3 L。从洗手液过滤器中看见洗手液就表示满,应立即停止注入。

④注满后,拧紧补充口的盖子,结束补充。

⑤再次按下5 min停止开关,LED监控器熄灯,恢复正常状态。

⑥用手测试洗手液喷出传感器动作,确认洗手液可正常吐出。

注:洗手液必须使用指定的品牌、型号和稀释倍率,否则会造成洗面器故障;补充洗手液时使用的容器要保持清洁,严禁沾有稀料等有机溶剂和甲酚等消毒剂。

(4)清洁及清扫

在清扫时,按下5 min停止开关,LED监控器为橙色灯,停止了出水以外的功能,所以能够顺利地将手伸入。5 min后LED监控器熄灯,自动恢复正常动作。

①洗脸盆。用拧干的湿布擦拭污渍,然后用湿布沾上少量的中性洗涤剂擦拭,最后擦干。

注:严禁使用稀料、挥发油等清洁剂;卫生间、浴室、瓷砖用洗涤剂及氯系洗涤剂;严禁使用尼龙制品作为擦洗工具。

②排水金属件、出水口盖、洗手液喷嘴、洗手液补充口。为保持美观,电镀的地方要用沾了缝纫机油或车蜡等的布抛光,禁用附着树脂的布擦拭。

注:清洁剂、抛光粉和包含粗粒子的洗涤剂及尼龙制品,由于会伤害到电镀表面而禁止使用;另外酸性洗涤剂会伤害到电镀也禁止使用。

③洗手液过滤器。洗手液过滤器安装在补充口。洗手液过滤器一旦堆积了垃圾等,要及时进行清扫。操作方法是:打开洗手液补充口的盖子,抓住洗手液过滤器的爪,向上提拉,清扫

(水洗)过滤器。清扫后安装到原先的位置。

④出水用传感器、洗手液用传感器、干燥用传感器。传感器的污渍是感应和引起误动作的原因,要定期用软布清洁。

注:为不伤害光电传感器的表面,用干的软布擦拭。污渍严重时用包含适量淡中性洗涤剂的布擦拭。避免故障和误动作。

4. 多功能室

多功能室设置在7号车。在室内设置了可对叠的婴儿床(放倒靠背就成为床)、折叠式的座椅,在上部设置了行李架,天花板上设置了扬声器及调风板,在前面设置了镜子、荧光灯开关及紧急蜂鸣器开关(由于拉门等故障而被关在房间内时使用),在出入门口的上部设置了挂钩,在下部设置了烟灰缸。

(二)餐吧区和饮用水设备

1. 餐吧区

5号车设有餐吧柜台。内设有立式餐桌可供饮食。左侧(车辆前方位部位)设有带水龙头的单盆水槽及热水器。柜台侧设置有冷藏陈列柜。背面(2～4位置)备有冷餐桌,其上方设有微波炉、控制功放、监控扬声器、220 V电源插座、陈列柜开关、脚灯开关、荧光灯及其开关、插座、配电盘及橱柜。

2. 餐饮区

餐饮区配备4张固定桌子和16张椅子,供旅客餐饮就座。

3. 饮用水设备

前17列编组在偶数号车的1位侧配置筒式的饮用冷热水器,从第18列编组开始安装热水器。污水通过水封装置直接排到车外。

(三)备品室、大件行李存放处、垃圾箱

1. 备品室

在3号车上设置了备品室,能够收藏紧急用渡板、大型收藏箱、绳索及应急灯等备品。

2. 大件行李存放处

在通过台除确保放置手持行李的空间(2、4、6号车的前/后位,1、3、7号车的后位)之外,还设置了架子用于存放大件行李。另外,架子及保护棒为能够折叠的结构。

3. 垃圾箱

垃圾箱设置在2、4、6、8号车的前位,1、3、5号车的后位通过台配电盘下。垃圾实施3类分类回收,垃圾投入口盖分为一般垃圾、罐、杂志3类。垃圾箱室设置了臭氧发生器,配置了分类回收用垃圾袋安装用框架,还设置了用于存放客室内垃圾袋的架子。

(四)旅客信息系统

1. 旅客信息系统设备及布置

旅客信息系统是一个能够随时给旅客提供一些重要信息的系统,由列车信息控制系统的中央装置和终端装置控制。它由以下设备构成:

(1)车内信息显示装置。

(2)车号显示装置。

(3)目的地显示装置。

(4)自动广播装置(7 号车)。

(5)无线广播接受服务装置(7 号车)。

2. 车内引导显示器

动车组客室两端车厢通路的门框上方分别设置了车内引导显示器，接受从车辆信息终端装置传来的信息，固定或滚动显示当前到站、前方到站、正晚点情况、当前时间、运行速度、实时新闻、禁烟标志和厕所使用等旅客信息。

(1)车内引导显示器显示内容的操作

车内引导显示器的显示内容是由 MON(监控器)发送相应指令来实现的。它可以通过两种方式输入显示内容，即库内读取 IC 卡数据或手动设定界面输入信息。

①IC 卡的读取方法

进入检修模式页面，按[读取 IC 卡]，显示 IC 卡的读取菜单页面(见图 2-27)。

将要读取的 IC 卡插入 IC 卡控制装置插口。

在 IC 卡读取画面，按以下内容操作。

读取广告文：按[广告文]+[读取]键。

读取停车站：按[停车站]+[读取]键。

读取公里数：按[公里]+[读取]键。

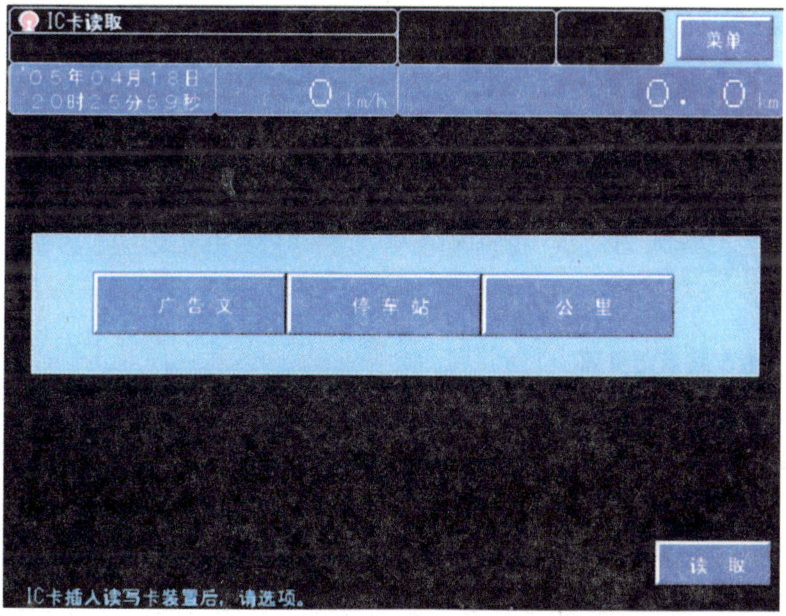

图 2-27 IC 卡读取菜单页面

②手动设定方法

A. 进入列车分类设定页面(见图 2-28)

进入列车员模式，按[手动设定]。

选择列车名称。

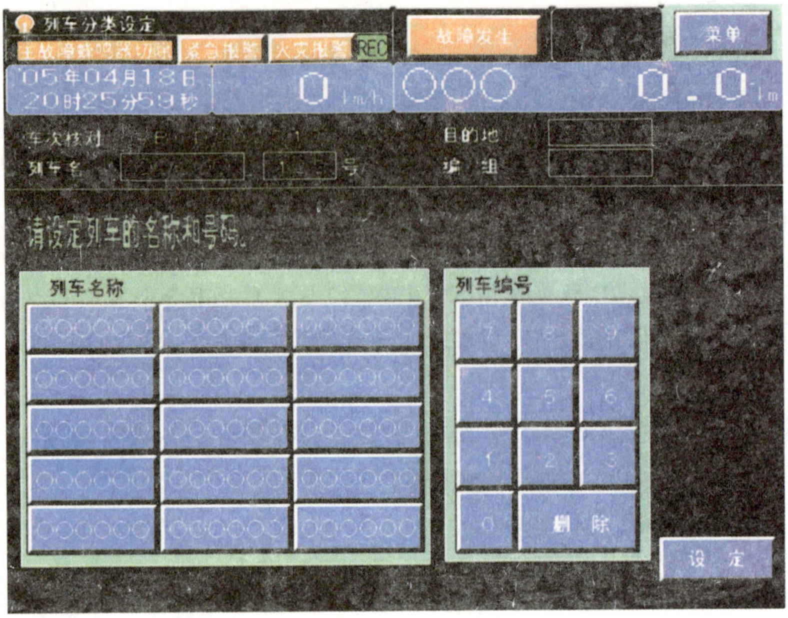

图 2-28 列车分类设定画面

输入列车编号。

按[设定]键。

B. 进入停车站方式设定页面

选择停车站。

按[设定]键。

C. 联解信息设定页面

选择联解有或无。

按[设定]键。

D. 联解编组车站设定页面

选择联解编组车站。

按[设定]键。

E. 车厢号设定页面

选择车厢号。

按[设定]键。

F. 手动设定确认页面

显示所有手动设定页面设定的内容,再次进行确认。

按[设定]键。

(2)车内引导显示器显示画面的开关操作

切换至列车员模式→[服务设备控制页面]→[乘客信息显示],可设定各车厢乘客信息显示页面的开关。

(3)广告文的显示

列车员模式→[广告文显示],可选择相应的广告文。

3. 车内广播装置及操作

(1)广播装置的设置

动车组设有车内广播装置,可对乘客进行车内广播以及乘务人员间联络。广播装置构成及分布见表 2-9。

表 2-9 广播装置构成及分布

装 置	1 T1c	2 M2	3 M1	4 T2	5 T1k	6 M2	7 M1s	8 T2c
控制放大器	1	1	—	1	1	1	2	1
联络装置	2	—	—	—	—	—	—	2
输出放大器	1	1	—	1	—	1	—	1
监视器扬声器	1	—	—	—	1	—	2	1
车内扬声器	6	9	8	9	9	9	7	6
通过台扬声器	3	2	3	2	4	2	3	2
控 制 器	1	—	—	—	—	—	—	—
自动广播装置	—	—	—	—	—	—	1	—

乘务员经常使用的广播装置有:

①控制放大器:可进行人工语音播放(麦克风)和外部输入端子的音源进行广播。

②联络装置:可呼叫其他广播装置,用于乘务员间联络。

③自动广播装置:可进行自动语音广播(将内存的自动语音输出)和电台广播(接受 FM、AM 电台广播信号再输出)及预先输入的装置进行广播。

(2)车内广播的分类和优先权

车内广播分为人工广播、语音自动广播、电台广播三种,广播的优先顺序按以下顺序排列:

①人工广播(从功放进行的广播)。

②语音自动广播(通过自动广播装置进行的广播)。

③电台广播(通过自动广播装置进行的广播)。

例如,正在进行电台广播时,当列车到站前,无线电广播被中断,播放到站相关信息(自动广播)。而且在播放到站相关信息时,如果进行人工广播,人工广播最优先播放。

(3)人工广播的操作(通过控制放大器向全部车厢广播)

①拿起送受话器。

②按下"广播"开关。

③"广播"显示灯闪烁,可以进行全车广播。

④通过送受话器上的麦克风开始广播。

⑤广播结束时,按下"断"开关,结束广播。

⑥"广播"指示灯熄灭。

⑦将送受话器放回。

(4)语音自动广播及操作(播放已内置好的自动广播声音,包括出发广播和到站广播)

①广播内容

A. 出发广播:自动播放下一停车站的相关信息。

B. 到站广播:播放到达车站的相关信息。

C. 在到达下一停车站前,自动播放相关指南。

②自动广播装置的操作方法

接通7号车乘务员室的自动广播装置的电源。装置启动时弹出运行切换画面,首先从车辆信息控制装置接收自动广播所必要的车次、停车站等信息,然后自动弹出自动运行画面。

当装置无法从车辆信息控制装置接收自动广播所必要的车次、停车站等信息数据时,或者数据出现异常时可以手动设定停车站、自由席、制定席模式。点击触摸显示屏,选择模式设定画面。在设定画面上选择手动方式,设定行车路线、行驶方向。用手动启动广播时,通过启动开关逐一选择广播。返回自动模式时,在模式设定画面中选择自动模式键。

(5)电台广播及操作

AM/FM电波接收服务装置设置于7号车乘务员室内可以通过自动选台和手动选台两种不同模式进行频率的设定。

[自动选台]模式时,预先将频率切换地点的公里里程数和沿线广播电台的频率存入电台服务装置,根据列车发送的距离信息(公里数)从存储装置中选择频率数。

[手动选台]模式时,可以通过操作电台服务装置面板上的按键直接设定频率数。

①按下[AM]或者[FM]键输入等待状态。

②用数字键来输入频率数(范围:AM 530～1620、FM 7600～10775)。

③按[SET]键确定。

受信频道最大被划分为4个台,如下所示:

1线　AM-Auto AM 自动选台

2线　AM-Manual AM 手动选台

3线　FM-Auto FM 自动选台

4线　FM-Manual FM 手动选台

列车员通过自动广播装置,从1～4线中选择要播放的频道(可以复数选择),就可以对客车厢进行广播了。广播放完的时候,按下OFF键就可以结束广播。

4. 乘务员间联络

(1)联络设备的设置

乘务员间的联络通过联络设备相互联系。根据设置场所的不同,各设备功能也不同,具体见表2-10。

(2)联络呼叫的方式

联络呼叫有两种方式,一种是“全体联络呼叫”,即同时呼叫所有的控制功放及联络装置;另一种为“个别联络呼叫”,即通过事先设定的呼叫号码来呼叫特定的控制功放。

①全体呼叫时,通过按下全体呼叫按钮,各功放的蜂鸣器响起,呼叫灯闪烁。

表 2-10 控制放大器、联络装置的功能(8 辆编组的情况)

设备＼项目		控制放大器 驾驶台 C-Amp1	乘务员 C-Amp2	配电盘 C-Amp3	联络装置 NT
广　播(发信)		○	○	○	×
全体呼叫	呼出(发信)	○	○	○	×
	应　答	○	○	○	○
个别呼叫(代码选择)	呼出(发信)	○	○	×	×
	应　答	○	○	×	×
	呼出(发信)	×	×	×	○
	应　答	○	×	×	○
设置车号		1、8	5、7、7	2、4、6	1、1、8、8

注:○表示有此功能;×表示无此功能。

②个别呼叫时,按下个别呼叫按钮开关(1～12 的号码)。

司机室和乘务员室的控制功放可以进行单独呼叫。

呼叫号码

号码	位置	车厢号	号码	位置	车厢号
1	司机台	1 号车	7		
2	司机台	8 号车	8		
3	乘务员室	7 号车	9	司机台	9 号车
4	小卖部	5 号车	10	司机台	16 号车
5			11	乘务员室	15 号车
6			12	小卖部	13 号车

(3)联络呼叫的功能

①通过配电盘控制功放进行的呼叫仅可实现全体呼叫,不能进行个别呼叫。

②从联络装置可以呼叫另一侧的司机室控制功放。

③从控制功放进行联络呼叫时,按下“同时”或呼叫对方的开关,利用呼叫蜂鸣器呼叫对方的装置。

④从联络装置进行联络呼叫时,按下“呼叫”开关进行呼叫(按下开关时,呼叫蜂鸣器开始鸣叫)。

⑤可以通过多个控制功放同时通话。

⑥通过联络装置正在联络时,如果从同一司机室的控制功放进行车内广播,则应优先车内广播。

(4)联络装置及操作

①联络装置介绍

A. [呼叫]开关:持续按此呼叫开关,显示灯亮,联络装置(2 台)和司机室控制功放、7 号车、5 号车的控制功放(乘务员室)就会响起蜂鸣器音。

B. 联络开关:拿起话机、按下此联络开关,显示灯亮,就可以和其他的设备进行联络。

C. 关开关:在通话、广播过程中,按下此开关就可以断开通话和广播了。

D. 蜂鸣器:输出呼叫音。

E. 话筒:和其他设备通话的部件。

②操作步骤

(C=呼叫方、R=接收方、B=表示两者的操作)

C:拿起话筒。

C:按下“联络”开关。

C:按下“呼叫”开关(按下去后蜂鸣器会鸣响)。

R:驾驶台控制功放、联络装置的呼叫蜂鸣器鸣响,驾驶台控制功放的“呼叫”显示灯会亮灯。

R:拿起话筒,按下“联络”键(“通话”显示灯会亮灯)。

B:可以双方同时通话。

B:通话联络结束后,按下“关”键。将话筒放回原位。

B:“通话”显示灯熄灭。

(5)司机室、乘务员室控制放大器及操作

①控制放大器介绍

A. 呼叫显示灯:从其他的联络装置及控制功放有呼叫进入,呼叫显示灯亮。

B. 通话显示灯:本装置或者其他的控制功放按下了联络键的时候,以及其他的设备在通话中的时候,通话显示灯亮。

C. 广播显示灯:本装置或者其他的控制功放处于车内广播状态时,此显示灯亮。

D. 全体呼叫开关:按下全体呼叫开关的时候,另一侧8号车的联络装置(2台)、5号车和7号车的控制功放(乘务员室)的蜂鸣器持续鸣叫,同时此开关也确认了亮灯状态。

E. 联络开关:拿起话机、按下此联络开关,显示灯亮,可以和其他的设备进行联络。

F. 广播开关:按下此开关可以进行车内广播。

G. 关开关:在联络通话以及广播过程中按下此开关,可以断开通话。

H. 音量调整旋钮:本装置的输出音量可进行高、中、低三级调整。

I. 外部输入端子:通过外部的输入端子连接音源、按下播放开关,此音源就会被广播。

J. 蜂鸣器:输出呼叫音。

K. 呼出开关键开关:按拨呼标识牌的设定号码可以呼叫对象设备。个别呼叫时,按下个别呼叫按钮开关(1~12的号码)。司机室和乘务员室的控制功放被设定了单独的地址码,可以按照这个地址进行单独呼叫。

②操作步骤

(C=呼叫方、R=接收方、B=表示两者的操作)

C:拿起话筒。

C:按下“联络”开关。

C:按下"全体"开关、或者要呼叫的号码键(按下去后,蜂鸣器响,"呼叫"显示灯闪烁)。

R:控制功放或者联络装置的呼叫蜂鸣器鸣响,控制功放的"呼叫"显示灯闪烁。

R:拿起话筒,按下"联络"键。"通话"显示灯会亮灯。

B:可以双方同时通话。

B:通话联络结束后,按下"关"键。

B:"通话"显示灯熄灭。

(6)控制放大器(配电盘)

①控制放大器介绍

A. 通话显示灯:本装置或者其他的控制功放按下"联络"键,以及其他的设备在通话中的时候,通话显示灯亮。

B. 广播显示灯:本装置或者其他的控制功放处于车内广播状态时,此显示灯亮。

C. 全体呼叫开关:按下全体呼叫开关,另一侧 8 号车的联络装置(2 台)、5 号车和 7 号车的控制功放(乘务员室)的蜂鸣器持续鸣叫、同时此开关也确认了亮灯状态。

D. 联络开关:拿起话机、按下此联络开关,显示灯亮,可以和其他的设备进行联络。

E. 广播开关:下此开关可以进行车内广播。

F. 关开关:在联络通话以及广播过程中按下此开关,可以断开通话。

G. 音量调整旋钮:本装置的输出音量可进行高、中、低三级调整。

②操作步骤

按联络装置的操作步骤执行。

第四节 CRH5 型动车组车内主要设备设施

CRH5A 型动车组单列编组 8 辆,动力配置为 5 动 3 拖,列车由 2 个牵引单元组成,包括 8 节车辆。每个牵引单元由 4 辆车组成。1 个牵引单元包括 3 辆动车(Mc2,M2s 和 M2)和 1 辆拖车(TP)。另一个牵引单元包括 2 辆动车(Mh,Mc1)和 2 辆拖车(T2,TPb)。每个牵引单元配一个主变压器和相应的受电弓,可两列重联使用。其中大定员车体为 1 辆一等座车,席位 2 加 2 设置;7 辆二等座车,席位 2 加 3 设置,定员 622 人(见图 2-29)。小定员车体为 2 辆一等车和 6 辆二等车,定员 586 人。6 号车为餐吧车,7 号车设有残疾旅客座席。

一、基础设备

1. 侧门

每节车厢两侧各设有一个集控车门(见图 2-30)。

(1)外侧控制装置

车门外侧主要控制装置包括:触摸式开门按钮(见图 2-31)、车门紧急解锁拉手、内凹式拉手、手动车门锁。

使用方法:在车门外开门时,将车门紧急解锁拉手板(见图 2-32)至 90°位置,同时拉动车

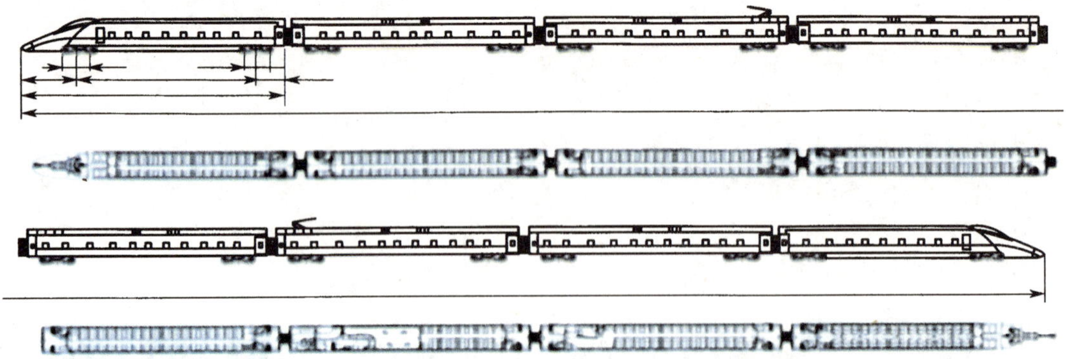

车	数量	一等	二等	残疾人座席
Mc2	1	…	74	…
M2s	1	…	93	…
TP	1	…	93	…
M2	1	…	93	…
T2	1	…	93	…
TPb	1	…	43	…
Mh	1	…	63	1
Mc1	1	70	…	…

总定员:622+1 残疾人座席

图 2-29 车组总体布局

Mc2 车(动车)二等;M2s 车(动车)二等;TP 车(拖车)二等;M2 车(动车)二等;
T2 车(拖车)二等;TPb 车(拖车)二等;Mh 车(动车)二等;Mc1 车(动车)一等

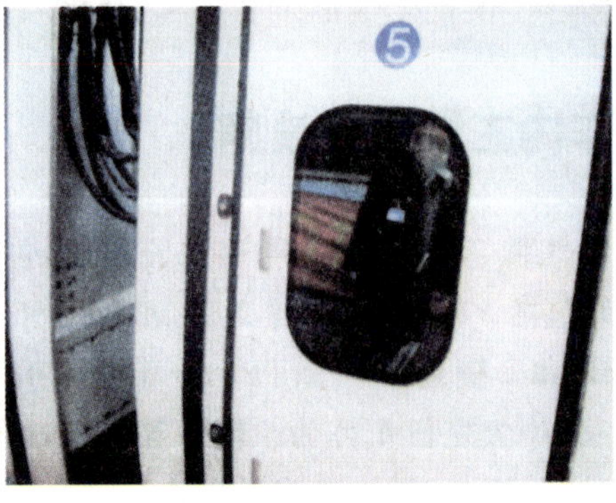

图 2-30 集控车门

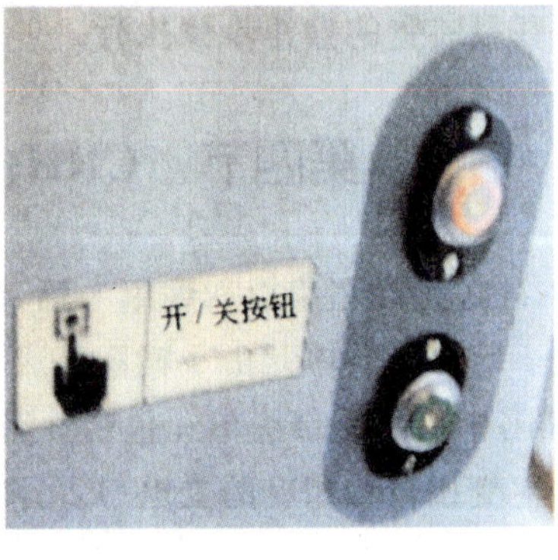

图 2-31 触摸式开门按钮

图 2-32 外侧车门紧急解锁拉手板

门即可开启车门；司机释放后可以使用触摸式开门按钮开门（司机释放后按钮内部灯呈亮灯状态，未释放为灭灯状态），上部按钮供成人使用，下部按钮供儿童及残疾人使用。

（2）内侧控制装置

车门一侧壁板设有紧急三角锁、蜂鸣器、紧急开门按钮（外侧有保护罩）、车门紧急解锁拉手（见图 2-33），在手动解锁车门时使用。手动解锁有两种方法：一是用三角钥匙向左侧拧动紧急三角锁，同时蜂鸣器蜂鸣，向下搬动车门紧急解锁拉手至 90°位置后拉动车门打开（关闭时用三角钥匙将侧面的紧急三角锁向右拧到位，同时车门蜂鸣器无蜂鸣声即可）；二是直接将紧急开门按钮外部防护罩打破后按住按钮，再将车门紧急解锁拉手向下搬动至 90°位置后拉动车门。

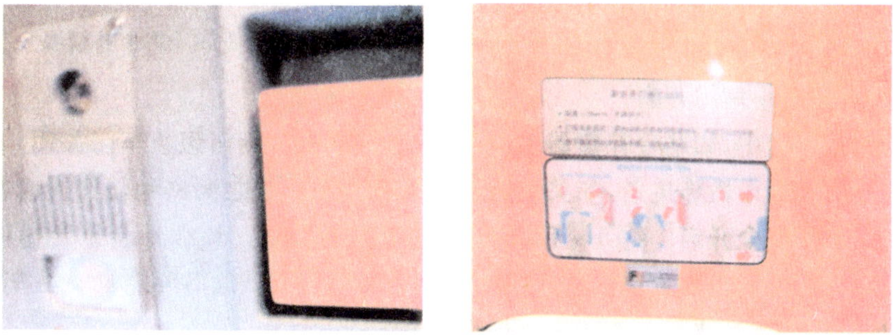

图 2-33　车门内侧紧急解锁拉手

车门另一侧壁板设有触摸式红色关门按钮、绿色开门按钮（见图 2-34），用于车厢内操作开、关车门。按钮必须在司机释放后方可使用，司机释放后开关门按钮内部灯呈亮灯状态，未释放为灭灯状态。

（3）车门踏板

每个客室门的入口处均设有一个车门踏板（见图 2-35），其基本结构为一个仅由 2 个铰链支撑的踏板。这 2 个铰链将根据站台高低升降车门踏板，低站台情况下将其提升，高站台情况下将其降下。通过一个气动弹簧可吸收主作用力以方便乘务员操作。在顶部或底部位置时，必须使用三角钥匙锁定车门踏板。在 2 个锁壳处执行锁定操作，每个锁壳上配有 1 个限位开关，可将自动踏板的实际位置信息传输至 DCU。

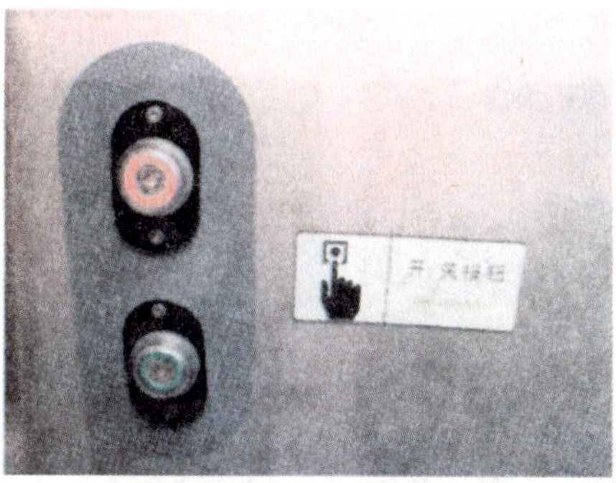

图 2-34　车门内侧按钮

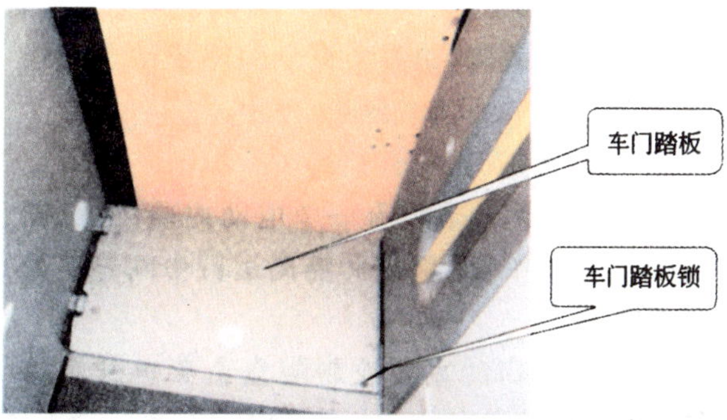

图 2-35　车门踏板

（4）站台补偿器

车门踏板装有一个电驱动可伸缩站台补偿器，用于搭接在高站台和门口之间。站台补偿器(见图 2-36)位于车门踏板边缘,列车停稳、开门后,站台补偿器自动伸出。自动装置故障时应通知机械师使用三角钥匙调整。

(5)车门和站台补偿器的安全操作要求

①当列车加速至 5 km/h 或该速度以上时,由乘务员操作的车门开启授权和车门开启控制可自动取消;当列车减速至 5 km/h 或该速度以下时,必须重新允许的规定操作。

图 2-36　站台补偿器

②速度为 5 km/h 或超过该速度时,车门必须自动关闭。

③车门开启过程中,如站台补偿器未处于正确位置,则需阻止车门开启。

④车门关闭过程中,如站台补偿器未返回至其原始位置,则需阻止车门关闭。

⑤车门上设有若干敏感边条,如关闭过程中在车门和门框之间碰到任何人或物体,则敏感边条会使车门重新完全开启。约 5 s 后,车门将自动重新关闭。该循环会重复操作,直至障碍物被清除。即使在无安全装置保护下,手指(最小直径 10 mm)也不可能被夹在车门和门框之间。因此,车门会一直运动直至关闭循环结束。

⑥站台补偿器设有收回装置,当作用于其上的力超过 300 N 时,用于阻止站台补偿器关闭。如果关闭过程中检测到站台补偿器上有障碍物,则踏板会打开至完全开启位置并尝试重新关闭。尝试几次后站台补偿器停止并发出故障指示。

⑦每个车门上均设有声音信号蜂鸣器,间隔 1 Hz 鸣响。车门即将关闭时(鸣响 2 s);因检测到障碍物开启时(鸣响 2 s)紧急开启车门时(只要在该情况下),以 5 Hz 间隔鸣响。车门处于停用状态,但踏板未收回时(鸣响 20 s)。

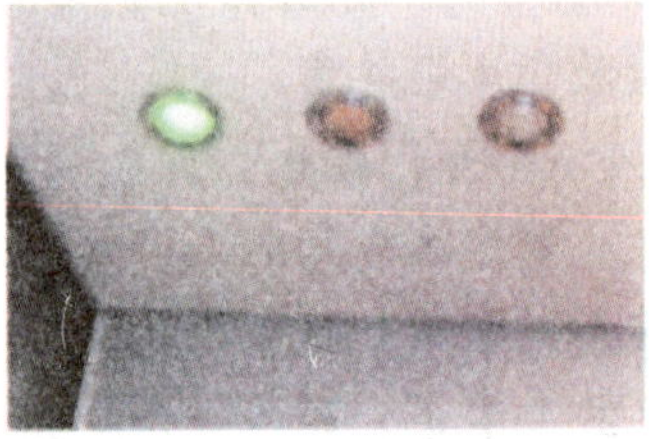
图 2-37　车门指示灯

(6)车门指示灯

车门指示灯是客室门的车门关闭和开启信号装置,车门内侧设有内凹式拉手,上方有红色、绿色、白色三个显示灯(见图 2-37),在通过台区的内部可见。绿灯表示车门正常,车门完全关闭、锁定且站台补偿器收回;红灯表示车门故障,车门未完全关闭或站台补偿器未收回;白灯表示车门隔离、停用。

2. 电动内端门

每节车厢两端各设有一个电动内端门(见图 2-38),用于保持车厢温度和隔离运行中间连接处产生的噪声。

电动内端门的主要控制装置由黄色开启按钮、红色解锁复位按钮、三角锁和内凹式拉手组成。通过电动内端门时,只需按下内侧或外侧黄色按钮,端门即可打开,延时数秒后自动关闭。需长时间开启内端门时,须按下内侧或外侧红色按

图 2-38　电动内端门

钮。再次按下红色按钮电动内端门关闭，恢复自动状态。以上操作需将三角锁置于解锁状态，在锁定状态时各按钮不可用。

3. 照明灯、阅读灯及电源插座

(1)每节车厢配有照明设备，由随车机械师统一操纵。

(2)一等座车在行李架底面设有阅读灯(见图 2-39)，按下开关键灯即亮起，灯座可根据旅客需要进行角度调整。

(3)车厢内的电源插座(见图 2-40)在座席下方，卫生间、大件行李存放处及过道墙壁适当设有部分电源插座。

4. 监控室

监控室(见图 2-41)位于餐吧车二位端，设有随车机械师监控装置和车载电话等设备。

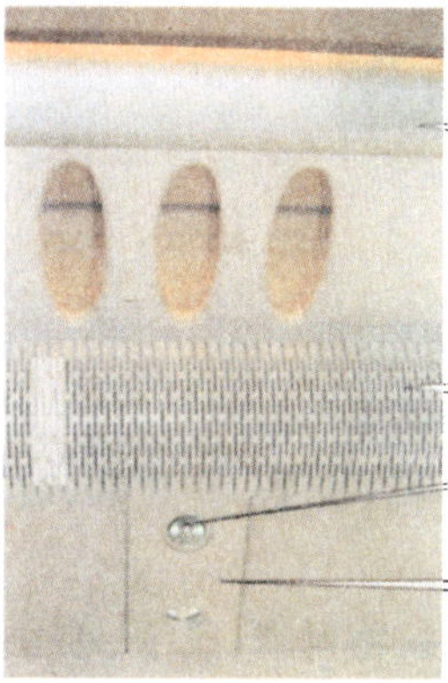

图 2-39 照明灯

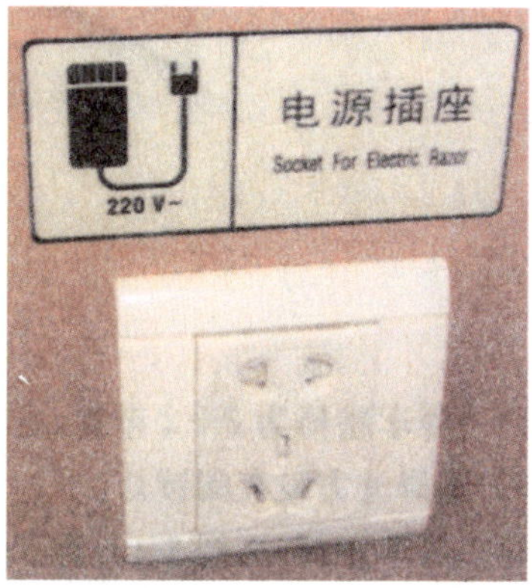

图 2-40 电源插座

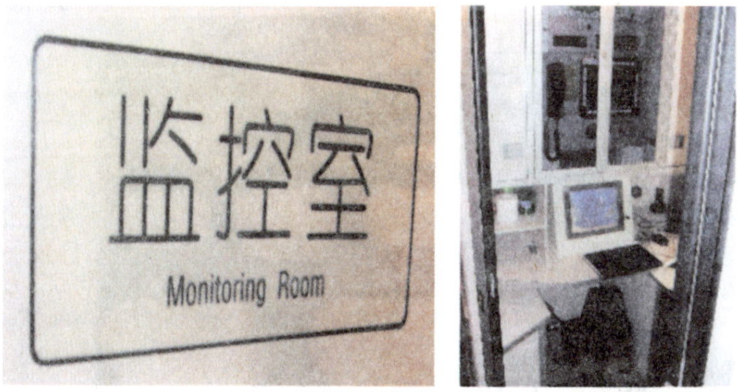

图 2-41 监控室

5. 综合控制箱

单组 2～7 号车分别设有综合控制箱(见图 2-42)，内有车载电话(6 车在机械师室内)、照明开关、紧急通风按钮、空调调节旋钮、液位仪和集便器指示灯。另外，1 车、8 车司机室内设有车载电话、液位仪和集便器指示灯。

二、服务设备

1. 座椅、小桌、衣帽钩

1　　　　2

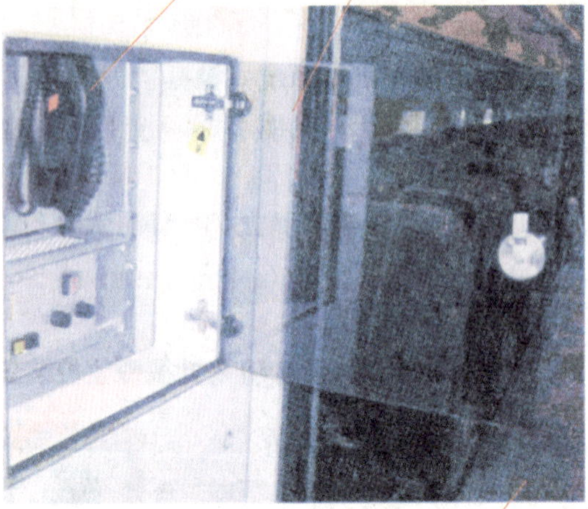

3

图 2-42　综合控制器

1—听筒;2—电话匣门;3—客室

(1)一等车座椅为 2+2 布置,主要包含设备有:织物衬套、头枕、扶手、小方桌、杂志网、脚踏板等。座椅上方设有阅读灯。

(2)二等车座椅(见图 2-43)为 3+2 布置。主要包含设备有:织物衬套、扶手、小方桌、杂志网等。

图 2-43　二等车座椅设置

(3)每个座椅的扶手处设有一个调节按钮(见图 2-44),用于调节座椅靠背的角度。大定员车体为向上扳动座席下方的拉手(见图 2-45),同时身体向前滑动即可进行座席的调整。

(4)设有旋转装置的座椅(见图 2-46)可以旋转(大定员车体不能旋转)。调换方向时,须将座椅、茶桌板归位,然后轻轻踩住座椅下方的脚踏板,按顺时针方向旋转座椅。

图 2-44　座椅调节按钮

图 2-45　座席下方的拉手

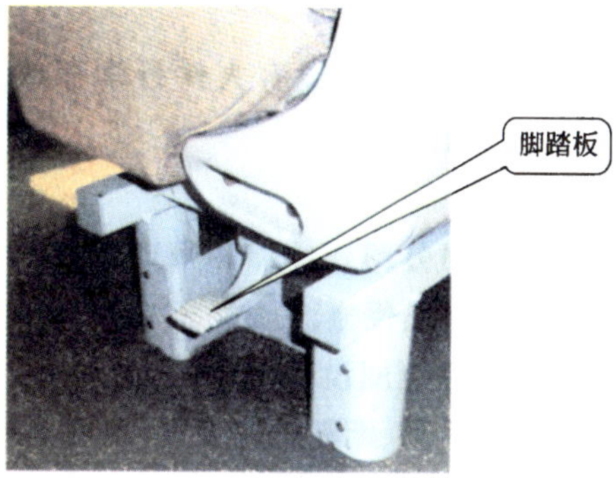

图 2-46　旋转装置

（5）背靠折叠桌（见图 2-47）展开即可使用；位于扶手内的折叠小桌需打开扶手活动盖板，向上取出后打开使用。

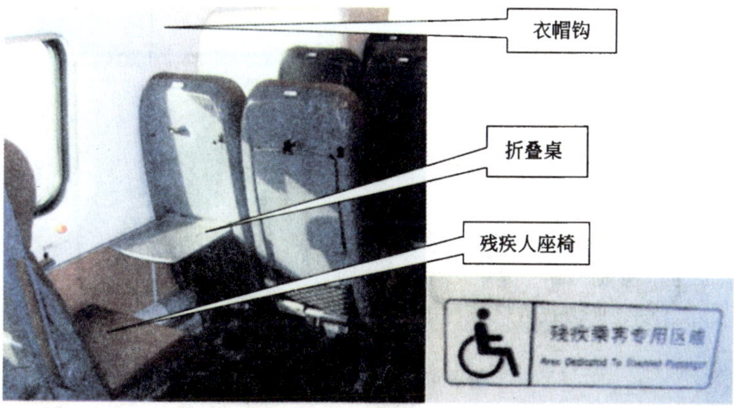

图 2-47　折叠桌和残疾人座椅

（6）座椅侧面墙壁设有衣帽钩，按压下部悬挂点弹出。

(7)单组7号车二位端设有残疾人专用区域(见图2-47)及残疾人弯道,以供残障人士使用。大定员车体设有残疾人座椅,位于74号座位,座椅靠墙壁一侧有紧急求助按钮。

(8)残疾人轮椅可存放在7号车厢残疾人专用区域(设有防护带),使用时需将防护带轻轻拉出、扣紧,将轮椅固定好即可。

2. 车窗、遮阳幕

动车组由于速度高,所以车窗采用减速玻璃。车窗处设有半透明内嵌下拉式遮阳幕(见图2-48)。

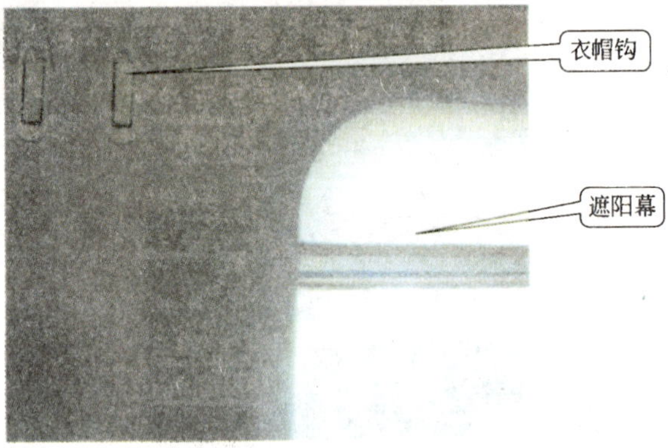

图2-48 遮阳幕

3. 行李架、空调出风口

每车节厢座席上方设有行李架、空调出风口。

4. 大件行李处

部分车厢二位端设有大件行李存放处,每处为三层结构。

5. 卫生间

(1)卫生间分蹲式便器和坐式便器两种,均采用真空集便器。

(2)每个卫生间设有洗手盆、感应器、洗手液盒、干手器、烟雾感应装置(顶棚上)、电源插座、扶手、垃圾箱、触摸式冲水按键及卷纸、抽纸、坐便垫储放位置等设施,卫生间门设有"有无人"显示装置。垃圾箱拆卸后,应注意禁止任何物品触碰到电器线路。

(3)残疾人卫生间(见图2-49)设在7号车厢,采用坐式便器,设有内、外触摸式自动门锁、紧急求助按钮、不锈钢扶手、婴儿整理台、电源插座等设备。使用时按下外部黄色按钮即可开门,进入后,先按下黄色按钮,在门完全关闭后再按下红色按钮,锁闭卫生间门。出来时按黄色按钮开门。

图2-49 残疾人卫生间

(4)当需要求助时,可按下坐便器一侧或内门上的"SOS"残疾人紧急求助按钮(见图2-50)。紧急呼叫显示在机械室显示屏内,同时机械室和车厢内扬声器会发出提示音,再次按下"SOS"按钮,可取消紧急呼叫。

(5)卫生间内残疾人扶手和婴儿整理台示意图见图 2-51。婴儿护理台的使用方法是：抬起把手，将婴儿护理台打开，确定整理台平稳，即可正常使用。

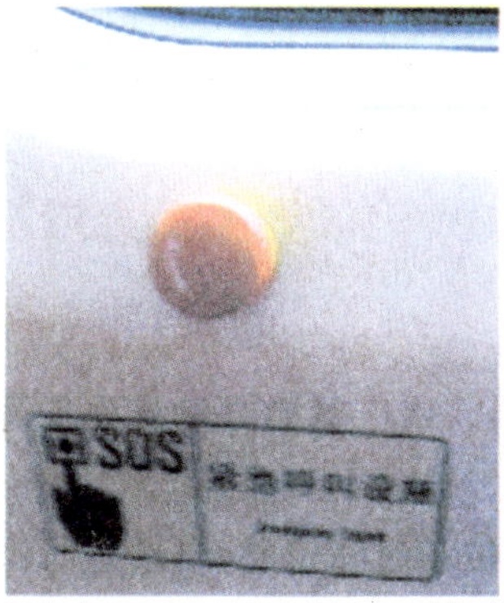

图 2-50　紧急求助按钮

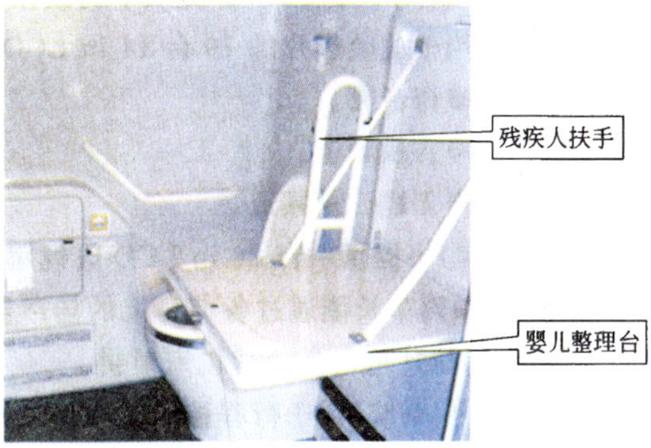

图 2-51　残疾人扶手和婴儿整理台示意图

6. 垃圾箱

每节车在车厢连接处和电茶炉下各设有一个垃圾箱(见图 2-52)(餐吧车除外)。

7. 餐吧车

餐吧车(见图 2-53)位于单组车体 6 号车，重联时为 6 号、14 号车。餐吧车设备有：餐桌、依靠栏、吧台、陈列柜、微波炉、冷藏柜、储藏柜、电茶炉、水槽、售货车、垃圾箱等。

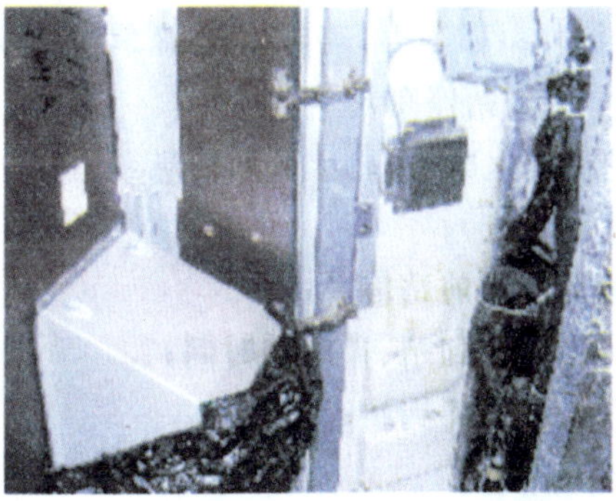

图 2-52　垃圾箱

图 2-53　餐吧车

售货车应配有防撞胶条和制动装置，放置于吧台一侧。

8. 备品柜

全列车共设备品柜 5 个，分别位于 6 号车机械师室对面 1 个，7 号车二位端 2 个，1、8 号车二位端各 1 个。

9. 乘客信息系统(PIS)

(1)系统描述

PIS 是安装在车组上的电子系统，具有如下特征：

①生成音频/视频行程信息并传输给乘客。

②生成音频/视频娱乐信息并传输给乘客。

③司机发送的由地面设备生成的音频/视频应用信息,司机发起的对讲呼叫。

④实现与传输媒介 CAN 总线上的 TCMS(列车监控系统)车辆总线接口。

PIS 还为一等车(MC1 车)乘客提供下列娱乐设施:

①一等车中用于放映影片的 10 台 14 in LCD(液晶显示)显示屏。

②中英双语座椅音频。

③两个立体声音乐频道。

④一个立体声无线广播频道。

餐车(TPB 车)中提供一台 20 in LCD 电视用于放映影片。

PIS 使司机和列车长能通过各节车上的扬声器向乘客广播。该广播能自动优先于耳机音频或实现对讲,司机还可与另一司机室对讲。

GPS(全球定位系统)用于行程控制,可提供精确的卫星定位和时间信息,自动进行当前站和下一站的音频广播,并管理行程数据及内部和外部的显示。当两节车组联挂时,音频 PA 信息可通过第一列车组的 PIS 系统自动在第二列车组上广播。

(2)PIS 管理单元

PIS 管理单元(PMU)位于列车长室,被用作 PIS 设备间的通信管理设备,执行多层菜单人机界面。列车长室内的触摸显示屏参见图 2-54。

PIS 管理单元(PMU)与触摸显示屏接口,并与功能控制单元(FCU)和音频/视频阅读器单元(AVRU)共用信息。

PMU 可执行下列功能:

①插入行程/进路信息(由车组编码和进路编码识别)。如需要,可针对运营车站/非运营车站修改信息(未规定的临时停站或无法在一个或多个应到站停车)。

②开始任务指令:接收到该指令后,系统以全自动模式生成,并显示下列信息:

➢ 所有"下一站"音频/视频信息(在距下一站预定距离处);

➢ 系统允许开启车门前,内部 LED 显示屏单元显示的当前站信息;

➢ 内部 LED 显示屏单元上显示的速度、车内/外温度、终到站、日期和时间;

➢ 外部 LED 显示屏单元上显示的车号、车次号、始发站、终到站;

➢ 车速超过 45 km/h 时,外部 LED 显示屏单元关闭;

➢ 所有信息均按客户规定的方式(水平/垂直滚动、翻页和每条文本的持续时间)以中英文交替显示。

③即时信息以服务信息(如:显示时刻表更改、延误、车载服务等)的形式显示。这些信息由地面设备生成,用可移除的海量存储设备(如:USB 钥匙)存储在硬盘中。

(3)广播和对讲

司机和列车长均可通过位于每节车及司机室内的听筒发起广播(PA)呼叫。通过扬声器和座椅音频广播通知。通知的优先级高于头戴式耳机的娱乐音频。每个听筒均设有一组按键,这些按键可通过软件用下列设备启用/禁用。

司机室听筒和列车长室听筒参见图 2-55、图 2-56,司机室听筒和列车长室听筒比车辆听筒增设更多功能。

车组中所有的车辆听筒见图 2-57。

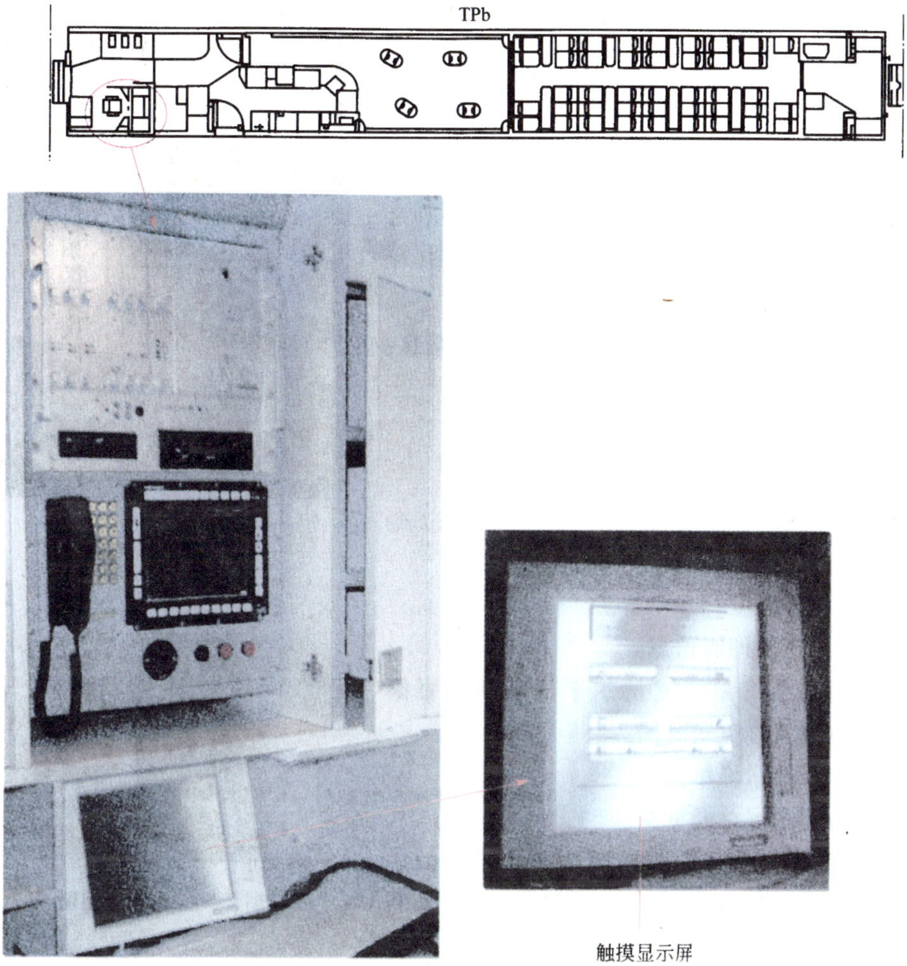

图 2-54 列车长室内的触摸显示屏

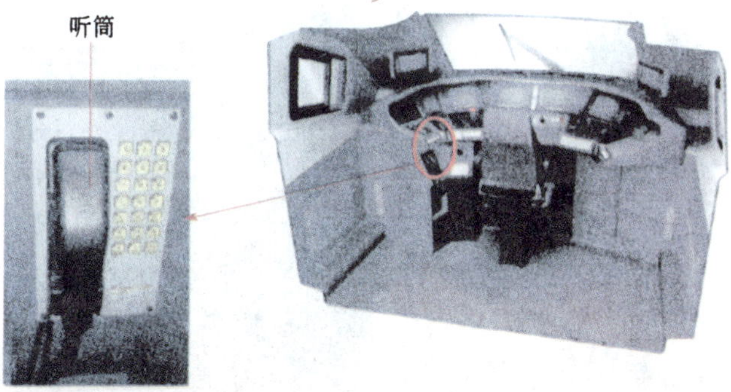

图 2-55 司机室听筒

(4)显示屏单元

①内部显示屏单元

内部 LED 显示屏单元见图 2-58。

内部 LED 显示屏单元(1、2、3)为单路 LED 型，可视屏 570 mm×92 mm。内部 LED 显示屏单元安装在客室天花板上。

内部 LED 显示屏单元上显示的信息可视距离为 10 m。该单元由车辆 RS485 总线驱动，并由 APU(音频供电单元)和 ACU(音频控制单元)进行管理。

内部 LED 显示屏单元以中英文交替显示以下信息：

- 终到站；
- 下一站；
- 进路时刻表；
- 日期和时间；
- 速度；
- 车内和车外温度；
- 列车长发送的即时信息。

内部 LED 显示屏单元支持水平滚动和垂直滚动，易于设计信息持续显示时间。

②外部 LED 显示屏单元

外部 LED 显示屏单元见图 2-59。

外部显示屏单元为 LED 型，分为三个不同的区域，分别用于显示车号、车次号和进路信息(始发站和终到站)。

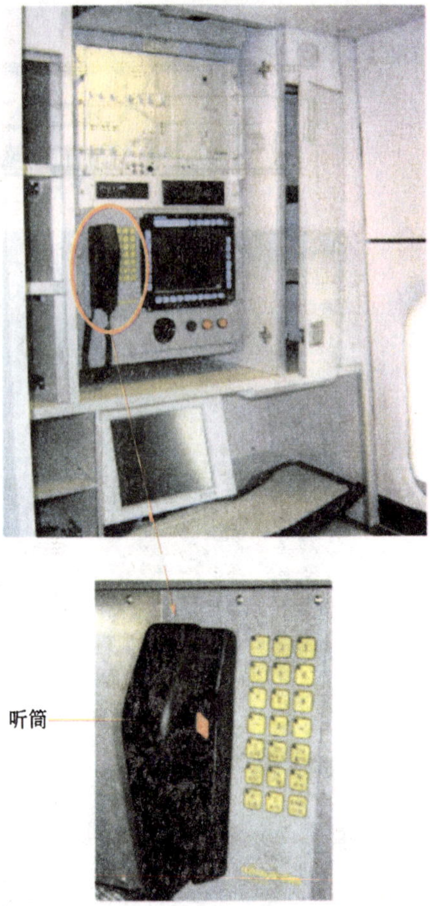

图 2-56 列车长室听筒

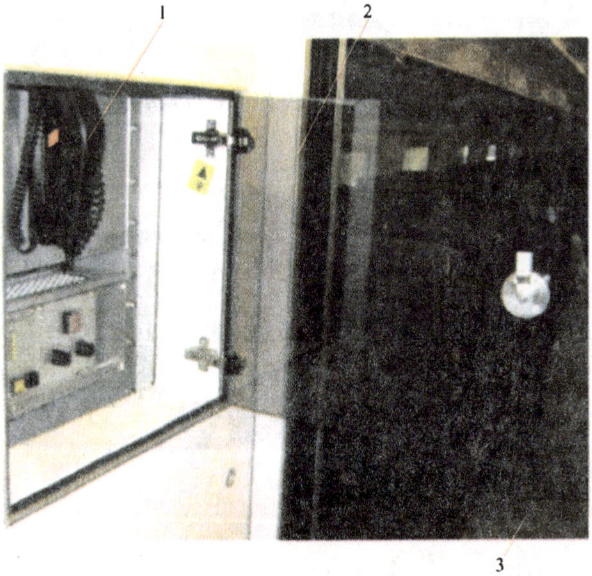

图 2-57 车组中所有的车辆听筒

1—听筒；2—电话匣门；3—客室

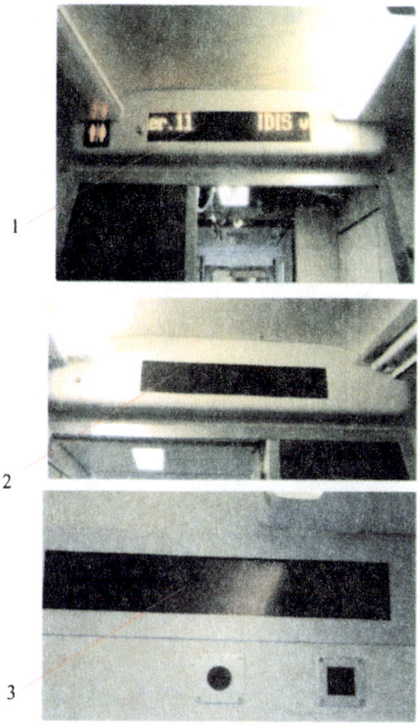

图 2-58　内部 LED 显示屏单元

1—内部 LED 显示屏单元(卫生间侧);2—内部 LED 显示屏单元(其他侧);3—内部 LED 显示屏单元(MH 车残疾人卫生间侧)

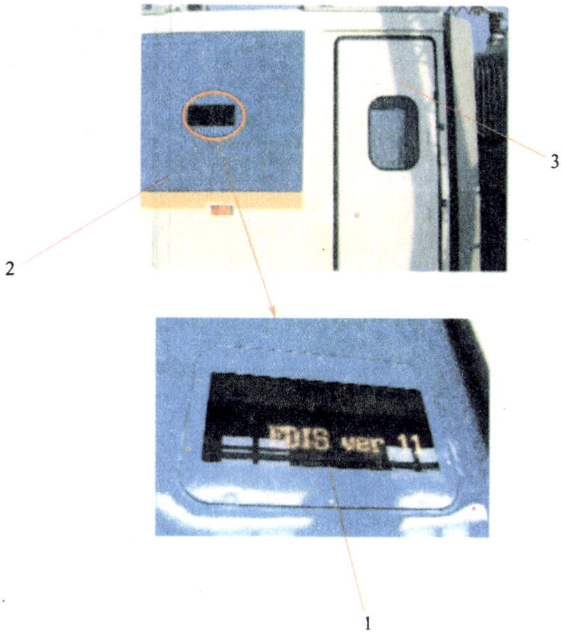

图 2-59　外部 LED 显示屏单元

1—外部 LED 显示屏单元;2—外部侧墙;3—客室门

进路信息以中英文交替显示,特征与内部 LED 显示屏单元相同。当车速大于 45 km/h 时,外部 LED 显示屏单元关闭。

第五节　CRH$_3$ 型动车组车内主要设备设施

目前运行的 350 km 动车组共分为两种车型,即:CRH$_2$ 型(六动二拖)和 CRH$_3$ 型(四动四拖)。300～350 km CRH$_2$ 型动车组基础服务设备设施与 200 km 的 CRH$_2$ 型动车组基本相同,这里不再介绍,下面重点介绍 CRH$_3$ 型动车组。

一、基础设备

1. 侧门

侧门数量为 22 个,日常通过集中控制进行车门开启和关闭。

2. 感应式内端门

感应式内端门数量为 22 个。位置:二位端共计 12 个,一位端共计 8 个。它由自动门感应器、紧急按钮、开门锁定机制、关闭锁定机制、手柄组成。如图 2-60 所示。

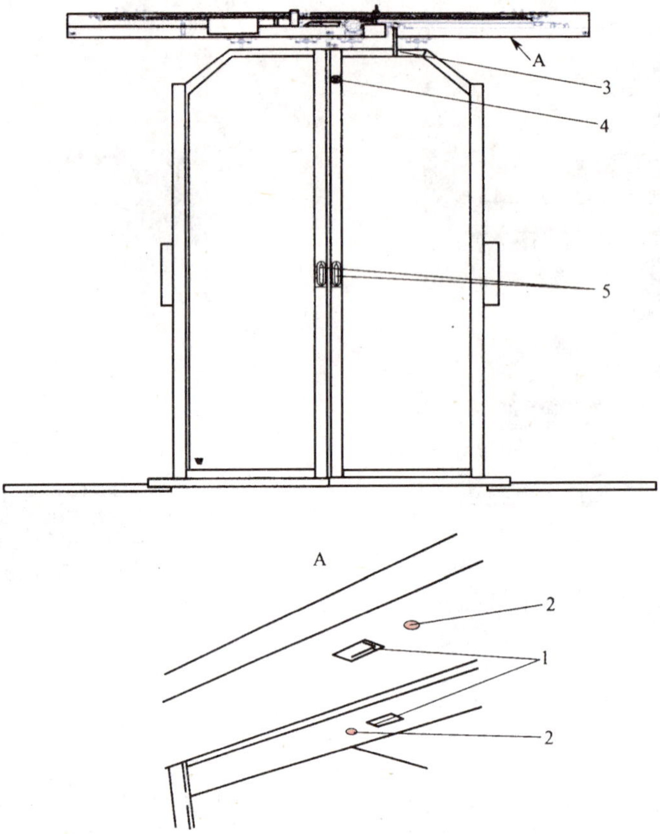

图 2-60　感应式内端门

1—运动检测器；2—紧急按钮；3—打开锁定机制；4—关闭锁定机制；5—手柄

3. 座椅、小桌、脚踏板

座椅数量为 556 个(各车厢分布同定员)，一等车 2 加 2 布局，二等车 2 加 3 布局。每组座椅下部设有方向可调装置(同时可进行座椅靠背复位)，如图 2-61 所示，按照列车运行方向随时进行调节。一、二等车均可对靠背角度进行前后调节(一等车调节按钮在扶手内侧；二等车调节按钮在扶手下方)。此外，二等车每个座椅背面设有折叠式小桌及网袋(餐吧就餐区座椅除外)，供后面旅客使用。一等车扶手内设有可折叠式小桌，背面设有网袋，用于装置杂志、服

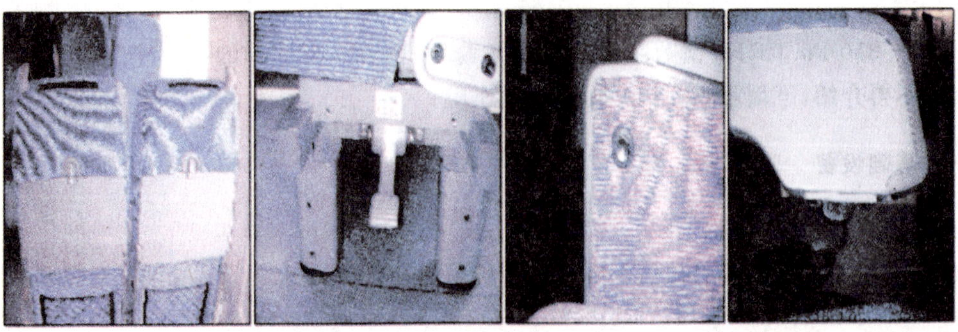

图 2-61　座椅、座椅方向调节装置、小桌、脚踏板

务指南及清洁袋。一等车座椅背面下方及车厢两端墙壁设有脚踏板，提高乘坐的舒适度。如图 2-61 所示。

4. 车窗

车窗均采用光学折射原理的减速玻璃，减小因动车组列车高速运行产生的视觉冲击，而给旅客带来的身体不适感。车窗内部设有半透明内嵌下拉式窗帘，如图 2-62 所示。

二、服务设备

1. 卫生间

卫生间数量为 10 个。位置：2、3、5、6、7 每车 2 个，均为坐式卫生间（其中 5 车设有 1 个残疾人卫生间）。每个卫生间内设有触摸式冲水阀、洗手盆、烟火报警装置（顶棚上）、废物箱及卷纸、抽纸、坐便垫放置位置。

2. 电茶炉

电茶炉数量为 8 个。位置：1、3、5、6、8 车均设置于车厢二位端，2、7 车设置于车厢一位端，4 车设置于吧台外侧墙壁内。使用时需将按压开关按至底部（起防烫伤作用），缺水显示灯亮起时，表示水箱内缺水，应立即通知机械师关闭电茶炉电源开关。电茶炉的开水箱容量为 18 L，产水量为 40 L/h，如图 2-63 所示。

图 2-62　车窗

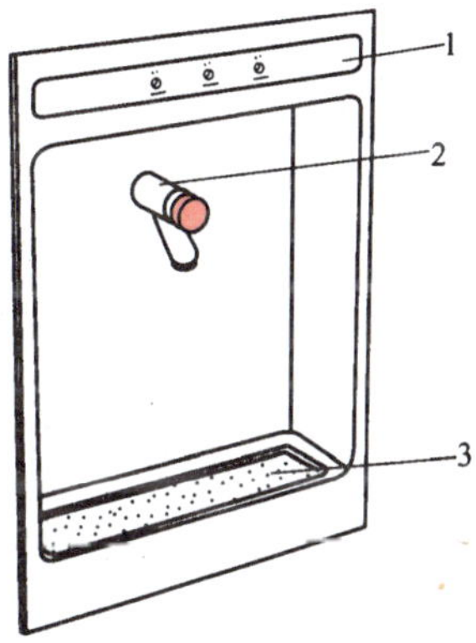

图 2-63　电茶炉

1—指示器板；2—水龙头；3—排水装置

饮水机的开水箱和净水箱是分开的。开水和净水不会混在一起。只要饮水机接通电源，开水就会保持在>90 ℃。

在车内环境温度为<4 ℃或>45 ℃条件下，饮水机将进入自动保护状态，并停止工作。

饮水机上有一个排水开关

。按下这个开关将自动打开饮水机内部的排水电磁阀，因此饮水机内的水可以通过管路流到导轨上。

热饮水机前面的指示器板提供下列信息（见表 2-11）。

3. 垃圾箱

表 2-11　热饮水机前面的指示器板所提供的信息

指示器	含　义	指示器	含　义
电源  Power	指示器“电源” ·接通电源时亮 ·闪亮时指示： -出现一个错误 -防冻排水正在运行	缺水  Unfilled	指示器“缺水” ·净水供给中断的情况下亮 ·闪亮时指示： -出现一个错误 -防冻排水正在运行
加热 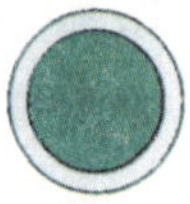 Hot	指示器“加热” ·热饮水机工作时亮 ·闪亮时指示出现一个错误		

垃圾箱数量为 32 个。其中小废物箱 10 个(每个厕所内 1 个);车厢垃圾桶 22 个(两头观光室各 1 个,餐吧 4 个,其余每车 2 个)。

4. 行李架

除餐车休闲区外,每节车厢均有设置。

5. 乘务员室

乘务室数量为 1 个。位置:4 车二位端。室内设有列车 PIS 广播通信设备 1 台,紧急制动阀 1 个,列车影视操作控制系统 1 台,MMI 显示屏 1 台(可控制车内空调温度、照明、查询车内有无异常并显示有解决提示等)。MMI 显示屏功能、MMI 显示屏结构如图 2-64 所示。

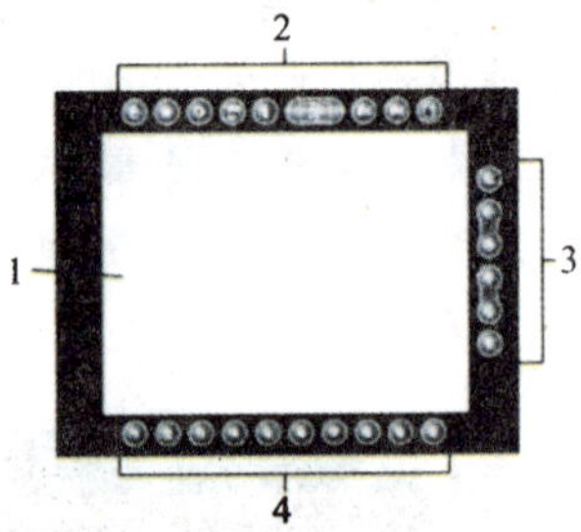

图 2-64　乘务员室 MMI 显示屏

1—屏幕;2—操作硬按键;3—光标和输入键;4—键盘软按键(10 位)

显示屏上按键功能见表 2-12。

表 2-12　显示屏上的按键及其功能

硬按键	名称	功能	硬按键	名称	功能
	打开/关闭屏幕	打开或关闭屏幕的背光		语言选择	更改 MMI 显示的语言
	亮度对话	屏幕背光亮度调节		信息框	·读取由维修人员输入的对于具体列车的特定信息 ·在列车员人一机接口上浏览运行信息和描述
	白天/夜晚切换	在白天和夜晚设计之间切换		故障浏览	读取故障浏览,并将选择栏设定为最新的未处理故障

续上表

硬按键	名称	功能	硬按键	名称	功能
	纠正措施 $v>0$（运行中）	显示补救措施（时，同样的功能）	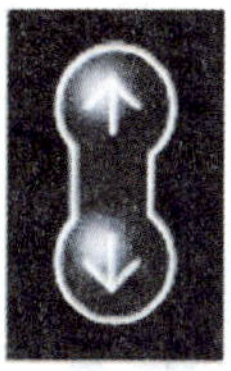	光标键	·移动沿着页面上/下通过逐行文字描述屏幕上的工作线，如有必要，适当进行滚动
	纠正措施 $v=0$（停车中）	显示补救措施（时，同样的功能）	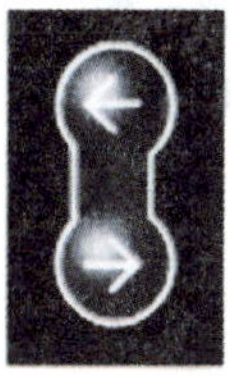	光标键	·在屏幕上将光标向右/左/上/下移动一个元素，列车的可操作组件以车厢一车厢矩阵（比如照明开关）的形式显示，或者进行多种（数字）输入
	显示转换	无功能		Enter/确认	“确认”，“输入确认”
	纠正	·终止输入 ·返回前一显示	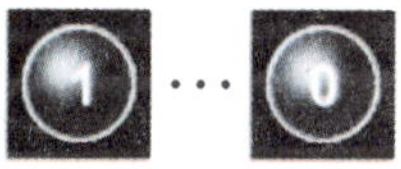	键盘软按键	键盘软按键获得一个依赖于显示界面的含义，随着软按键在单独屏幕上的含义，各自的含义出现在它们上面的区域

6. PIS广播通信装置

广播通信装置（见图2-65）数量为6台。位置：2、3、5、6、7车均设置于车厢二位端车门一侧壁板内。作用：便于列车广播及工作人员联络使用。使用方法：从托架上取下话筒时需先按下话筒挂钩开关方可取下，.键为基本乘客广播键，按下此按钮后再按下话筒内侧的通话按钮并保持其处于按下状态即可广播，广播时所有话筒上的“AOC指示灯”（车厢扬声器占用）亮起，表明车厢广播系统当前被占用，且所有其他听筒上都将阻止该功能。靠近话筒的车厢扬声器被设定为无声；键为基本内部通信（对驾驶员），按下此键后所有驾驶室（在双牵引机车上最多为4个）的托架扬声器上响起“驾驶员”的振铃信号，等待驾驶员回应呼叫，然后建立通话，如果驾驶员话筒以外的某个话筒被拿起，该话筒上的“TOC”指示灯（电话占线）亮起。该指示灯将一直亮着直到话筒被重新放回托架。它指示电话系统当前占线，所有其他话筒的这一功能都被阻止；键为信号铃音键（驾驶员使用），如驾驶员按下驾驶室的内部通信装置上的“信号铃”键，则整列列车的所有车厢扬声器中都响起信号铃音。

PIS广播通信装置按键/指示灯见图2-66。

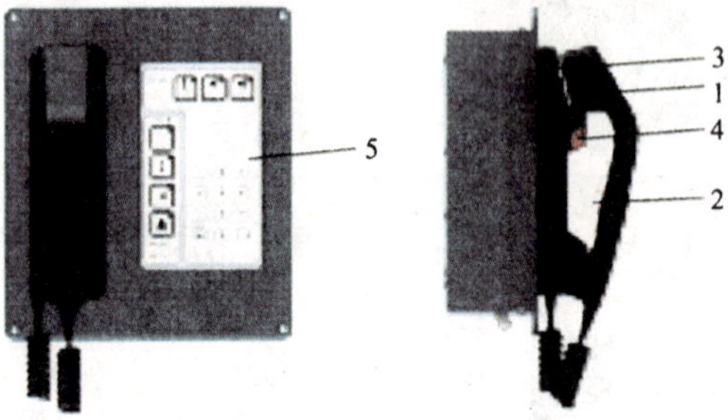

图 2-65 PIS 广播通信装置

1—听筒;2—通话按钮;3—托架;4—挂钩开关;
5—配备有操作键和表 2-13 中所列
指示灯的防尘键盘

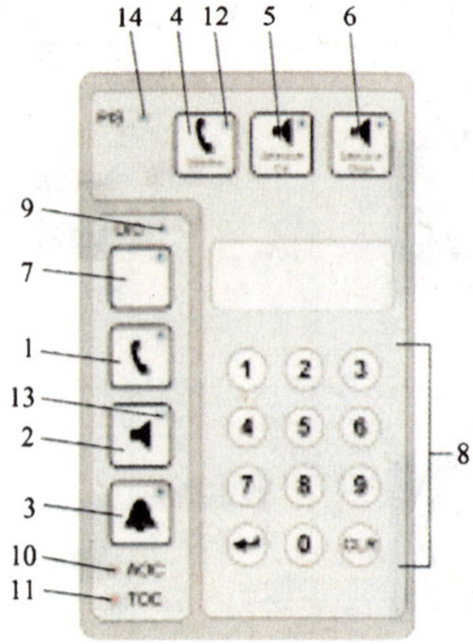

图 2-66 PIS 广播通信装置
按键/指示灯
图注见表 2-13

表 2-13 PIS 广播通信装置按键/指示灯的标识及用法

序号	按键/指示灯	用　　法
1		“(与驾驶员)基本通信”UIC 功能键
2		“基本乘客广播(PA)”UIC 功能键
3		“信号铃”UIC 功能键
4		“选择性内部通信”乘客信息系统功能键
5		“对于每节车厢进行选择性乘客广播”的 PIS 功能键
6		“针对特定等级车厢进行选择性乘客广播”的 PIS 功能键

续上表

序号	按键/指示灯	用　　法
7		无功能
8		用以进行选择性内部通信/乘客广播且配备有清除和输入键的数字键盘
9		"UIC 总线状态"绿色 LED 灯 如果内部通信装置连接到 UIC 总线且可用，则指示灯亮起
10		"扬声器被占用"红色 LED 灯 表明一个基本的乘客广播(高优先性乘客广播功能)处于激活状态，因此，乘客广播系统当前被占用
11		"电话占线"LED 灯 表明基本内部通信系统当前占线。当话筒(1)被从托架(3)上拿起，但基本内部通信系统占线时，指示灯亮起。如果话筒(1)被重新放回托架(3)，则 LED 指示灯将一直亮着直到内部通信系统不再占线为止 发起内部通信呼叫的内部通信装置上的 LED 指示灯不亮
12	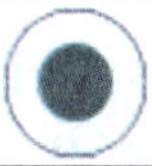	PIS 功能键(9)～(11)上的绿色指示灯 表明其所属 PIS 功能键处于激活状态。这些指示灯由 PIS 触发
13	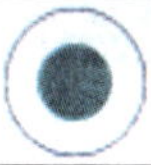	UIC 功能键(6)～(8)上的绿色指示灯 表明其所属 UIC 功能键处于激活状态
14	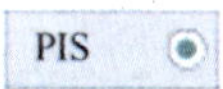	"PIS 状态"绿色 LED 指示灯 如果该内部通信装置连接到 PIS 总线且 PIS 软件处于运行状态，指示灯亮起

7. 水箱

1 车、8 车水箱容量为 160 L，4 车(餐吧)水箱容量为 700 L，2、3、5、6、7 车水箱容量分别为 300 L；有卫生设施的车厢车底设有废水箱，容量为 450 L。

8. 储物柜

储物柜数量为 7 个。位置：4 车吧台内 1 个，4 车二位端 6 个。

9. 大件行李处

大件行李处数量为 11 个；位置：1、8 车在车厢二位端各 1 个，5 车一位端 1 个，2、3、6、7 车一、二位端各 1 个，用于放置体积较大的行李物品。

10. 残疾人服务设施

残疾人服务设施包括残疾人专用区域和残疾人卫生间及残疾人弯道。残疾人专用区域位于车厢内二位端 1、2 号座席对面空档处；残疾人卫生间及残疾人弯道均位于 5 车二位端。残疾人卫生间设有内外触摸式门锁、残疾人紧急呼叫按钮，坐便器两侧设有两个不锈钢扶手。残疾人卫生间自动触摸式开关门装置如开门后没有任何操作，则 45 s 后自动关门。残疾人卫生间的手动开关门锁在卫生间门左侧墙板上方，如锁闭手动开关门锁，则自动门锁装置失效。残疾人卫生间内的 SOS 残疾人紧急呼叫按钮如按下后，则紧急呼叫被可视化地显示在乘务室 MMI 显示屏的状态区域 

，同时会通过车厢扬声器发出叮当的声音。只要该紧急呼叫未得到答复，即使紧急呼叫按钮被重复按下，也不会触发其他求助呼叫。你必须通过再次按下 

按钮，手动取消由通用卫生设施中触发的未处理的紧急呼叫。

11. 婴儿护理台

婴儿护理台数量为 1 个，位置：5 车二位端残疾人厕所内。使用时抬起把手将婴儿护理台打开，即可使用。

12. 影视、音乐播放系统

该系统数量为 6 个；位于一等座车两端墙壁上各 1 个，顶棚每 2 台为一组共 2 组 4 台(不可折叠)。一等座车每个座椅右侧扶手内侧设有音乐、影视控制器，可自主调节电视及音乐的音量。

13. 电源插座

电源插座数量为 47 个。位置：1～8 车车厢内一、二位端墙壁下方各 1 个，4 车餐吧内 5 个(其中 3 个带有插座开关)，乘务室 1 个，5 车每排座席靠近通道一侧座席下各 1 个(共 25 个)，见图 2-67。

图 2-67　电源插座

14. 电子显示屏

电子显示屏数量为 17 块。位置：1～8 车客室两端内端门上方各 1 块，4 车乘务室墙壁背面上方 1 块。显示屏显示列车运行日期、车次、时速、运行时间、编组及车厢号及服务设施介绍、车外温度、安全提示、投诉电话。电子显示屏容量为 256 K，最多可容纳 131 072 个字，可显示 3 行，最上面一行只能显示数字。

第六节　CRH2 型长编组卧车动车组

一、概　　述

时速 200～250 km 16 辆编组的 CRH2 型卧车 EMU(Electric Multiple Unit)适用于我国电气化铁路的既有线和客运专线，采用动力分散型交流传动的牵引方式，在既有线上可以 200 km/h 以下速度运行，在新建电气化客运专线上可以 200～250 km/h 速度级运行。

该 EMU 以 8 辆动车和 8 辆拖车共 16 辆车构成一个固定编组，编组内的各种配置见图 2-68。

二、列车主要设备布置

(一)1 号车、16 号车(二等座车拖车)

车内布置图如图 2-69 所示。

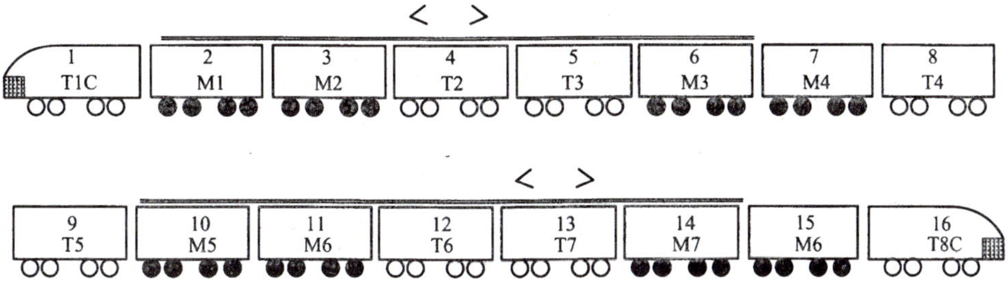

图 2-68 列车编组

T—拖车；M—动车；C—驾驶室车；

1 号、16 号车—二等座车；2～7 号，9～15 号—软卧车；8 号—餐车

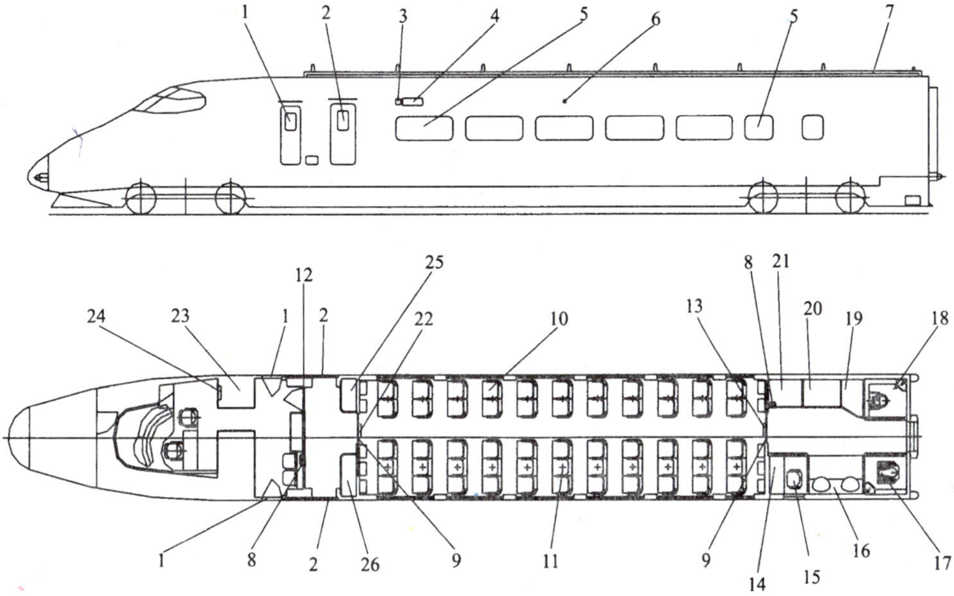

图 2-69 1 号车车内布置图

1—司机室门；2—侧拉门；3—车号显示器；4—目的地显示器；5—紧急窗；6—车侧灯；7—列车无线天线；8—灭火器；9—内端拉门；10—二人座椅；11—三人座椅；12—司机室隔断门；13—客室信息显示器；14—呼唤显示器；15—乘务员室；16—双洗室；17—蹲式便器卫生间；18—坐式便器卫生间；19—电开水炉；20—储物柜；21—温水污物饮水机配电盘/下部垃圾箱；22—客室信息显示器；23—总配电盘；24—中央装置；25—服务配电盘/接地开关盘；26—运转配电盘/控制继电器盘

(二)2、3、6、7、10、11、14、15 号车(卧车动车)

车内布置图见图 2-70。

(三)4、5、9、12、13 号车(卧车拖车)

车内布置图见图 2-71。

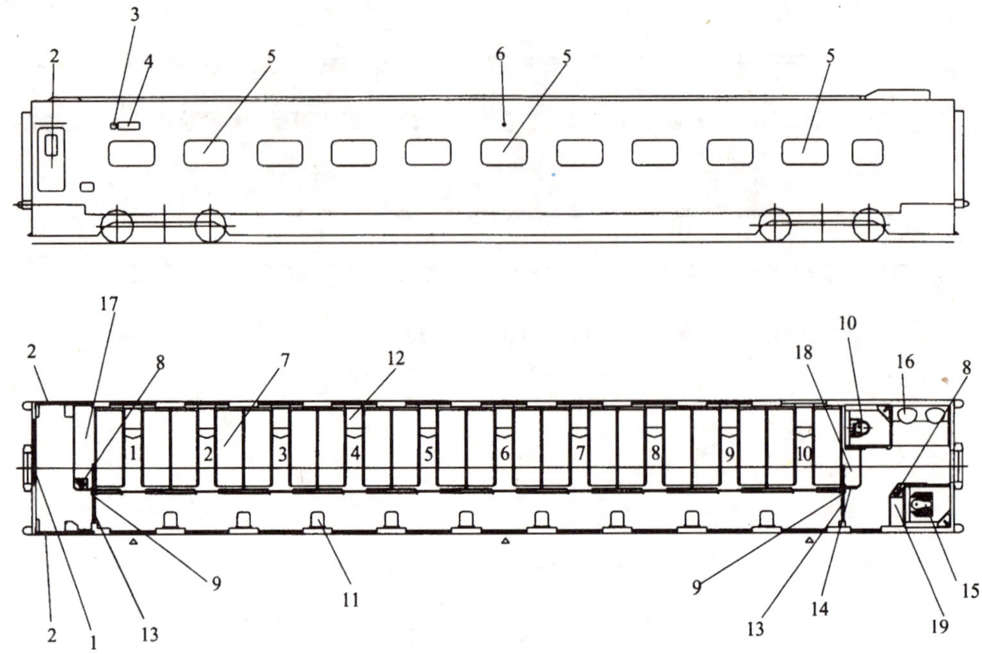

图 2-70　2 号车车内布置图

1—外端拉门;2—侧拉门;3—车号显示器;4—目的地显示器;5—紧急窗;6—车侧灯;7—卧铺;8—灭火器;9—内端拉门;10—坐式便器卫生间;11—翻板凳;12—茶桌;13—客室信息显示器;14—呼唤显示器;15—水泵室/下部垃圾箱;16—双洗室;17—运转服务配电盘/运转配电器盘/接地开关盘;18—温水污物配电盘;19—备品室

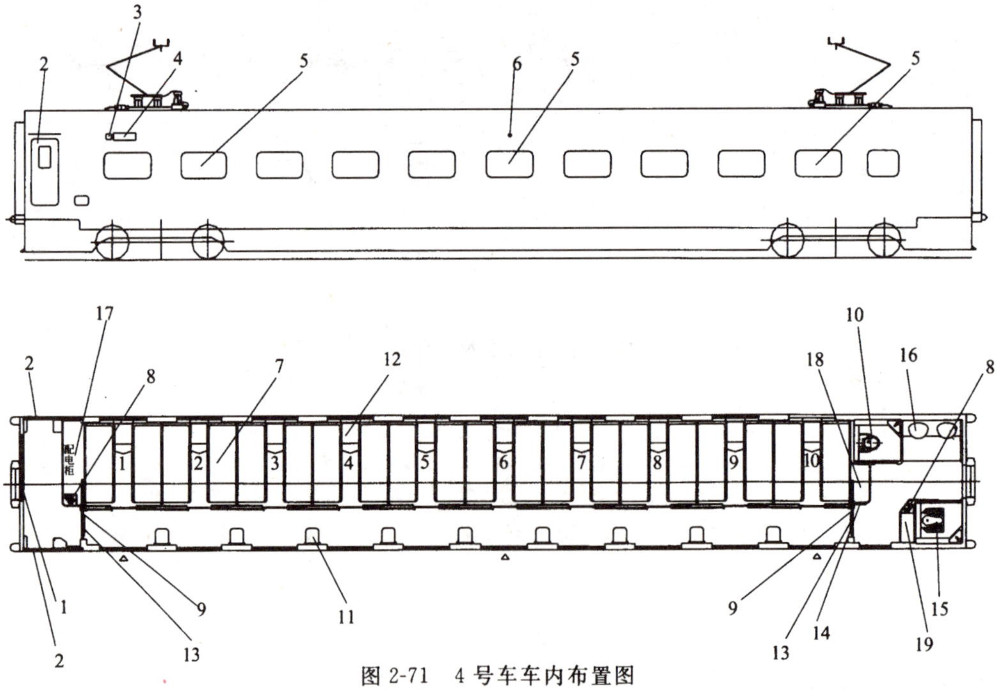

图 2-71　4 号车车内布置图

1—外端拉门;2—侧拉门;3—车号显示器;4—目的地显示器;5—紧急窗;6—车侧灯;7—卧铺;8—灭火器;9—内端拉门;10—坐式便器卫生间;11—翻板凳;12—茶桌;13—客室信息显示器;14—呼唤显示器;15—蹲式便器卫生间;16—双洗室;17—运转服务配电盘/控制继电器盘/接地开关盘;18—温水污物配电盘/下部垃圾箱;19—备品室

（四）8 号车（餐车拖车）

车内布置图如图 2-72 所示。

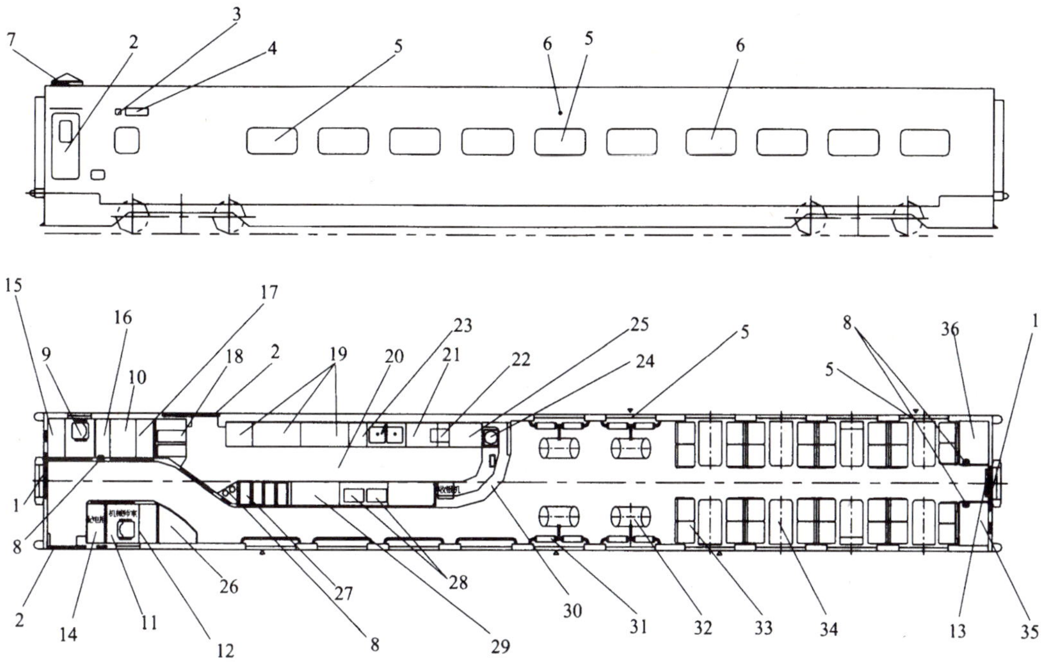

图 2-72　8 号车车内布置图

1—外端拉门；2—侧拉门；3—车号显示器；4—目的地显示器；5—紧急窗；6—车侧灯；7—列车无线天线；8—灭火器；9—乘务员室；10—配电室；11—机械师室；12—列车信息控制/影视系统控制屏；13—客室信息显示器；14—运转配电盘/控制继电器盘；15—收音机广播装置；16—服务配电盘/接地开关盘；17—厨房配电盘/饮水机配电盘/终端装置；18—烤箱；19—冷藏箱；20—厨房；21—消毒柜；22—电开水炉；23—冰箱分配阀；24—咖啡机；25—立式展示柜；26—储藏柜/下部垃圾箱；27—上储藏柜/小推车；28—微波炉/下储藏柜；29—保温箱；30—吧台；31—吧凳；32—吧桌；33—餐桌；34—餐椅；35—储藏柜；36—备品洁具柜

卧车动车组各车辆的主要设备配置见表 2-14。

表 2-14　卧车动车组各车辆的主要设备配置

车号	代号	定员	主　要　设　备	其　他
1	T1	55	二等座车：司机室、电开水炉、储藏柜、洗脸室、坐式卫生间、蹲式卫生间、乘务员室	注： T 代表拖车 M 代表动车
2	M1	40	软卧车：洗脸室、坐式卫生间、蹲式卫生间、车上水箱、水泵室	
3	M2	40	软卧车：洗脸室、坐式卫生间、蹲式卫生间、电开水炉	
4	T2	40	软卧车：洗脸室、坐式卫生间、蹲式卫生间、备品柜	装受电弓
5	T3	40	软卧车：洗脸室、坐式卫生间、蹲式卫生间、电开水炉	

续上表

车号	代号	定员	主要设备	其他
6	M3	40	软卧车:洗脸室、坐式卫生间、蹲式卫生间、车上水箱、水泵室	
7	M4	40	软卧车:洗脸室、坐式卫生间、蹲式卫生间、电开水炉	
8	T4		餐车:配餐室、乘务员室、机械师室、吧台、休闲区、餐厅、备品洁具柜、储藏柜	
9	T5	40	软卧车:洗脸室、坐式卫生间、蹲式卫生间、电开水炉	
10	M5	40	软卧车:洗脸室、坐式卫生间、蹲式卫生间、车上水箱、水泵室	同 M1
11	M6	40	软卧车:洗脸室、坐式卫生间、蹲式卫生间、电开水炉	同 M2
12	T6	40	软卧车:洗脸室、坐式卫生间、蹲式卫生间、备品柜	
13	T7	40	软卧车:洗脸室、坐式卫生间、蹲式卫生间、电开水炉	装受电弓
14	M7	40	软卧车:洗脸室、坐式卫生间、蹲式卫生间、车上水箱、水泵室	同 M3
15	M8	40	软卧车:洗脸室、坐式卫生间、蹲式卫生间、电开水炉	同 M4
16	T8	55	二等座车:司机室、备品洁具柜、储藏柜、坐式卫生间、蹲式卫生间、洗脸室、乘务员室	
合计		630		

三、旅客影视广播信息系统

旅客信息系统、广播系统、影视系统和呼唤服务系统集成一体,是一个能够随时给旅客提供一些重要信息的系统。动车组能够及时发送列车当前到站、前方到站、正晚点情况,当前时间、运行速度、临时停车等信息。

旅客信息系统包括信息显示、车内外标识、列车运行信息与自动报站、列车广播、电视、呼唤显示、列车通话系统等。

(一)车内信息显示装置

动车组客室两端车厢通路的门框上方分别设置了车内信息显示器,接受从车辆信息终端装置传来的信息,固定或滚动显示当前到站、前方到站、正晚点情况、当前时间、运行速度、实时新闻、禁烟标志和厕所使用等旅客信息。车内信息显示装置见图 2-73、图 2-74。

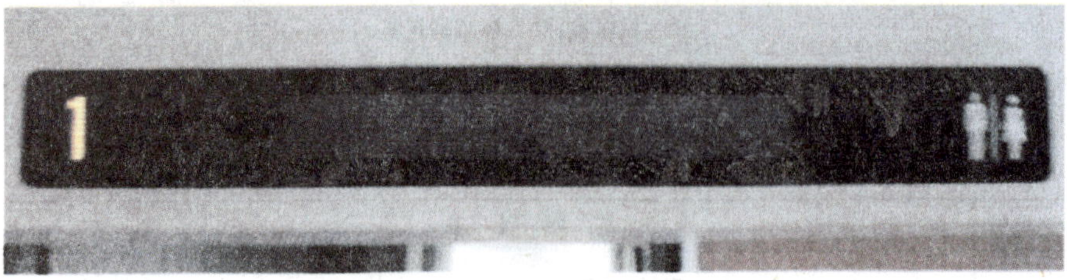

图 2-73　1、16 车车内信息显示装置

车内引导显示器的显示内容是由 MON 发送相应指令来实现的。它可以通过两种方式输入显示内容。即库内读取 IC 卡数据或手动设定界面输入信息。

PR(广告)文指令——根据行驶里程信息,传送从 IC 卡读取的文字信息指令。

紧急文指令——根据从 IC 卡读取的显示条件(公里数等),传送紧急信息。

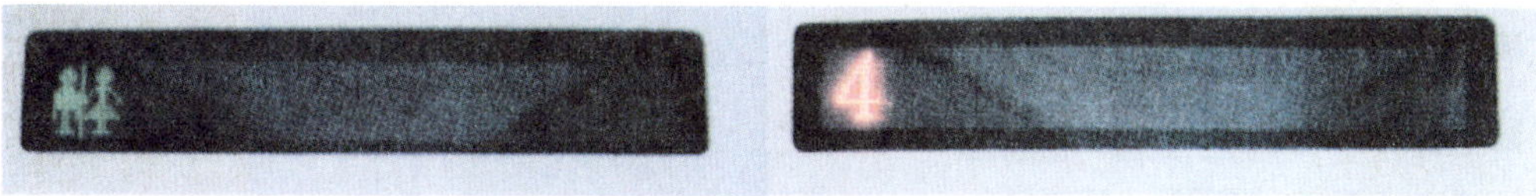

图 2-74　卧铺车各车车内显示装置

1. IC 卡的读取方法

进入检修模式页面，按[读取 IC 卡]，显示 IC 卡的读取菜单页面，见图 2-75。

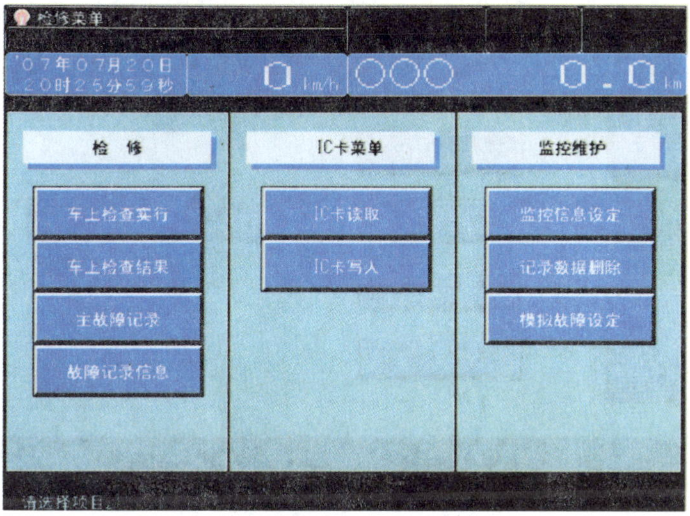

图 2-75　检修菜单

将要读取的 IC 卡插入 IC 卡控制装置插口。

在 IC 卡读取画面(见图 2-76)，按以下内容操作。

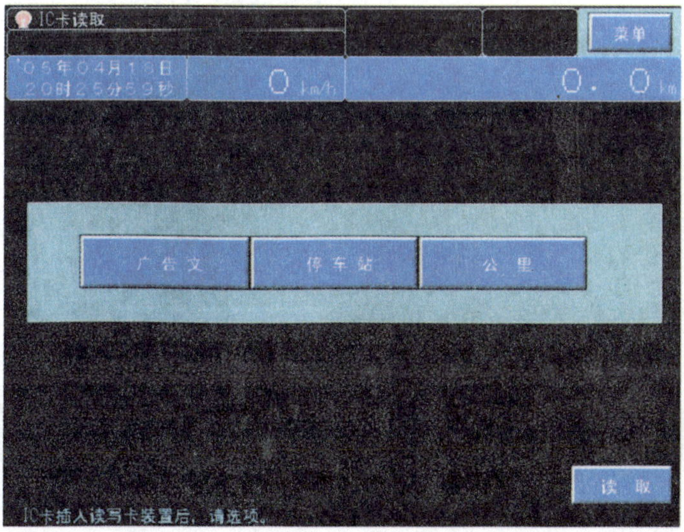

图 2-76　IC 卡读取菜单页面

读取广告文:按[广告文]+[读取]键。

读取停车站:按[停车站]+[读取]键。

读取公里数:按[公里]+[读取]键。

2. 手动设定方法

进入列车员模式,见图 2-77。

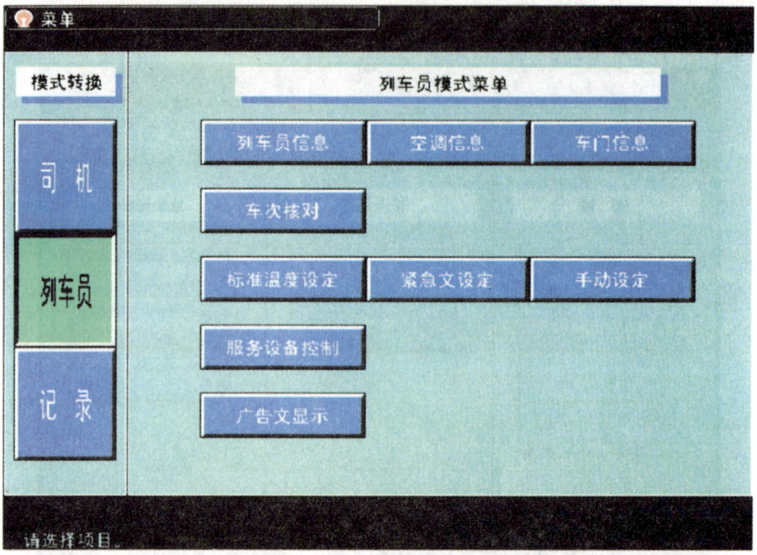

图 2-77　列车员模式

按[手动设定]键,进入手动设定页面,见图 2-78。

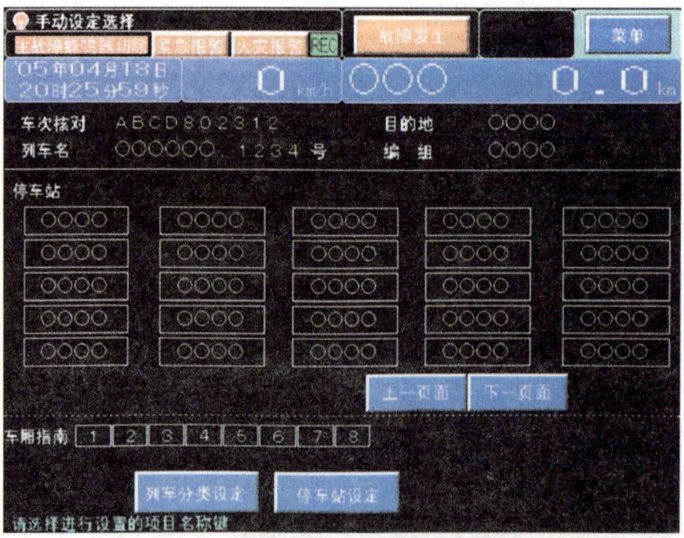

图 2-78　手动设定页面

列车分类设定页面:

按[列车分类设定]键，进入页面；

选择列车名称，输入列车编号，按[设定]键。见图 2-79。

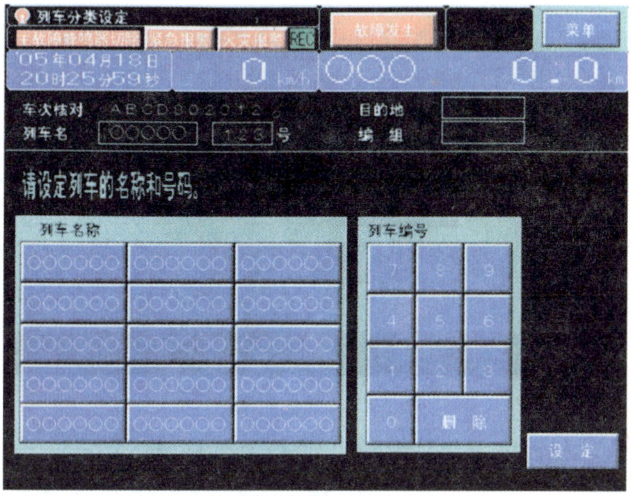

图 2-79　列车分类设定画面

停车站方式设定页面：

在“手动设定”页面中按[停车站方式设定]键，进入页面；

选择停车站，按[设定]键，见图 2-80。

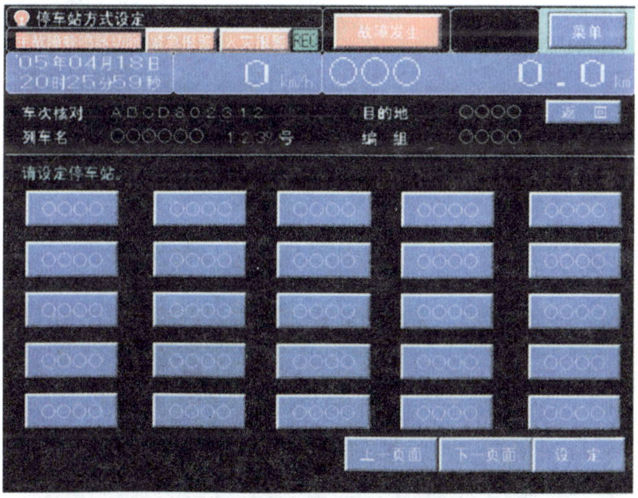

图 2-80　停车站方式设定页面

3. 车内引导显示器显示画面的开关操作

切换至列车员模式→[服务设备控制页面]→[乘客信息显示]，可设定各车厢乘客信息显示页面的开关，见图 2-81、图 2-82。

4. 广告文的显示

列车员模式→[广告文显示],可选择相应的广告文,见图 2-83。

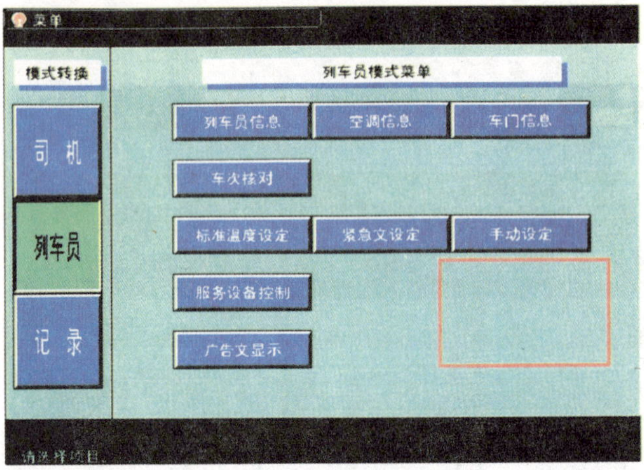

图 2-81　列车员模式

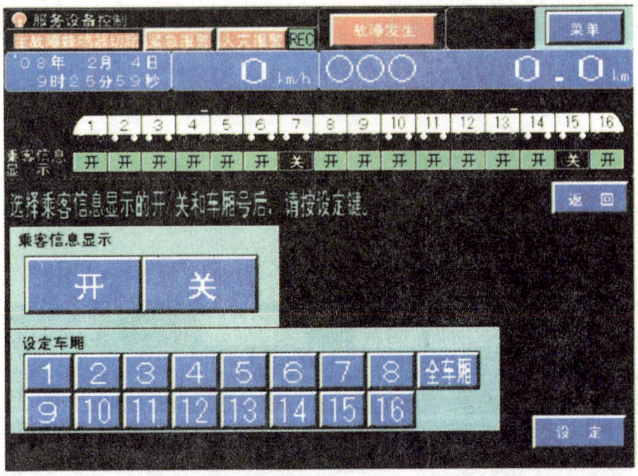

图 2-82　乘客信息显示页面

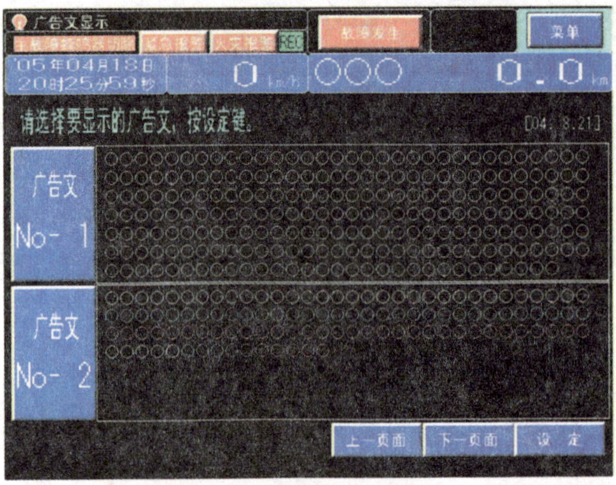

图 2-83　广告文显示画面

(二)车号显示装置

车内号除了T1、T8车单独通过车号显示器显示车号外,其他车的车内号均通过车内显示装置显示。

车外号均通过车外车号显示器显示。

(三)目的地显示装置

动车组通过目的地显示装置接收来自终端装置的信息显示,如车次、到站目的地等信息。

(四)无线电接收装置

本装置包括安装在8号车厢乘务员室的接收设备和安装在车辆顶部的接收天线组成。可以通过自动选台和手动选台两种不同模式进行频率的设定,用于接收AM及FM电台信号并转为音频信号传输给自动广播装置。

(五)广播系统

1. 广播的先后顺序

顺序为人工广播、自动广播、无线电广播。

2. 人工广播

人工广播为通过设置的广播机设备(或其他音乐设备),人工对乘客进行广播。

3. 自动广播

自动广播装置从车辆信息控制装置接收广播所需要的信息,然后根据这些信息自动进行广播。

即使发生停车站变更(车辆行驶晚点)等情况,由于从车辆信息控制装置获得的及时发生相应的修改,所以播放内容也及时修改,确保准确。

广播所需要的信息是指里程信息、停车站信息等。

4. 无线电广播

无线电广播为从无线接收系统获得音频信息进行广播。

5. 乘车口音响装置

乘车口音响装置从车辆设备接收左右门的开关信息,控制乘车口处的扬声器发出开关门的警示声音。

6. 司机、乘务员间的联络

司机、乘务员之间可以通过司机台控制放大器(包括联络装置)、乘务员控制放大器、配电盘控制放大器进行联络。

7. 联络方式

联络包括两种方式:全体联络呼叫和个别联络呼叫。

(六)影视播放系统

影视服务系统主要包括各车影视主机、交换机、机顶盒、影视显示器、包间控制器、本车控制板、包间控制面板等。

1. 座车

座车影视系统由座车影视系统电源、影视主机功放、座车影视主控制机、影视系统主机交换机、座车餐车解码板、本车控制板组成。

座车在客室顶板上设2组、客室端墙设2个15″数字液晶终端,用于视频节目的播放,通过扬声器播放视频节目的伴音,各终端只能同时播放一套视频节目,乘客不能选择节目的播出。当进行列车广播时,客室扬声器转换为广播状态,影视伴音停止;当广播结束时,自动恢复为原来的状态。

液晶终端采用电动可旋转式安装结构,由随车机械师或乘务员通过本车控制板控制,见图2-84。

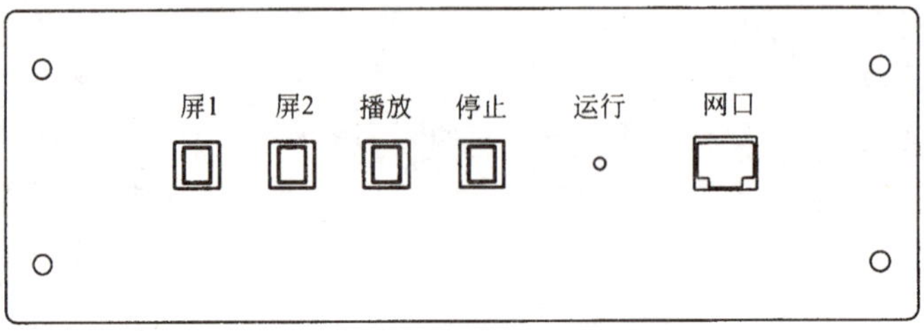

图2-84　1、16本车控制板

2. 软卧车

软卧车影视系统由软卧车影视系统电源、影视主机功放、包间音频转换器、影视系统主机交换机、软卧车包间转换机、软卧车机顶盒、软卧车影视主控制机、本车控制板、软卧车包间影视控制板、包间电源组成。

软卧车影视系统在13节软卧车厢中每节车厢各有一套。

软卧车每个包间内设4台各自独立的15 in数字液晶终端,每个数字液晶终端设独立的节目控制面板并带耳机插孔。在同一时刻,系统同时播出四套视频节目,每位乘客可通过节目控制面板选择其中的一套节目,通过耳机收听视频伴音。当进行列车广播时,耳机应播放广播内容,同时影视伴音停止;当广播结束时,自动恢复为原来的状态,见图2-85。

3. 餐车

餐车影视系统由餐车影视系统电源、影视主机功放、餐车影视控制机、影视系统主机交换机、座车餐车解码板、本车控制板、列车干线网络远程控制终端组成。

在餐车餐厅设2台壁挂式数字液晶终端,在休闲区设1台壁挂式15 in数字液晶终端用于视频节目的播出,通过扬声器播放视频节目的伴音,各终端只能同时播放一套视频节目,乘客不能选择节目的播出。当进行列车广播时,影视伴音停止,客室扬声器转换为广播状态;当广播结束时,自动恢复为原来的状态。

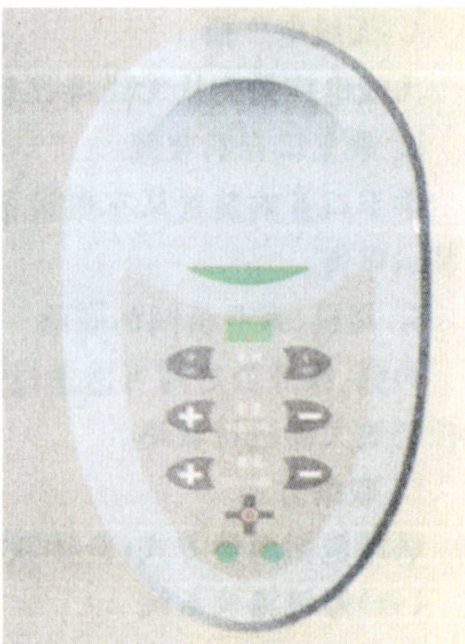

图2-85　包间影视控制板

四、呼唤控制系统

为方便旅客服务,动车组设置了由包间控制器、呼唤显示屏等组成的服务系统。

包间控制器用于调节包间内的广播音量和向外发出呼唤信息的按键。触摸呼唤按键,呼唤显示屏即发出呼唤信号,同时点亮该包间外的呼唤指示灯,见图2-86。

除8号餐车外，动车组其他每辆车设一个呼唤显示屏，两个头车设置在乘务员室，卧车设置在二位端小走廊。各车呼唤显示屏通过广播系统列车干线网络进行通信，显示全列车的呼唤信息（文本显示车号、卫生间、包间号）。

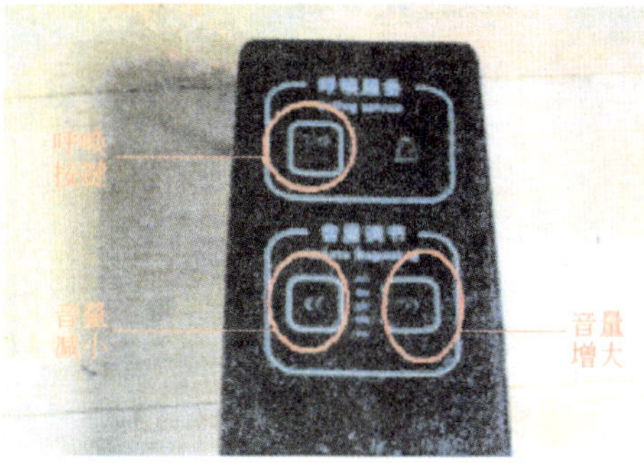

图2-86　包间控制器

呼唤显示屏每个页面只能显示相邻4个车厢的信息，乘务员可通过触摸翻页按键查看其他车厢的呼唤信息，见图2-87。

显示屏显示车厢包间号或卫生间工作状态的指示灯颜色分别代表不同的含义：

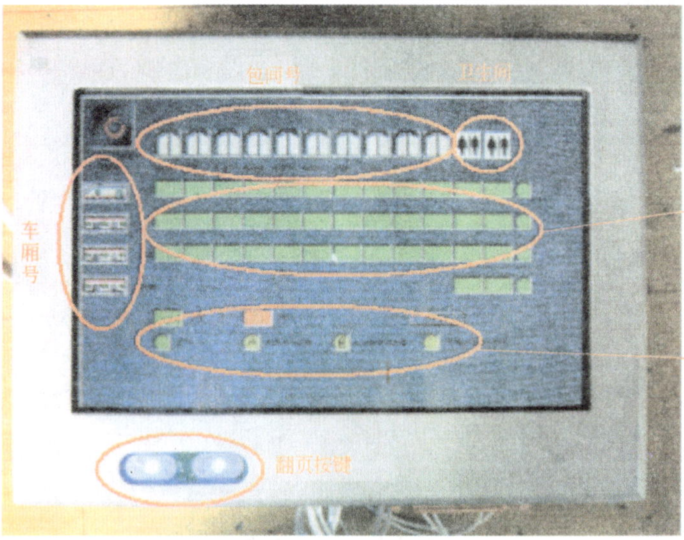

图2-87　呼唤显示屏

灰色——表示正常，没有呼唤信息；

黄色——表示当前设备通信故障；

绿色——表示该包间或卫生间有情况，乘客已按下呼唤按钮，此时，乘务员应立即前往该区域查看相关情况。

五、烟火报警系统

在8号餐车设置2台烟火报警主机，在座车客室、各乘务员室、软卧车各包间内、各电气柜、走廊、卫生间、餐车餐厅、配餐间内设隐藏式感烟探头，见图2-88。

烟火报警主机通过电流环与终端装置（MON）通信，将每个感烟探头的状态发送给MON：探头未接、报警、故障、正常。这些信息并应在随车机械师室的显示屏上显示，见图2-89。

六、照明系统

长编组卧铺动车组使用了荧光灯和LED灯具2种照明灯具，为动车组日常照明所用，并满足动车组不同使用区域的用途和照度要求。

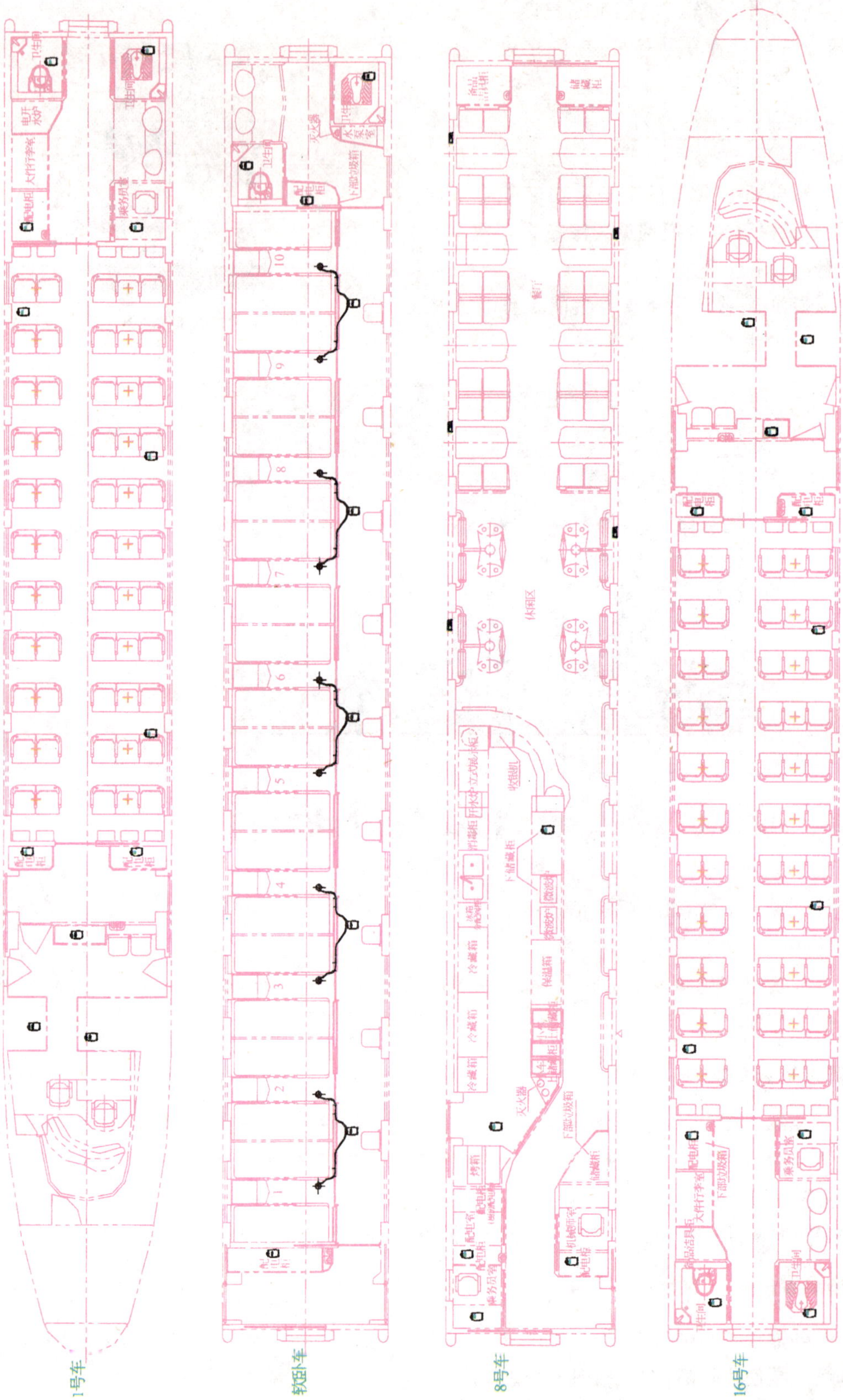

图 2-88 报警装置分布图

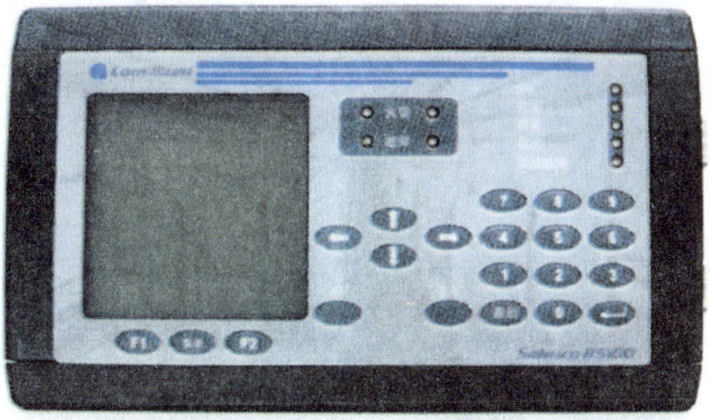

图 2-89 烟火报警系统显示屏

1. 16 号车

通过台和小走廊当中采用 LED 平面光源；客室、乘务员室、洗脸间和厕所采用荧光灯具；司机室顶灯采用荧光灯，阅读灯采用 LED 灯。

2. 8 号车

吧台区域使用 LED 射灯；餐饮区域、休闲区域、厨房区域顶灯、走廊、通过台、吧台灯箱以及窗上灯均采用 LED 平面光源；厨房区域展示柜灯，乘务员室，机械师室以及机械师室桌上灯均采用荧光灯。

3. 软卧车

通过台、大走廊、小走廊以及包间内顶灯均采用 LED 平面光源；包间阅读灯采用 LED 灯；厕所、洗脸间采用荧光灯。

七、包间设备布置

包间设备布置见图 2-90。

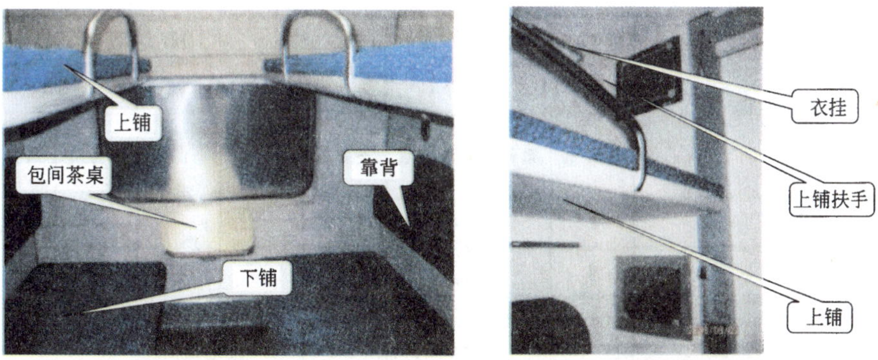

(a) (b)

图 2-90 包间设备布置

八、车内其他设施及配置

座车车内布置图见图 2-91。

图 2-91　座车车内布置图

1. 乘务员室

在 1 号、8 号、16 号车设有乘务员室，乘务员室内设有办公桌、物品柜、转椅及衣帽钩等设备。办公桌采用优质层压板制作，桌面高 650 mm，乘务员室内设有软包座椅，可 360°自由旋转，在办公桌上放设有物品柜，物品柜采用优质层压板制作，物品柜面板与电器柜面板集成为一体；在乘务员室内还设有衣帽钩等小设备，方便乘务员日常工作。

2. 车上物品存放处

卧车动车组在 1 号车、16 号车端部设有储藏室，4 号车、8 号车及 12 号车车端设有备品室，备品室内设有紧急渡板，在列车紧急情况时可以用于疏散乘客用。8 号机械师室旁和四位角设有储藏柜。在 1 号车、8 号车及 16 号车端设有乘务员室，其中 8 号车乘务员室内设有应急灯架和扬声器架。在每辆车的两端都设有灭火器，在发生火灾时应急用。

随车备品见表 2-15。

表 2-15　随车备品一览表

备品名称	1		4	8		12	16		合计
	T1		T2	T4		T6	T8		
	驾驶室	乘务员	备品室	乘务员	机械师备品室	备品室	乘务员	驾驶室	
信号旗（红和绿）	1							1	2
响　墩	6							6	12
应急灯	1	1		1	1		1	1	6
扩音器	1			1				1	3
梯　子	1							1	2
灭火器（粉末型）	1							1	2
工具箱	1							1	2
大型收藏箱	1							1	2

续上表

<table>
<tr><td rowspan="3" colspan="2">备品名称</td><td colspan="2">1</td><td>4</td><td colspan="2">8</td><td>12</td><td colspan="2">16</td><td rowspan="2">合计</td></tr>
<tr><td colspan="2">T1</td><td>T2</td><td colspan="2">T4</td><td>T6</td><td colspan="2">T8</td></tr>
<tr><td>驾驶室</td><td>乘务员</td><td>备品室</td><td>乘务员</td><td>机械师备品室</td><td>备品室</td><td>乘务员</td><td>驾驶室</td><td></td></tr>
<tr><td colspan="2">机车救援用转换车钩</td><td>1</td><td></td><td></td><td></td><td></td><td></td><td></td><td>1</td><td>2</td></tr>
<tr><td colspan="2">安全帽</td><td>1</td><td></td><td></td><td></td><td></td><td></td><td></td><td>1</td><td>2</td></tr>
<tr><td colspan="2">安全带</td><td>1</td><td></td><td></td><td></td><td></td><td></td><td></td><td>1</td><td>2</td></tr>
<tr><td colspan="2">万用表</td><td>1</td><td></td><td></td><td></td><td></td><td></td><td></td><td>1</td><td>2</td></tr>
<tr><td colspan="2">带橡胶夹子的塑料电线、固定扳手、单手用锤子、扳手、凿子、螺丝刀、活扳手、电线钳子、钳子、刀具</td><td>各1</td><td></td><td></td><td></td><td></td><td></td><td></td><td>各1</td><td>各2</td></tr>
<tr><td rowspan="2">空气软管</td><td>MR 管用</td><td>1</td><td></td><td></td><td></td><td></td><td></td><td></td><td>1</td><td>2</td></tr>
<tr><td>BP 管用</td><td>1</td><td></td><td></td><td></td><td></td><td></td><td></td><td>1</td><td>2</td></tr>
<tr><td rowspan="3">铁鞋(铁制)</td><td>上坡用</td><td>2</td><td></td><td></td><td></td><td></td><td></td><td></td><td>2</td><td>4</td></tr>
<tr><td>A 型</td><td>8</td><td></td><td></td><td></td><td></td><td></td><td></td><td>8</td><td>16</td></tr>
<tr><td>B 型</td><td>4</td><td></td><td></td><td></td><td></td><td></td><td></td><td>4</td><td>8</td></tr>
<tr><td rowspan="2">干电池</td><td>应急灯用</td><td>16</td><td></td><td></td><td></td><td></td><td></td><td></td><td>16</td><td>32</td></tr>
<tr><td>扩音器用</td><td>12</td><td></td><td></td><td></td><td></td><td></td><td></td><td>12</td><td>24</td></tr>
<tr><td colspan="2">紧急用渡板</td><td></td><td></td><td>1</td><td></td><td>1</td><td>1</td><td></td><td></td><td>3</td></tr>
<tr><td rowspan="2">绳索</td><td>侧拉门用</td><td></td><td></td><td>8</td><td></td><td>16</td><td>8</td><td></td><td></td><td>32</td></tr>
<tr><td>紧急用</td><td></td><td></td><td>1</td><td></td><td>2</td><td>1</td><td></td><td></td><td>4</td></tr>
<tr><td colspan="2">5 kg 的 ABC 干粉灭火器</td><td>1</td><td></td><td></td><td></td><td></td><td></td><td></td><td></td><td>1</td></tr>
<tr><td rowspan="2">2 kg 水性灭火器和干粉灭火器</td><td colspan="8">前位通过台每辆车一个粉末式和一个液体式</td><td></td><td>32</td></tr>
<tr><td colspan="8">后位通过台每辆车一个粉末式和一个液体式</td><td></td><td>32</td></tr>
</table>

3. 休闲区

休闲区见图 2-92。

4. 内部门和锁

(1)软卧车自动内端门

软卧车自动内端门为 MY670DP1 型电控电动式单扇移门。门板采用铝型材框架镶嵌一整块钢化玻璃的结构，门板框架上装有一个隔离锁，能在门关到位时将门锁定并隔离。门系统的承载驱动机构具有结构简单、运动阻力小、安装方便、可靠性高以及具有自动复位功能等优点。

自动内端门的操作方式分为手动操作、电动操作，由安装在上导轨下表面的转换开关切换。

①手动操作

将转换开关拨到 OFF 位置，断开电控系统输入电源，此时门系统处于手动操作状态。用手扣住门板框架中部的扣手即可拉动门板，实现门的开闭。

图 2-92　休闲区效果图

②电动操作

将转换开关拨到 ON 位置时，电控系统上电，门系统将以低速进行第一次关门，初始化系统参数，初始化完成后，进入电动操作状态。

➤ 开门：电动操作自动内端门是在门没有被机械锁闭，转换开关拨到 ON 位置，门系统有电情况下，门处于自动状态。光电感应开关探测到有物体，将发出开门信号通知门控器，门控器接收到开门信号后，启动电机、通过传动系统开门。

➤ 关门：门开到位后，光电感应开关未探测到有物体时，门控器控制延时 4 s 后(延时时间 0～30 s 可调)自动关门。

➤ 障碍检测：门板在关闭过程中碰到障碍物，门会自动打开，延时 4 s 后重新关闭。如果障碍物依然存在，这一过程将重复，3 次关门试图之后，门将保持打开状态，并给出故障指示。当门运动至最后 20 mm 的位置时，障碍检测功能失效。门板在开门过程中碰到障碍物，将自动停在那个位置，4 s 后继续执行关动作，并将继续通过传感器正常打开，3 次开门试图并且没有达到全开后，门在夹持位置上停止，门控器给出故障指示，并继续通过传感器正常开门。当门运动至最后 20 mm 的位置时，障碍检测功能失效。

➤ 第一次开关门：转换开关打到 ON 上时，电控系统初次上电，无论门处于何种位置，门低速关闭至关门到位位置。低速关门过程中，无论光电感应开关是否是 ON，门将继续关闭，直至关门到位位置。若遇到障碍物，门将自动停在那个位置直到下一次开关门。

➤ 门隔离：当门处于关到位时，用六角钥匙操作隔离锁可以将门系统进行机械锁闭。在机械锁闭过程中，隔离锁上的隔离开关同时动作，电控系统电源将被切断。

(2)座车自动内端门

1 号车(T1)和 16 号车(T8)设置为二等座车，在客室与通过台之间的内端墙处设有自动感应式的电动拉门，门上设有聚碳酸酯玻璃窗。电动拉门的开、关通过顶板内光电开关的检测自动进行，当人或物体通过时，通过门前后的光电开关来检测出，从而防止被门夹住。并且，自动开闭门有故障时(停电时)，用手动也能够轻松进行开闭。

(3)包间拉门

(a) (b)

图 2-93 门锁旋钮及钥匙锁示意图

包间拉门的开、关门操作方法见图 2-93(a)，表示包间门分别处于开启和锁闭状态。

在走廊侧按图 2-93(b)所示方向用专用钥匙转动门锁芯，解锁后拉动拉手将门扇推到底，使门扇处于开门状态。

(4)小间手动拉门

各车(8 号车除外)厕所门、乘务员室门(1、8、16 号车)、配电室门(8 号车)、机械师室门(8 号车)、厨房门(8 号车)均为悬挂结构的手动拉门，其结构形式基本一致，下面以厕所门为例进行说明。

①门把手操作

在门关闭状态下，旋转门把手同时将门向开启方向移动，直至最大开门位，即完成一次完整的开门操作；在门打开的状态下，拉动把手直至锁舌与锁托相碰位置，稍微旋转把手，使门关闭到位。

②暗锁操作

当人在厕所侧时，旋转暗锁上的扭把(约 90°)，使锁钩钩住锁口板内侧定位实现锁闭。实现上锁操作后，在小走廊侧门板暗锁对应处显示“有人”(OCCUPIED)，同时将门的闭锁信息传给客室内相应的信息显示装置。反之，将暗锁旋钮旋置于“开”(OPEN)位置，小走廊侧门板暗锁对应处显示“无人”(VACANCY)，同时将门的未闭锁信息传给客室内相应的信息显示装置。当暗锁上锁时，旋转手把不能实现开门动作。

遇有特殊情况时，可在室外侧通过六角钥匙对暗锁进行操作，实现锁闭。

第七节 CRH380A 型动车组车内主要设备设施

CRH380A 型动车组(8 辆编组)为动力分散交流传动动车组，最高运行速度 350 km/h，可在新建 300 km/h 速度级客运专线上运营，也可在新建 200 km/h 速度级客运专线上以 200 km/h速度运行。

一、基础设备

CRH380A 型动车组以 CRH2C 型时速 300 km 动车组为基础，通过速度提升和优化设计，完成自主研制。CRH380A 型动车组由 6 辆动车、2 辆拖车共 8 辆车构成编组，编组配置见图 2-94。另外，两列动车组可联挂运行。

各车辆主要设备见表 2-16。

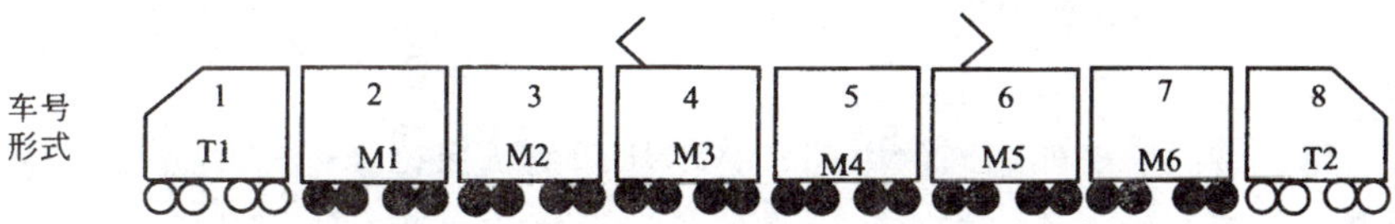

图 2-94 CRH380A 型动车组动力配置

T—拖车；M—动车

表 2-16 各车辆的主要设备配置

车号	形式	定员	主 要 设 备	其 他
1	T1	45	二等车、驾驶室、卫生间、盥洗室、观光区、电开水炉、电器柜、备品柜、行李室	
2	M1	85	二等车、卫生间、盥洗室、电开水炉、电器柜、行李室、车上水箱	
3	M2	42	一等车、VIP 半包间、卫生间、盥洗室、电开水炉、电器柜、备品柜、行李室	
4	M3	51	一等车、卫生间、盥洗室、电开水炉、电器柜、行李室、车上水箱	带受电弓
5	M4	52	二等车、餐饮区、厨房、卫生间、盥洗室、乘务员室、机械师室、电开水炉	
6	M5	85	二等车、卫生间、盥洗室、电开水炉、电器柜、行李室、车上水箱	带受电弓
7	M6	85	二等车、卫生间、盥洗室、电开水炉、电器柜、行李室、备品柜	可乘坐轮椅
8	T2	45	二等车、驾驶室、卫生间、盥洗室、观光区、电开水炉、电器柜、备品柜、行李室	
合 计		490		

(一) 外部车门

1. 侧拉门

侧拉门装置通过操作在司机室以及乘务员室内设置的开关集中控制。关闭侧拉门之后各个车厢侧面外部的显示灯会熄灭，司机台的关门显示灯会亮起。司机在确认了显示灯状态之后发车。头车靠司机室的侧拉门和餐车的侧拉门为可单控侧拉门，可根据需要选择车门是单控还是集控。

侧拉门采用旋转杆气压型式的内藏侧拉门，侧拉门机构由上部驱动装置、电磁阀组件、旋转杆式压紧装置、下导轨以及供气管路等组成，见图 2-95。门板采用隔音复合结构，设有夹层中空玻璃。

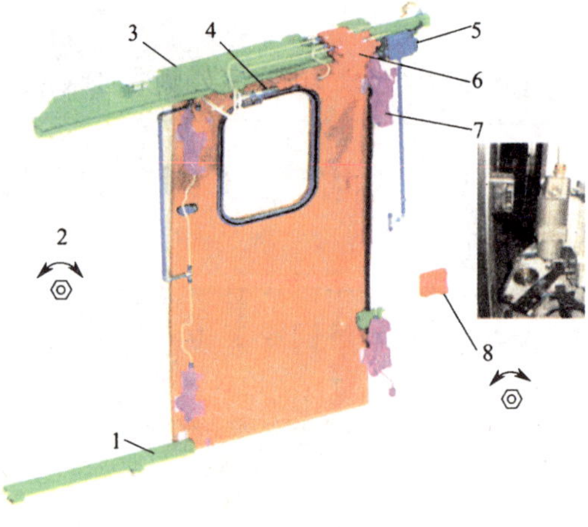

图 2-95 侧拉门结构图

1—下导轨；2—车内单控开关；3—上部驱动装置；4—供气管路；5—关门到位开关；6—电磁阀组件；7—压紧装置；8—车外单控开关

2. 外端拉门

外端拉门是装在两辆车之间的贯通口上为防火用而设置的不锈钢制的手动拉门，在 2～8号车的一位端各有一个，在 4 号车的一、二位端均设有外端门。并且，为了在全开、全关时能够依然保持其状态而设置了压紧装置。

在正常运用中该门藏于外端墙的内部，是不使用的，通过弹性定位装置保持固定状态。需要使用时，先把手动拉手从门板内取出，然后用力拉动拉手，便可以把门拉出，门板上的扣手露出，然后必须把拉手缩回到门板内部，才能继续关门，关门到位后，弹性定位装置把门板顶紧在外端墙上，起到隔断两辆车的功能。

（二）内部门和锁

内部门由内端门、小间门组成。

内端门采用电控电动式移门。门板主结构为玻璃，三面铝型材包边，门上部分的夹玻璃型材同时起到携门装置功能，这种门扇结构简洁、大方。门系统的承载驱动机构具有结构简单、运动阻力小、安装方便、可靠性高及自动开关等优点。

（三）车外标记

车体外部设置有动车组车型车号、“和谐号”、“狮子头”、列车长度、顶车、检修、自重载重定员、制造厂铭牌等标记。制造厂铭牌为铸铝结构，采用螺钉安装在车体端部。其余标记采用粘贴薄膜。

（四）车厢设备

在车厢内，设置有以下的设备：

1. 客室内设备

客室内设有座椅、行李架等设施。

2. 侧墙设备

侧墙设有衣帽钩、广播系统用扬声器等设施。

3. 端部设备

在内端墙上，设有车内信息显示器、车号显示器、禁烟标记、洗手间使用显示灯、紧急报警按钮、脚踏、桌板等设施。

4. 顶部设备

车顶设 LED 照明顶灯带等设施。

5. 通过台及走廊

在通过台及走廊处设有开水炉、卫生间、盥洗室、备餐区、配电盘、垃圾箱、灭火器、端部小间、行李放置处等。

6. 辅助设备

车厢每一个座椅底部都设一个插座（220 V），方便旅客乘车时使用。盥洗室内设置电动剃须刀用插座。乘务员室内设置业务用插座，5 号车（M4 车）一位端的餐饮区设置 4 个餐饮设备用插座。

通过台及走廊车顶，设 LED 筒灯（应急灯在 2、4 位侧）及扬声器。洗手间使用 3W 的 LED 筒灯和 4W 的 LED 筒灯（残疾人用）。侧出入口部作为行动不便者使用无障碍设备，设置开关门预告声音装置。

（五）配电盘设备布置

配电盘设在通过台（见图 2-96），T1、M4、M6 设在二位端，M1、M2、M3、M5 设在一、二位端，T2 设在一位端，并且配电盘门为暗锁结构。

运转配电盘中，布置了相关牵引变流器、电动送风机、辅助电源装置、空气压缩机、制动装置、监视器装置、广播设备、保温等的 NFB（脱扣开关），关门连动和蜂鸣器的复位开关等。

1 号车（T1）二位客室侧及 8 号车（T2）一位车端侧安装运转配电盘，上部安装输出功放、主故障显示灯，下部安装继电器盘、电磁接触器、辅助制动模式发生器；

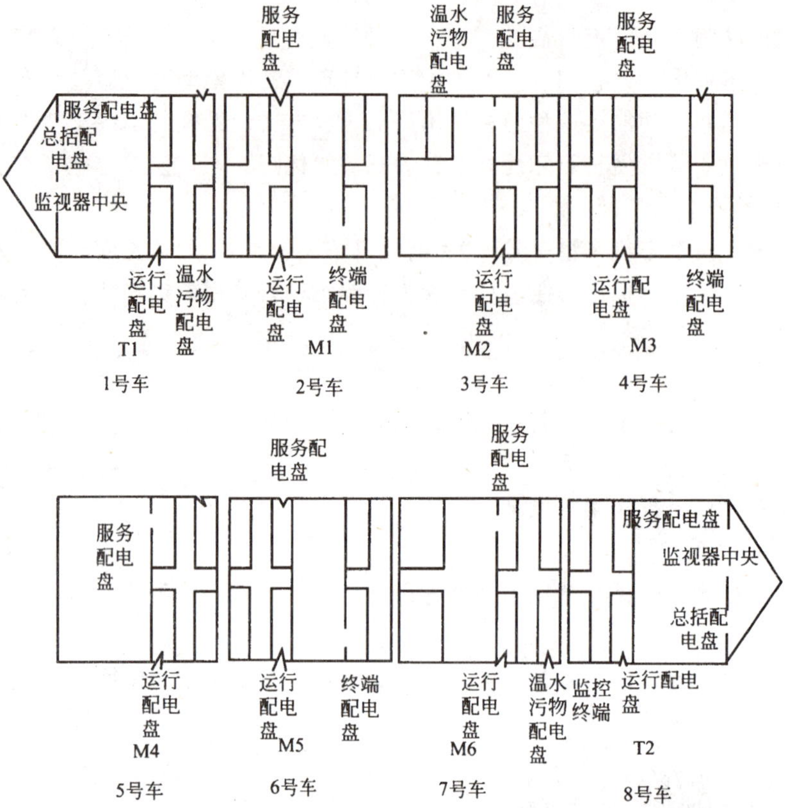

图 2-96

2、6 号车（M1、M5）及 4 号车（M3）一位车厢侧安装运转配电盘，上部安装输出功放、主故障显示灯，下部安装继电器盘；3 号车（M2）、7 号车（M6）后位车厢侧安装运转配电盘，上部安装主故障显示灯，下部安装继电器盘；5 号车（M4）后位车厢侧安装运转配电盘，上部安装主故障显示灯、配电盘横侧安装车端断开装置，下部安装继电器盘。

服务用配电盘中，布置了相关空气调节装置、送排气装置、照明、自动门和各显示器的 NFB（脱扣开关）、空调显示设定器、外部电源用连接器等。

1 号车（T1）二位端通过台客室侧及 8 号车（T2）一位端通过台车端侧安装服务配电盘，上部安装空调故障显示灯，下部安装接地开关盘；2、6 号（M1、M5）车及 4 号车（M3）一位端通过台客室侧安装服务配电盘，配电盘横侧安装车端断开装置，下部安装非常启动开关盘及接地开关盘；3 号车（M2）、7 号车（M6）二位端通过台客室侧安装服务配电盘，上部安装空调故障显示灯，下部安装接地开关盘及压缩机控制用电磁接触器；5 号车（M4）二位端通过台客室侧安装服务配电盘，上部安装空调故障显示灯，下部安装接地开关盘及电磁接触器。1 号车（T1）、5 号车（M4）二位端通过台车端侧安装监视器终端装置，下部安装温水污物配电盘；3 号车（M2）一位端通过台车端侧安装监视器终端装置，下部安装温水污物配电盘；2、6 号车（M1、M5）及 4 号车（M3）前位客室侧安装监视器终端装置，下部安装饮水机供水配电盘、控制功放，接触器盘；7 号车（M6）后位安装布置了温水器、污物处理装置、水泵（抽水）装置、坐便器、盥洗室等的 NFB 和水量计等的温水污物配电盘。

服务配电盘为双开门式，对于操作频度高的空调显示设定器，以操作方便为目的来考虑安装位置。各种配电盘门，均采用闭锁方式。

二、服务设备

为保证车辆轻量化，车内结构采用轻量化、模块化设计；为提高乘坐舒适性，车体结构采取隔热、隔音降噪措施。

动车组设 VIP 观光区、一等座车及二等座车，以满足运送中短途旅客的需要，其中 1 号车（T1）和 8 号车（T8）为带观光区的二等座车，3 号车为带 VIP 包间的一等座车，4 号车为带残疾人使用设施的一等座车，其余为二等座车。

车内设施及配置主要包括车内设备件、车内供水供热及配电盘设备，设备件主要包括客室座椅、行李架、内部门等设施；车内供水供热主要包括了开水炉、车内卫生间、盥洗室和小卖部等设施；配电盘设备布置车辆控制用的开关、继电器、接触器等电气元件及控制装置。

（一）观光区布置

1 号车及 8 号车端部靠近司机室部位各设置一个观光区。观光区主要设置了观光区边柜、VIP 座椅、观光区沙发，观光区布置参见图 2-97。

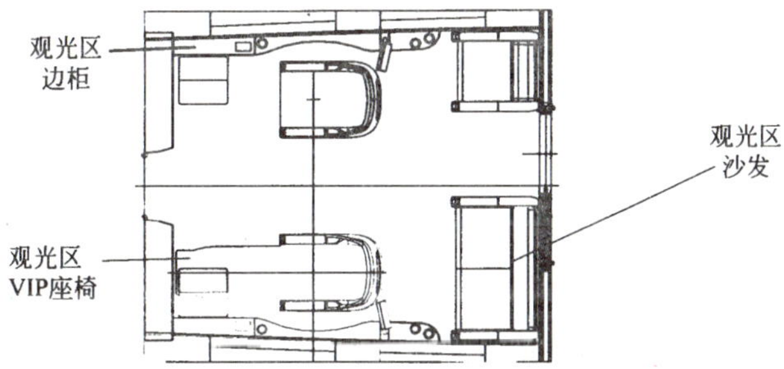

图 2-97　观光区布置图

1. 观光区边柜

CRH380A 型动车包含两节端车（T1/T2），每节端车包含两组观光区功能柜，且互为对称，见图 2-98。

功能柜由翻板桌、电视转臂、功能柜立面及桌板组成，可将桌板打开或折叠，桌面必须平稳缓和的打开或折叠，供餐饮或娱乐使用；

电视机柜可通过手动操作进行折叠、旋转实现电视的取出和收回。

(1) 折叠桌使用说明

折叠桌骨架运动原理如下：

①收起过程。由图 2-99 位置手动向上抬起 A 端，桌面安装架/活动部分绕可动转轴向上旋转，B 端沿固定导轨向下移动，同时可动转轴在桌面安装架的活动导轨内向下向内翻转，最终桌面安装架正面向内贴合于固定座内且与固定座立面平行并自锁。

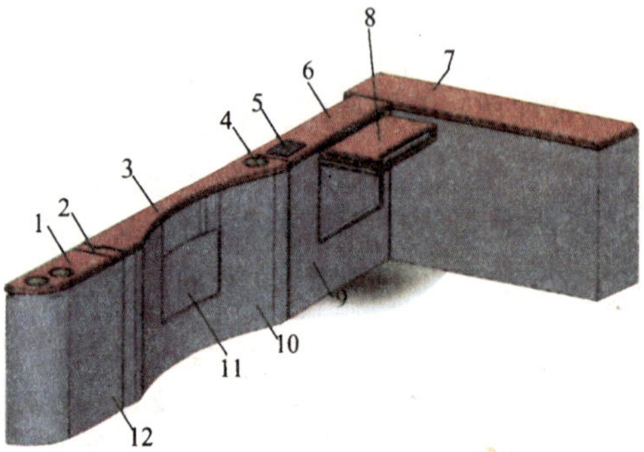

图 2-98　观光区功能柜

1—电视翻盖（大）；2—电视翻盖（小）；3—圆弧台面；4—杯托；5—控制面板；6—台面 01；7—电器柜上台面；8—折叠桌；9—前部墙裙；10—圆弧墙裙；11—书报栏；12—后部墙裙（内含折叠电视）

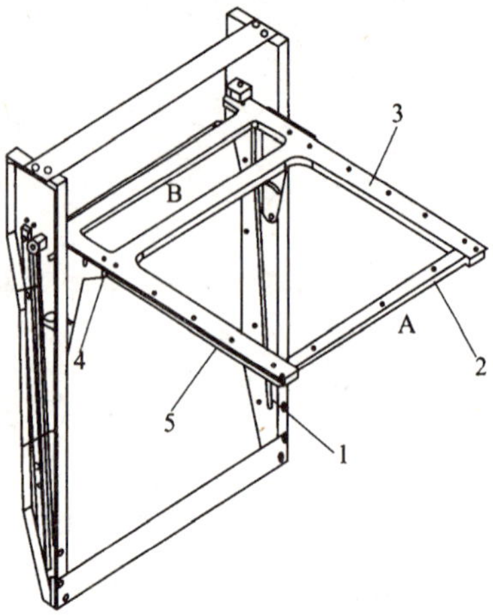

图 2-99　折叠桌骨架运动示意图

1—固定导轨；2—桌面安装架/活动部分；3—正面；4—可动转轴；5—活动导轨

②展开过程。手动向外拉活动部分 A 端，在弹簧作用下，桌面安装架 B 端自动延固定导轨向上移动，同时桌面安装架绕可动转轴向外向上旋转，桌面安装架逐渐外伸，最终展平并自锁。

（2）折叠座使用说明

桌面通过螺钉安装到桌面安装架正面，反面安装装饰板，展开时桌面在上装饰板在下，收起时桌面在内装饰板在外，起到实用美观效果，见图 2-100。

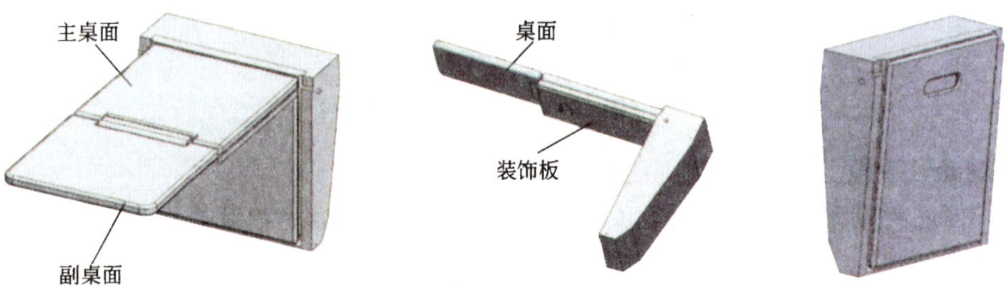

(a) 展开图1　(b) 展开图2　(c) 折叠状态图

图 2-100　折叠桌展开、折叠示意图

折叠桌展开步骤：拉开装饰板⟶拉出放平主桌面⟶展开副桌面。

折叠桌收起步骤与展开相反。

（3）电视机使用说明

通过绕 x、y、z 轴的旋转实现电视机屏幕的展开与收起，电视机收起时，隐藏在台面以下，电视机构盖板装有合页可以打开关闭参见图 2-101。

展开过程：逆着坐标轴方向看，收起时状态⟶绕 z 轴逆时针旋转 90°⟶绕 y 轴顺时针旋转 90°⟶绕 x 轴逆时针旋转 90°⟶展开时状态。

收起过程与展开过程相反。

2. 观光区隔断

观光区隔断为新开发产品，用于头车司机室与观光区之间，既能起到划分区域的作用，又能为乘坐在观光区区域内的旅客提供不同的服务；旅客可通过调节玻璃透光度，达到观光或隐私的目的。

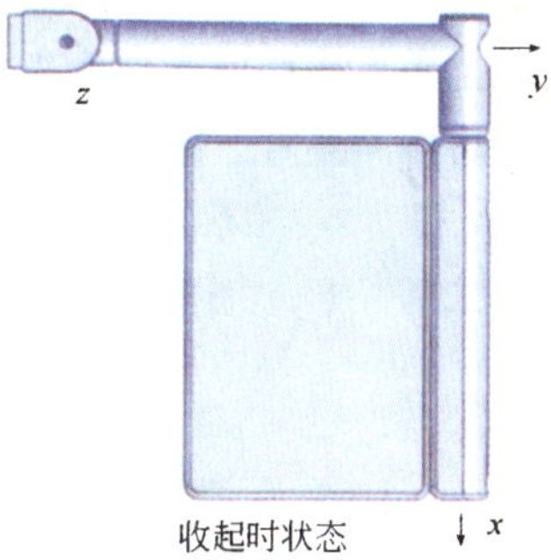

图 2-101　电视机转臂示意图

（二）VIP 包间布置

为了满足旅客需求，在 3 号车二位客室端部设置了 VIP 包间，包间内设置 4 个 VIP 座椅及两个茶桌，布置见图2-102。

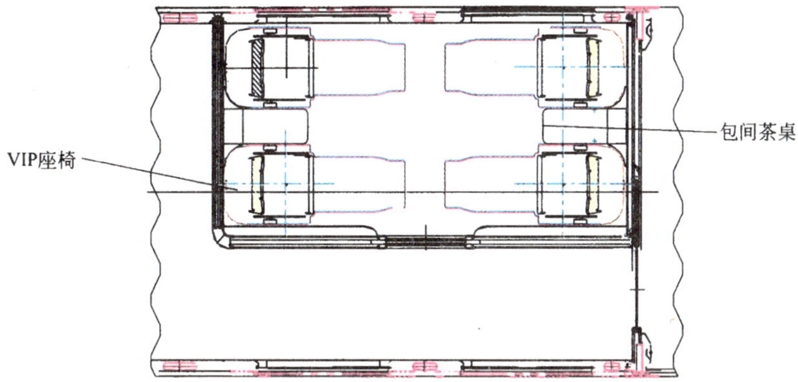

图 2-102　VIP 包间布置

（三）客室座椅

一等车客室设 2+2 宽幅软座座椅；二等车客室设 2+3 软座座椅；观光区及 VIP 半包包间设置了 VIP 座椅。一、二等车座椅均采用可旋转 180°的结构，使乘客总是可以面对行车方向乘坐。座椅的可旋转结构充分体现了人性化设计，提高了乘坐舒适度。座椅靠背可由个人手动控制从 8°～30°（二等车座椅从 0°～24.5°）任意角度轻松调节和锁定，而且保证靠背的倾斜不会干扰后面的活动空间。各座椅都设有供乘客使用的小桌，且侧窗窗台设有放置饮料瓶的台面。一、二等车的座椅外形见图 2-103。

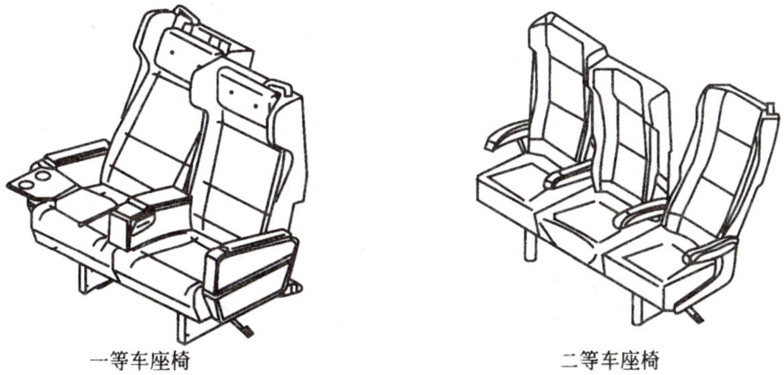

图 2-103　一、二等车座椅外形图

1. 二等车座椅

二等车座椅间距设为 1 000 mm，设置为 2+3 的结构，通道宽度确保在 600 mm。座椅靠背带倾斜装置。座椅面料为绒头毛线。另外，为了防止从坐垫和靠背的间隙往底座内插入垃圾，设有座椅罩。

二等车座椅的各部位名称见图 2-104。

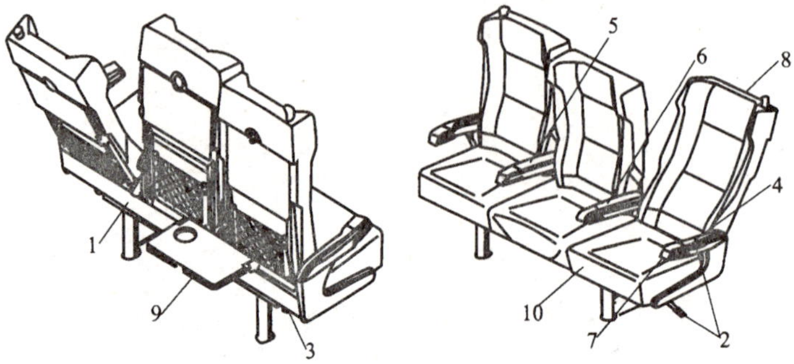

图 2-104　二等车座椅的各部位名称图

1—后部罩壳；2—底架；3—台框；4—侧扶手；5—中扶手（带按钮）；6—中扶手（无按钮）；7—倾斜装置；8—靠背；9—靠背小桌板；10—坐垫

2. 一等车厢座椅

一等车座椅布置间距为 1 200 mm，采用 2+2 座椅布置形式，过道宽度为 600 mm。座椅的设计充分考虑了轻量化。脚踏为背面弹动、双停止位置、转动翻出方式，可适合不同乘客使用。端部座椅的脚踏和杂物兜安装在客室端部墙壁上。座椅侧扶手设有内置式的可折叠小桌，中间扶手设置了耳机插孔，见图 2-105。

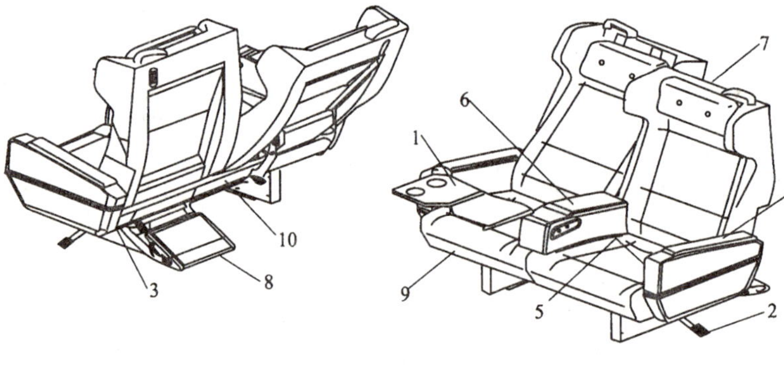

图 2-105　一等车厢座椅各部位名称图

1—小桌板；2—底架；3—台架；4—侧扶手；5—倾斜装置；6—中扶手；7—靠背；8—脚踏；9—坐垫；10—后部罩壳

3. VIP 座椅

功能 VIP 系列座椅使乘客能舒适乘车。其根据人类环境改造学理论进行设计，使乘客能获得舒适的乘坐体验。座椅温馨的颜色设计和高档的座椅皮套，为乘客空间创造了舒适的行车氛围，VIP 座椅见图 2-106。

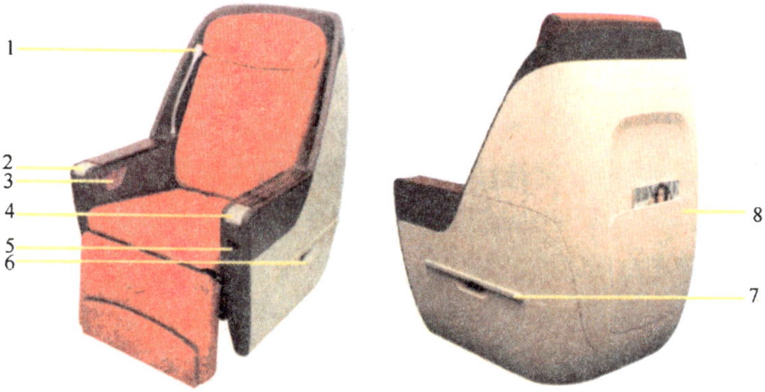

图 2-106 VIP 座椅示意图

1—阅读灯；2—餐桌板；3—控制面板；4—视频系统；
5—电源；6—旋转拉索；7—防擦条；8—杂志袋

（四）旅客行李存放处

1. 行李架

行李架采用铸铝托架、前后型材、夹层圆弧钢化玻璃、双拉杆结构，见图 2-107。

更换玻璃时需拆卸行李架后型材压条。

2. 车上物品存放处

在通过台处设置放置手持行李的空间，中间设置隔板。另外，在地板上设置了门槛。

大件行李存放区。在通过台处设置放置手持行李的空间（1 号车二位端、2、3、6、7 号车的一位端，4 号车一、二位端，8 号车的一位端），中间设置隔板。

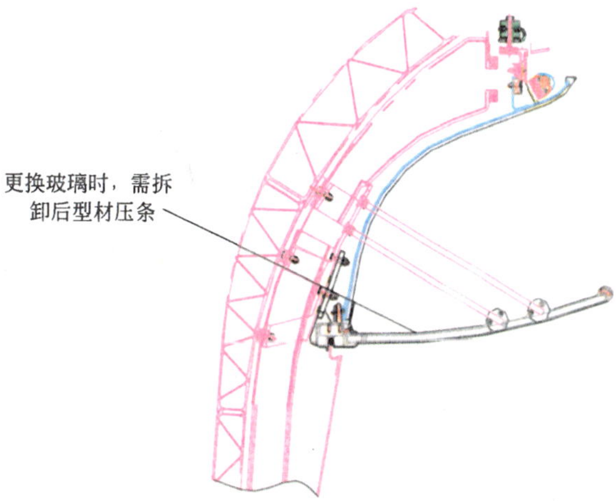

图 2-107 行李架结构图

（五）餐饮休闲设备

1. 餐饮、休闲区

与 5 号车的小卖部相邻设有餐厅。餐厅配备 4 张固定桌子、两个二人座椅、两个四人座椅、两个单人座椅，供旅客就座餐饮。

与餐厅相邻的走廊设走廊扶手、吧台、吧桌、靠吧等设施，供乘客休息使用。

2. 配餐室、厨房设备

动车组的 5 号车二位端设有配餐室。配餐室内设有提供冷、热链配餐的厨房设备。厨房设备主要包括洗池模块、操作台模块、加热区橱柜及微波炉和小推车模块、冷冻冷藏及保温模块。

3. 供水、供热水区

开水炉控制电路主要由 8 位单片微处理器及外围数字电路、脉冲驱动电路、水位传感器、逆变器、温度传感器、稳压电源、指示灯、继电器及控制进水的电磁阀等部分组成，在微处理器的程序作用下，能根据水箱水位的变化，控制电磁阀的开/关，逆变器的启/停，进行断水保护、缺水自动进水、水位显示等功能，并且当逆变器发生过流、过热等异常情况时自动保护停机，等恢复正常且延时一段时间后再启动逆变器，另外微处理器能根据逆变器输出的电流、电压相位信号调整工作频率，使逆变器工作在最佳谐振状态。电开水炉具有自动保温、水位控制、二次保护（防干烧）、放开水控制、漏电保护等控制功能。

冬季寒冷季节，在列车长期停放或停运期间，须对电开水炉内存水排空，操作方法如下：

(1) 打开电开水炉室检查门。

(2) 打开电开水炉中部检查门，打开 3 个排水阀，进行排水，水排尽以后，阀门恢复关闭状态。

(六) 服务室设备

1. 乘务员室

乘务员室设置了办公桌、转椅和电器柜。办公桌设置了抽屉，方便文件等的放置，办公桌和电器柜均采用康贝特板外贴防火板制作，此外，乘务员室还安装了扬声器架和备用灯架，在配电柜门子上还设置了衣帽钩。

2. 机械师室

在 5 号车设置了机械师室，在室内设置了办公桌、转椅和电器柜，办公桌设抽屉，材质为康贝特板外贴防火板。

(七) 旅客信息系统

1. 广播系统

CRH_{380A} 型动车组广播系统参照 EMU300 广播联络装置设计，以 LON 网络作为依托平台，实现了以下主要功能：司机与司机之间的专线联络通话；司机与乘务员之间的联络通话；乘务员之间的联络通话；通话可以被强插或监听；提供一路通话通道，可以多方同时通话；通话权限可以通过软件进行设定；司乘人员对全车进行广播；司乘人员对定点车厢进行广播。

广播功能可以通过软件进行设定以下内容：与车上 MON 之间的通信；MON 对广播的控制；自动报站和手动报站；对系统内的设备状态进行监视，故障自动报警；系统采用模块化设计，各功能相同的装置之间可以完全互换，功能的不同由软件设定。

2. 系统主要功能

(1) 控制放大器（C. AMP-380EMU）

全车共设有 9 台控制放大器，除 5 号车设有两台外，其余的每车厢 1 台。各个控制放大器的外形尺寸、安装尺寸以及所用的接插件完全相同。控制放大器实现的功能是：网络通信功能、全体通话功能、通话的强插及监听功能、广播功能、定点广播功能、音量调节功能、权限设定功能、地址设定功能、状态显示功能和 MON 接口。

(2) 输出放大器（P. AMP-380EMU）

全车共设有 8 台 P. AMP，每个车厢一台。所有输出放大器的外形尺寸、安装尺寸以及所用接插件均完全相同，其主要功能是输出驱动、MON 控制功能、输出区域控制。

(3) 自动广播装置（PAU-380EMU）

全车在 7 号车内设有 1 台自动广播装置。自动广播装置要完成的功能是：网络通信功能、触摸屏、自动报站功能、手动报站功能、收音机广播功能、备用输入广播功能、音量调节功能、手动设定功能、广播优先级、广播控制功能、MON 接口、网络监视和诊断功能。

(4) 车门音声控制器(DSC-EMU)

全车在每个车厢里各设有一个车门音声控制器，当接收到来自左右门开闭继电器的信号时，将控制并输出开关门的提示声音，声音模式采用与 EMU200 相同的模式。

(八) 影视系统

影视系统采用集中播放和控制的形式，车厢内各液晶屏独立播放影视内容。

1. 系统组成

全列共 8 节车，其中 3 号、4 号车厢为一等车，1 号、8 号车厢为带观光区的二等车，5 号车厢为餐车，2 号、6 号、7 号车厢为二等车。

影视系统在每节车厢均有影视系统箱，其中餐车配有 1 台影视系统主机箱，二等车每车厢各配有 1 台影视系统设备箱，一等车每车厢各配有 1 台影视系统设备箱。影视系统监视屏是系统的管理中心及数据存放中心，通过列车干线以太网络(干线以太网络带宽 100 M)将流媒体音视频信号非实时的发送到各车，由干线网络交换机车内网络(网络带宽 100 M)传送到各液晶屏的播放板加以存储，液晶屏播放板具有能够存放至少两套节目的缓存，播放节目由缓存中读取，同时，非实时地从列车干线以太网络接收将要播放的下一套节目。

2. 系统功能

系统功能根据座席级别的差异不同。

(1) VIP 座席

VIP 座席能通过 VIP 座椅扶手上的娱乐单元自主选择欣赏本机存储的音视频节目，并能够通过该娱乐单元访问列车网络系统，进行信息查询、网页浏览。

(2) 一等座席

一等座席能通过座椅音频娱乐单元选择收听 MP3、视频伴音、收音机音频；通过车厢配置的电视收看视频节目，并能够通过自备笔记本电脑访问列车网络系统，进行信息查询、网页浏览。

(3) 二等座席

二等座席能通过车厢配置的电视收看视频节目，通过乘客区扬声器收听视频伴音、背景音乐或收音机音频。

5 号机械师室设影视系统监视屏，对全车的影视系统进行统一管理，同时影视系统监视屏通过 RS485 总线与广播系统通信，进行收音机系统位置与频点的设定、背景音乐的播放控制，对播出的公共音视频节目进行预览、监视、监听等。同时，影视系统监视屏设 USB 口，通过该通信口可实现影视主机内节目及播表的更新。影视系统监视屏设置管理界面，乘务员或维护人员通过该界面对全列影视终端进行集中管理。

全列车连接成一个以太网络，作为影音节目和管理的传输平台。

当广播系统进行全列车背景音乐广播时，该指令由 5 号车厢机械师室内的影视系统监视屏通过 RS485 总线通知广播系统播放背景音乐，播放的音源为 MP3 或 FM 节目，同时通过列车干线以太网络总线控制 1～8 号车影视系统将全车扬声器转为广播状态，但是 1、8 号车观光区内 VIP 座椅耳机不进行广播切换，一等车座椅耳机不进行广播切换。

系统在实现乘客影视娱乐的基本功能外，兼顾实现与列车广播系统的切换对接。当进行人工或自动广播播放时，音频切换为广播内容，视频继续播放，扬声器和耳机系统播出广播内容。广播结束后，音频自动切换为原来的状态。

（九）给水卫生系统

CRH380A型动车组每车均设置给水系统，分为车上水箱供水系统及车下水箱供水系统两种方式，其中2号、4号、6号车配置400 L车上水箱，5号餐车配置700 L车下水箱，其他车配置400 L车下水箱，均采用电动水泵供水为卫生间便器与水阀、盥洗室水阀、电开水炉供水。

动车组在1号、8号车均设有一个坐式卫生间，2号、3号、4号、6号、7号车均设有1个坐式卫生间和1个蹲式卫生间，除5号车外每车均设有1个盥洗室，供乘客盥洗、卫生使用。卫生系统采用Monogram真空集便系统收集来自便器的污物，盥洗等废水通过水封排至车外。

1. 坐式卫生间

二位侧坐式卫生间门为拉门。门是从内侧能够锁上的结构（外侧为暗锁，能从外面打开实施救援）。坐式卫生间为男女共用，采用真空保持式便器。

坐式卫生间采用整体FRP形式，安装了色理石台面、按压延时洗手装置、便器冲洗按钮、紧急呼叫按钮、座垫盒、扶手、镜子、便纸支架等。作为消臭对策，便器为真空保持式。当按压便器冲洗按钮时，便器排污管内抽真空，将污物吸入车下中转箱内并且在便器部分设置了瓣阀防止污物箱内的臭气回流。在卫生间顶部增加了开孔，为卫生间提供新风；卫生间内通过排气格栅持续排气时，卫生间内的气压与风道内的气压相比为负压。

残疾人卫生间的拉门设置了按钮式的自动门，卫生间内安装了坐便器、婴儿尿布床、可折叠扶手等。

坐式便器使用清水高压冲洗，分为两次冲洗，首次冲洗耗水不超过0.4 L/次，二次冲洗耗水不超过0.2 L/次。在便器的排污口设置有密封用蝶阀，通常为“关闭”状态。为减少污物的附着，便器内表面采用特殊聚四氟乙烯涂层。

2. 蹲式卫生间

蹲式卫生间门为内侧能够锁上的结构（外侧为暗锁，能从外面打开实施救援）。蹲式卫生间内安装了真空保持式蹲便器，便盆为不锈钢制品，外表面抛光处理。

作为除臭对策，便器为真空保持式，设置了瓣阀防止污物箱内的臭气回流，卫生间内设置了废排隔栅。

蹲式便器便斗采用不锈钢材质，冲洗为使用清水高压冲洗，分为两次冲洗，首次冲洗耗水不超过0.4 L/次，二次冲洗耗水不超过0.2 L/次。在便器排污口设置有密封用蝶阀，通常为“关闭”状态。为减少污物的附着，便器内表面采用特殊聚四氟乙烯涂层。

3. 排污系统

卫生系统采用Monogram独立控制式真空集便系统收集来自便器的污物，车上盥洗废水通过排水管路经车底水封装置排至车外。

真空集便系统主要由污物箱（含中转箱及真空发生器）、便器、水增压器、气动控制单元、电气控制单元、管路等组成。各便器独立工作，便器与中转箱之间一一对应，用风控制各自独立。

按动便器冲洗按钮，真空发生装置开始工作，中转箱内真空度达到设定值后，水增压单元提供压力水冲洗便器，便器蝶阀打开，污物在负压作用下进入中转箱，蝶阀关闭，水增压单元提供压力水对便器进行二次冲洗，水增压单元补水，1次冲洗循环结束。当便器连续使用设定次数（6次）或中转箱内污物达到设定液位时（约7 L），系统会向中转箱注入正压空气，污物在正压的作用下进入污物箱。

第八节　CRH380B 型动车组车内主要设备设施

CRH380B 型动车组是通过技术引进、消化、吸收再创新完成的自主创新产品，该动车组以 CRH3 型动车组技术为基础，以京津、武广试验及运用实践积累经验为依托，以“高速列车国家科技支撑计划”实施为支撑，在持续高速运行安全可靠性前提下，满足长编组、大运量需求。

CRH380B 车型车种定义体现新一代高速动车组自主创新和速度特征。

CRH　380　B　6401　L

- L——编组数量代码，L 表示长编组，8 辆编组不标号
- 6401——制造序列代码，新一代统一以 6 字开头，64 为唐山厂生产
- B——B 型表示唐山厂／长客新一代高速动车组
- 380——时速特征代码，体现最高运营时速 380 km
- CRH——中国高速铁路动车组简称

一、基础设备

（一）概　　述

1. 定员配置

全列车定员共 1 004 人，编组方案见表 2-17。

表 2-17　CRH380B 型动车组车厢定员配置表

车号	1	2	3	4	5	6	7	8	9	10	11	12	13	14	15	16
编组方案	一等	一等	VIP	一等	二等	二等	二等	二等	餐车	二等	二等	二等	二等	二等	二等	一等
定员（人）	22+9	29+4	24	56	71	80	80	80	38	80	80	80	80	80	80	22+9

2. 各车型布置介绍

（1）一等头车

①头车设置 VIP 观光区及 VIP 包间。

②设 VIP 服务区及卫生间。

③一等座席区与 VIP 区分区服务。

一等头车布置图见图 2-108。

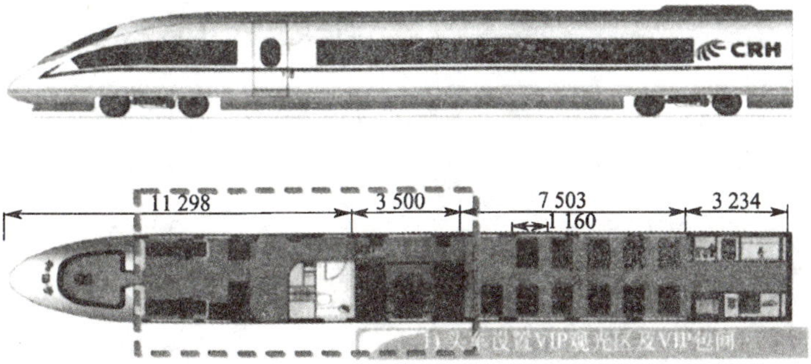

图 2-108　一等头车布置图（单位：mm）

(2) 带半包间一等头车

①6 人商务半包间：适合于小型商务团队。

②4 人 VIP 半包间：适合于小型团队乘客。

③17 个一等座席。

带半包间一等头车布置图见图 2-109。

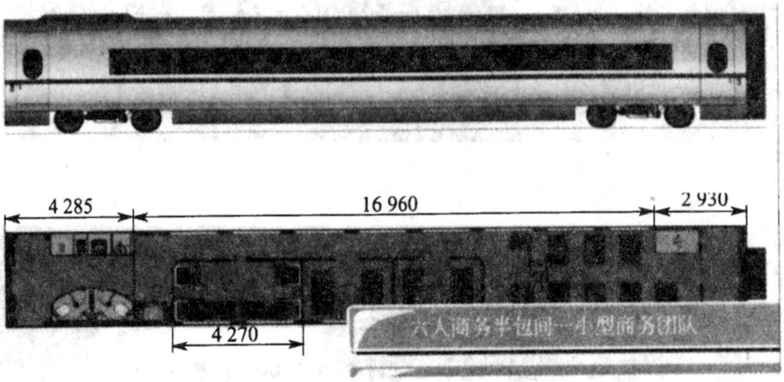

图 2-109　带半包间一等头车布置图（单位：mm）

(3) VIP 车

①2+1 个 VIP 座席区。

②VIP 个性化设施：影视、娱乐、卫生、服务。

VIP 车布置图见图 2-110。

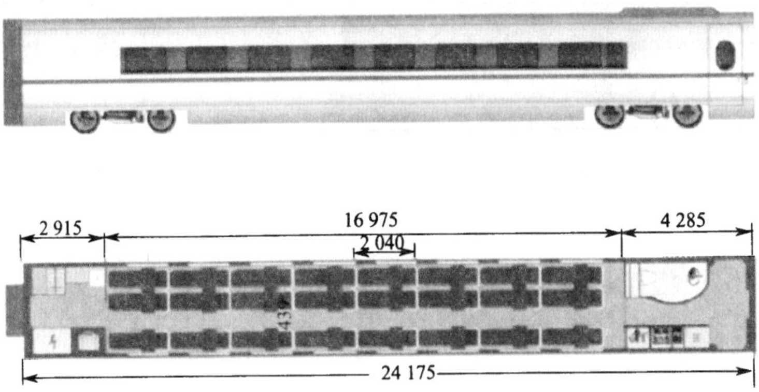

图 2-110　VIP 车布置图（单位：mm）

(4) 一等座车

①一等座席 2+2 座椅布置。

②影视系统。

一等座车布置图见图 2-111。

(5) 二等座车

①2+3 座椅排布。

②标准卫生设施、增设影视系统。

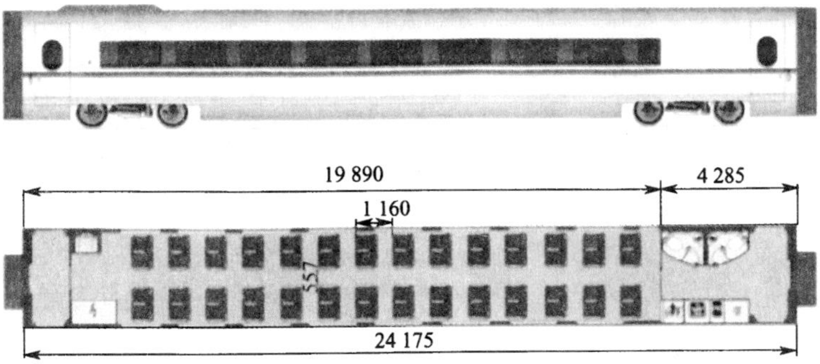

图 2-111　一等座车布置图（单位：mm）

二等座车布置图见图 2-112。

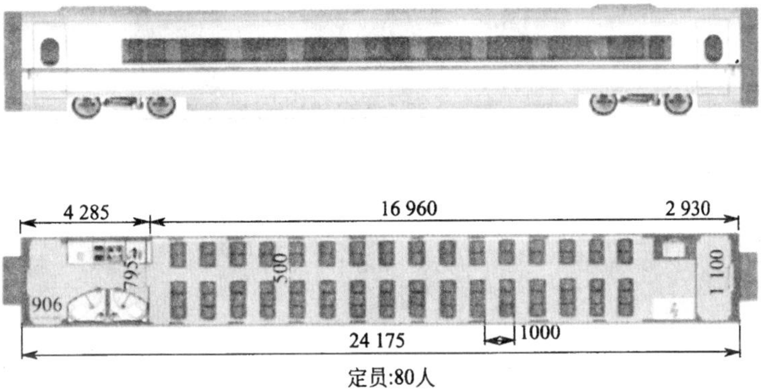

图 2-112　二等座车布置图（单位：mm）

（6）餐座合造车

①大供餐能力厨房。

②独立乘务员室。

餐座合造车布置图见图 2-113。

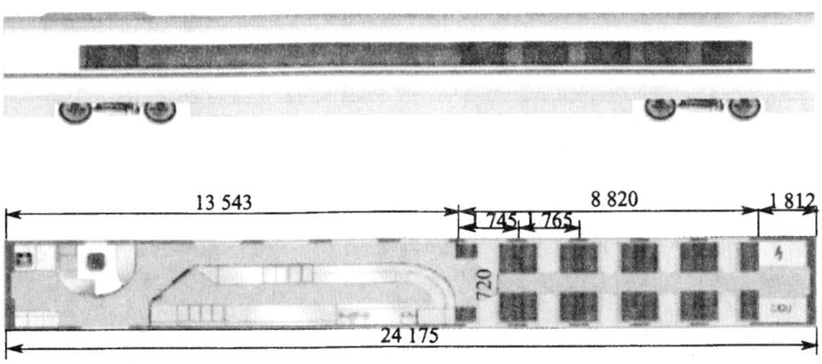

图 2-113　餐座合造车布置图（单位：mm）

VIP、一等车、二等车、餐车内景图见图 2-114。

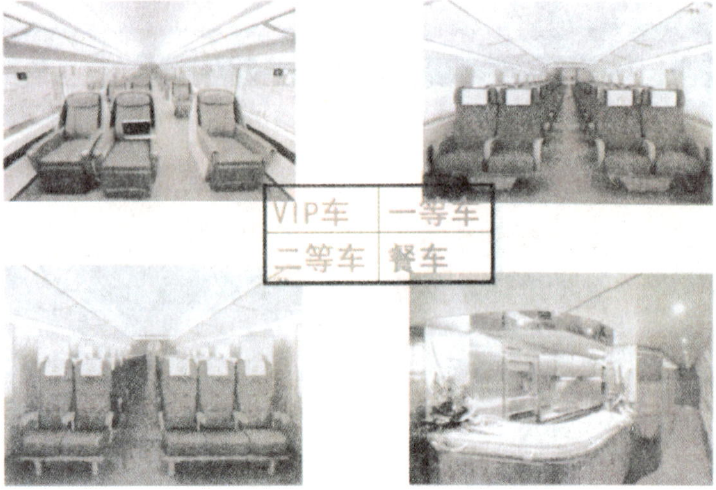

图 2-114　VIP、一等车、二等车、餐车内景图

(二) 内装结构通用化设计

为满足乘客舒适性需求，新一代高速动车组在考虑普通乘客乘坐的同时，增设了 VIP 区域，增加了旅客乘坐舒适性。二等卫生间、各车门、相同区域灯具均分别采用相同结构，对外接口尽量统一。

标准化、系列化设计示意图见图 2-115。

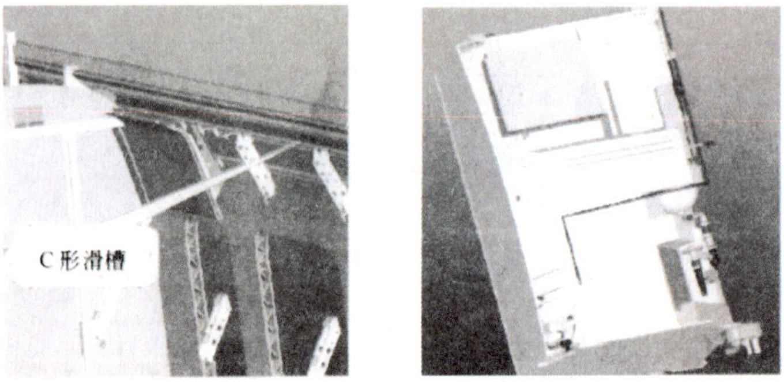

图 2-115　标准化、系列化设计示意图

1. 观光区

(1) 服务需求

乘坐：乘客休息时灯光可调，小件行李存放空间；

餐饮：乘客餐饮时的餐桌设置；

办公：座位附近设置电源插座及工作桌（台）；

娱乐：影视设置以及书报架的设置；

呼叫：呼叫服务功能设置。

(2) 整体布置

观光区设控制面板、杯托、折叠桌、电视、呼叫服务功能，整体布置见图 2-116、图2-117。

观光区服务台设可以放耳机、报刊等的储物兜，抽拉式的小桌板可以为坐在后方的旅客

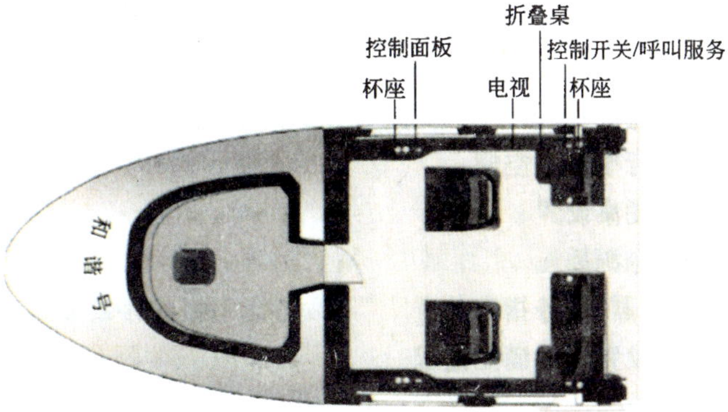

图 2-116　观光区整体布置示意图

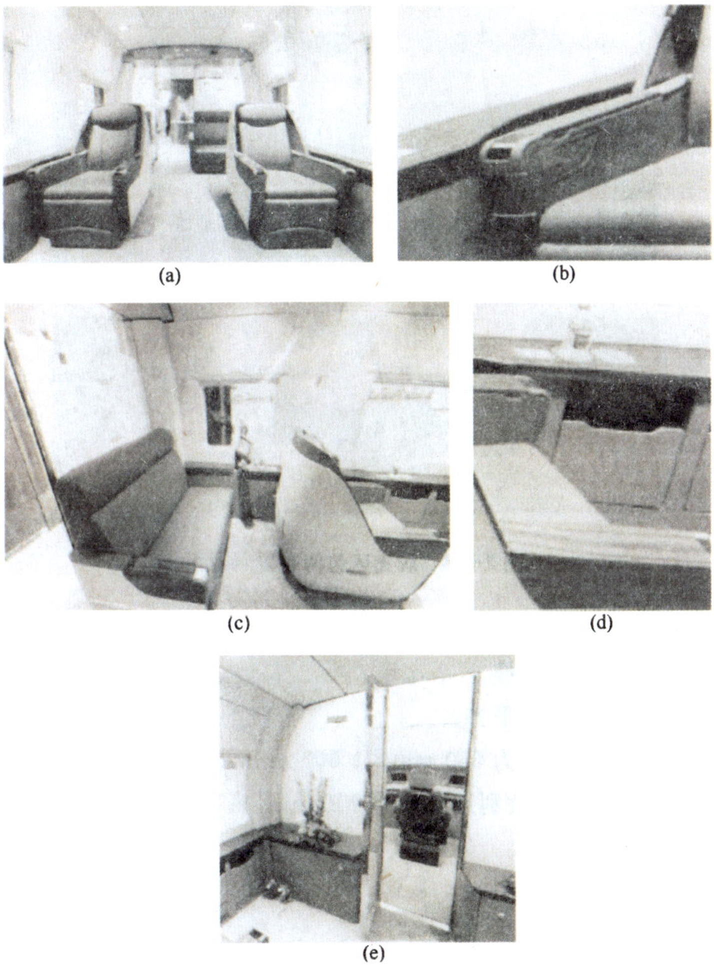

图 2-117　观光区整体布置实景图

提供方便，同时电视系统为旅客长时间的旅程增加了乐趣。

司机室后墙采用电控液晶雾化玻璃，通透性可随意控制，提高了乘坐的舒适度。

观光区更加人性化的设计，使乘坐的旅客在观光区欣赏风景同时，得到更加舒适的服务。

2. 包间布置

(1)服务需求

乘坐休息:沙发转换为卧铺,便于休息,乘客休息时灯光可调;

行李存放:设置小件行李存放空间;

餐饮:乘客餐饮时的餐桌设置;

办公:座位附近设置电源插座及工作桌(台);

娱乐:考虑耳机、遥控器、服务指南的存放需求,考虑书报的存放方式;

呼叫:呼叫服务功能设置可以满足需求。

(2)整体布置

包间内设 VIP 沙发、茶桌、电视、阅读灯、门帘、服务呼收按钮等设施。观光区包间布置示意图见图 2-118。

包间设置为乘客的办公、娱乐、休息提供了良好条件。

图 2-118 观光区包间布置示意图

VIP 包间沙发功能特点:

①乘坐功能到平躺功能的转换。

②两侧扶手可下沉至与铺面平齐。

③VIP 沙发座垫的有效尺寸为 650 mm×1 600 mm。

④VIP 沙发转换成床后,有效利用尺寸为 900 mm×1 950 mm。

⑤VIP 沙发蒙面为纺织面料。

VIP 包间沙发示意图见图 2-119。

3. 半包间方案

(1)服务需求

乘坐休息:设 VIP 座椅或一等座椅;

行李存放:设置行李架及茶几;

餐饮:乘客餐饮时的餐桌设置;

办公:座位附近设置电源插座及工作桌(台);

图 2-119　VIP 包间沙发示意图

娱乐：设置座椅电视或车顶电视。

(2)整体布置

设一个 VIP 包间，两个一等包间。

包间间壁高度为 1 600 mm，既保证了一定私密性，又有一定的开放性。

半包间整体布置示意图见图 2-120。

图 2-120　半包间整体布置示意图

4. 客室布置

(1)VIP 客室方案

乘坐休息：设 VIP 座椅；

行李存放：设置行李架；

餐饮：乘客餐饮时的餐桌设置及服务台；

办公：座位附近设置电源插座；

娱乐：设置座椅电视。

(2)整体布置

客室内的墙板设计风格与整车协调，侧墙板加装饰条，设 VIP 座椅。服务区设衣柜、操作台，洗池。操作台上设微波炉等设施。

客室整体布置见图 2-121。

(三)动车组厨房使用及维护说明

CRH_{380B} 型动车组厨房的设计，根据时速 350 km 动车组运行时间 4～5h 的情况，正餐的

(a)

(b)

图 2-121　客室布置实景图

供餐能力按一、二等定员的 50%、VIP 定员 100%来考虑,即 479+46=525(人)。餐食形式考虑到常温链食品口感较差,时速 350 km 动车组的正餐餐食以冷链和热链为主,常温链作为备份。餐食运输、储藏、冷藏、保温均采用标准储物箱,实现集成化、模块化、标准化装配,便于地面及时、准确保障工作。CRH380B 型动车组厨房见图 2-122。

以下按照细分单元分别说明各单元在使用和维护过程中应注意的问题。

1. 小车柜单元

小车柜单元中,上部安装电气柜,下部配有四辆小推车,见图 2-123。

(1)电气柜只由专职人员才能打开或操作控制面板上的按钮和开关;

(2)列车运行中,小车柜搭扣在任何时候都必须向下锁定挡住小车,以避免小推车失控摔出(对于加热单元中设置的两辆小推车应作同样的处理)。

图 2-122　厨房实景图

图 2-123　小车柜单元示意图

1—小推车柜体;2—小推车;
3—电气控制柜;4—小车搭扣

2. 保温柜单元

保温柜是专为食品保温在 60～110℃正常温度范围内设计的,每个保温柜内部每一侧都有 3 个搁架支座,加热装置位于其下部,可以打开保温柜的柜门进行维护。保温柜的控制面板设置在保温柜的温控器面板上。

保温柜单元示意图见图 2-124。

3. 加热单元

(1)微波炉和烤箱的使用必须遵循各自的使用规范。

(2)抽屉及储物柜撞击锁必须锁定,以免意外打开造成人身伤害。

加热单元示意图见图 2-125。

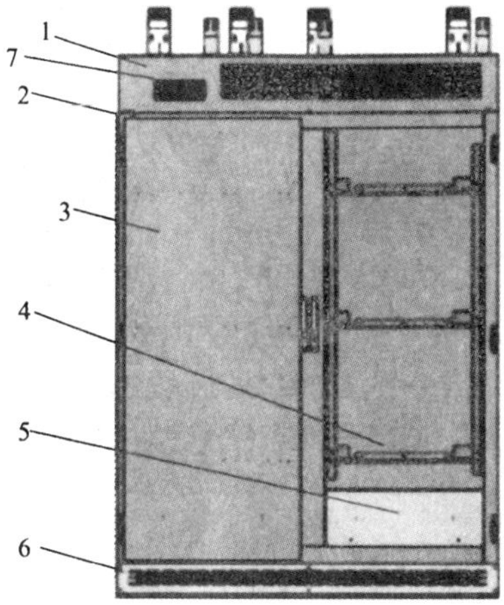

图 2-124 保温柜单元示意图

1—温控器面板;2—柜体;3—柜门;
4—搁架;5—加热单元;
6—底座;7—控制面板

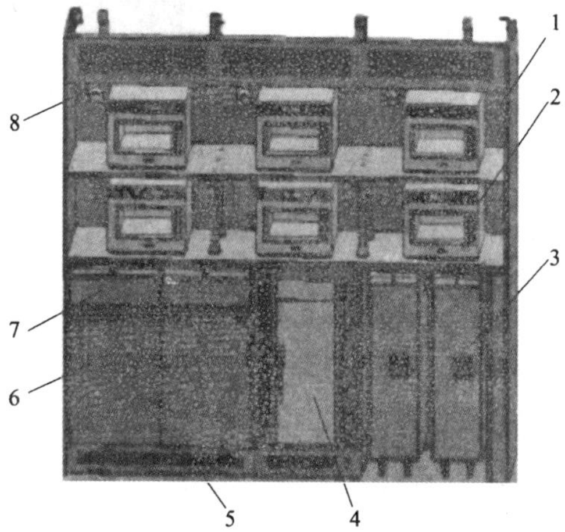

图 2-125 加热单元示意图

1—加热模块柜体;2—微波炉;3—小推车;
4—电烤箱;5—热排风;6—储物柜;
7—抽屉;8—电源插座

4. 清洗单元

清洗单元包含开水炉和消毒柜,对应于水槽部位的两个柜门起装饰及检查门的作用,水槽旁的操作台面可以用来配制或准备食物,这个区域利用工作区灯照明。吊柜门和废物抽屉上都装有撞击锁紧机构,滑入废物抽屉或关闭吊柜门时,其锁定机构必须卡住锁定,以避免意外打开造成人身伤害。

开水炉和消毒柜应按照厂家的使用说明书进行使用和维护。

清洗单元示意图见图 2-126。

5. 展示柜单元

展示柜是专为饮料等冷却到 2～8 ℃温度范围内设计的,展示柜玻璃门展示柜内装 3 个搁架,下部设置抽屉,展示柜顶部装有一个 LED 灯;制冷机组位于下部,可以从厨房一侧接触到进行维护。

展示柜单元示意图见图 2-127。

6. 吧台单元

吧台单元包含上下两个色丽石台面,在此区域工作人员可以向旅客提供食品和饮料;装在柜台内部的灯带为吧台区提供照明并起装饰效果。吧台区扶手除了为在此接受餐饮服务的顾客提供安全保障外,还起装饰作用。

同样,储物柜和废物抽屉上都装有撞击锁定机构,关闭储物柜门或滑入废物抽屉时,撞击锁弹簧卡销锁定机构必须卡住锁定。

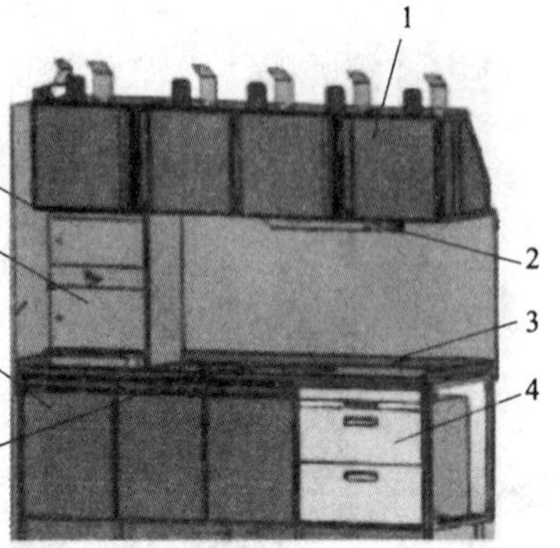

图 2-126　清洗单元示意图

1—吊柜;2—工作区照明灯;3—清洗单元工作台面;
4—消毒柜;5—水槽;6—带垃圾箱废物抽屉;
7—开水炉;8—间壁

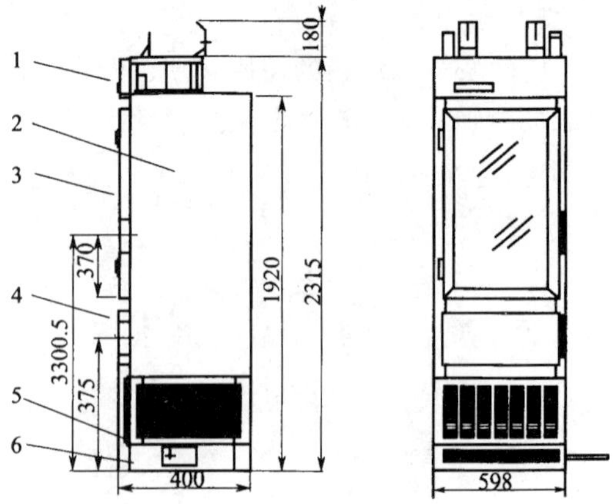

图 2-127　展示柜单元示意图(单位:mm)

1—温控器面板;2—柜体;
3—柜门;4—抽屉;
5—制冷机组;6—底座

吧台单元示意图见图 2-128。

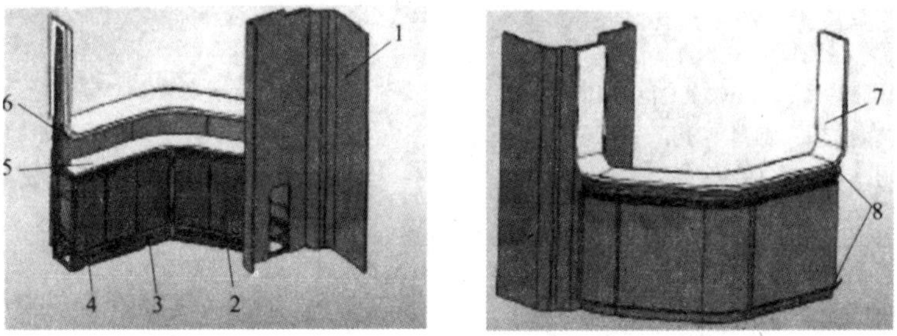

图 2-128　吧台单元示意图

1—安装箱板;2—储藏柜;3—热排风;4— 带垃圾箱废物抽屉;
5—色丽石工作台面;6—灯带;7— 色丽石上台面;8—铝型材扶手

7. 柜台单元

柜台单元作为工作台使用,两个插座可以为电器设备供电;储物柜和吊柜可以用来存放食物等东西,上部配置了一盏 LED 照明灯;带垃圾箱抽屉用来存放垃圾;热排风通过底部踢脚板的出气口格栅吹入厨房区,格栅后面的出气口箱与空调供风风道相连接。

柜台单元示意图见图 2-129。

8. 冷藏单元

冷藏单元包括两台冷藏箱和一台冷冻箱。

制冷单元中冷藏箱是专为食品等冷却到 2～8 ℃温度范围内设计的,冷藏箱内部每一侧都有 3 个搁架。制冷机组位于上部,可以从厨房一侧接触到进行维护。

制冷单元中冷冻箱是专为食品等冷冻到－18～－14 ℃温度范围内设计的,冷冻箱内部每一侧都有 3 个搁架。制冷机组位于上部,可以从厨房一侧接触到进行维护。

冷冻柜示意图见图 2-130,冷藏柜示意图见图 2-131。

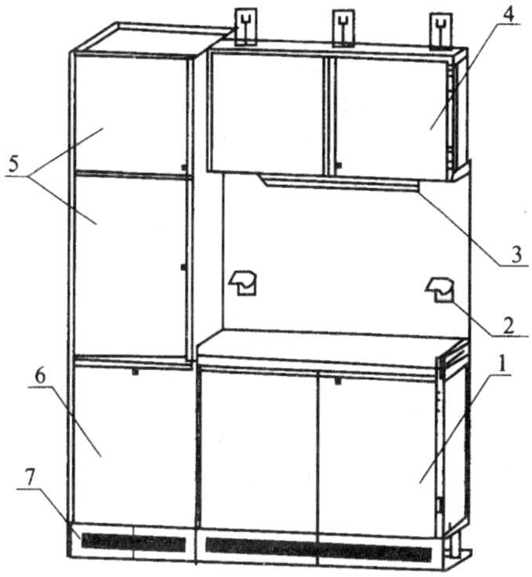

图 2-129　柜台单元示意图

1—储物柜；2—电源插座；3—工作区照明灯；4—吊柜；5—储物柜；6—带垃圾箱废物抽屉；7—热排风

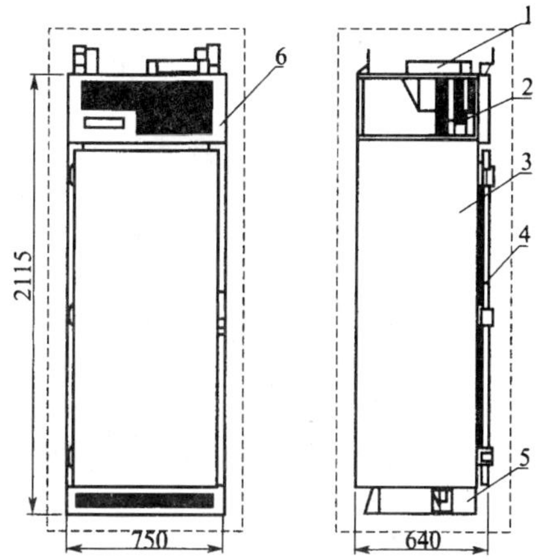

图 2-130　冷冻柜示意图

1—排风口；2—制冷机组；3—柜体；4—柜门；5—底座；6—温度器面板

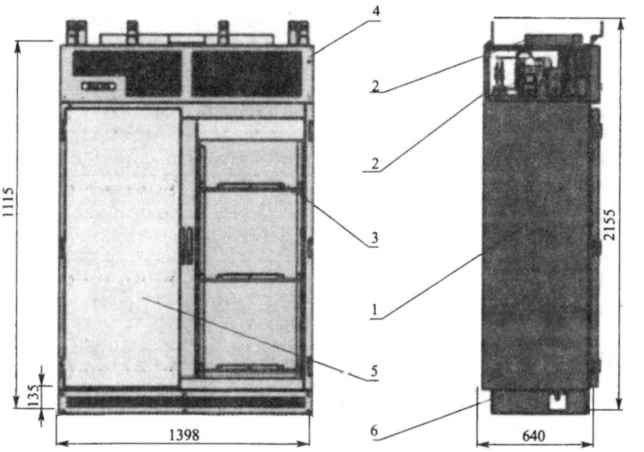

图 2-131　冷藏柜示意图(单位：mm)

1—柜体；2—制冷机组；3—搁架；4—温度器面板；5—柜门；6—底座；7—排风口

二、服务设备

(一)座　　椅

1. VIP 座椅

VIP 座椅可实现由坐姿到半躺、平躺状态的一键转换功能，也可无级调节，也可在断电情况下实现手动复位；坐姿时可使用茶桌；座椅的任意姿态均可使用阅读灯及影视系统；设呼唤按钮；座椅在列车调向时可实现 180°旋转。

VIP 座椅实景图见图 2-132，VIP 座椅参数见表 2-18。

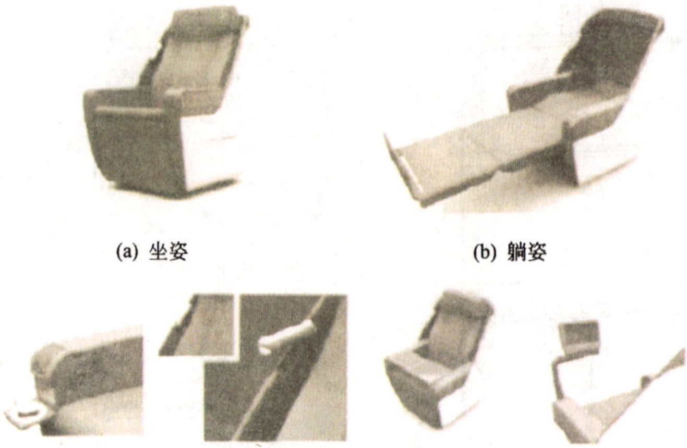

(a) 坐姿　　(b) 躺姿

(c) 杯托　　(d) 阅读灯　　(e) 茶桌　　(f) VEU显示屏

图 2-132　VIP 座椅实景图

表 2-18　VIP 座椅参数

名　　称	参　数	名　　称	参　数
单人座椅宽度	740 mm	双人座椅宽度	1 515 mm
座宽	540 mm	扶手宽度	100 mm
平躺长度	1 880 mm	平躺整椅长度	1 944 mm
座椅可躺角度	176°	坐姿躺姿转换时间	35 s
列车提供电源	DC110 V AC230 V	驱动机构电压	DC28 V
		驱动电机功率	250 W
电源插座额定功率	100 W		

2. 一等客室座椅

一等客室座椅设计引入了 UIC566《客车车体及其部件的载荷》标准，改进了活动部件安装结构，提高了座椅强度、刚度。每个座椅上设笔记本电脑用电源插座。

一等客室座椅见图 2-133。

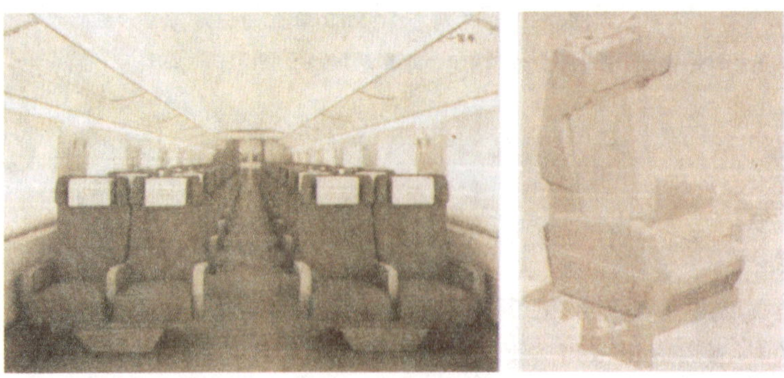

图 2-133　一等客室座椅示意图

3. 二等客室座椅

二等客室座椅设计也引入了 UIC566《客车车体及其部件的载荷》标准，改进了活动部件安装结构，提高了座椅强度、刚度。每个座椅上设笔记本电脑用电源插座。

二等客车座椅见图 2-134。

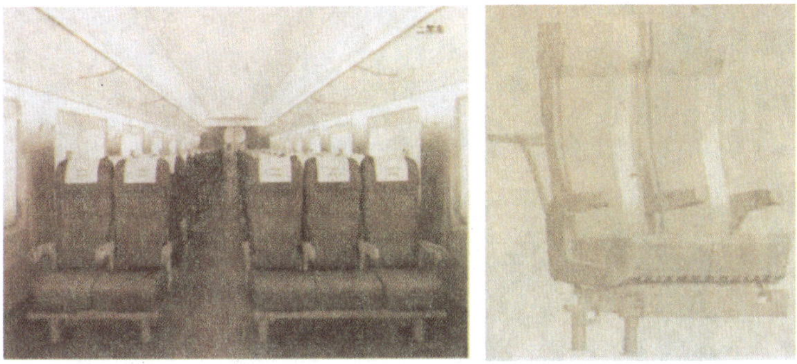

图 2-134　二等客室座椅示意图

(二)饮水装置

CRH380B 动车组在 TC02/TC07/TC10/TC15、VC03、IC06/IC08/IC11/IC14、FC04/05、SC12/SC13、EC01/16 车的车端设置电热开水器，根据安装位置不同，分为 A 型和 B 型，A 型电热开水器安装在 EC01/16、FC05 车，其检修门在炉体右侧(面向开水炉面板)；B 型电热开水器安装在除 09 车外的其他中间车，其检修门在炉体左侧(面向电热开水器面板)。

电热开水器具有缺水保护功能，在列车运行过程中，所有控制自动进行，当机器出现故障或列车供水水箱缺水，干烧信号灯闪烁，电热开水器会自动停止烧水。烧水箱和储水箱分开，生水与开水绝无混合，提供纯正开水。当电热开水器环境温度＜4 ℃或＞45 ℃，电热开水器自动处于保护状态，并停止工作。饮水机加装了除垢装置，延长了电热管及水箱的维修保养周期。电热开水器设置排水按钮，在列车到达终点后，按压按钮能自动打开排水电磁阀，水经底部管子流出。电热开水器通电条件下，电热开水器可以在整个列车运行期间，保持水温＞80 ℃。

电热开水器应用前先确保供水箱内有水，再进行通电加热。电热开水器具有缺水保护功能，开水器在列车运行过程中，所有控制自动进行，当机器出现故障或列车供水水箱缺水，干烧信号灯闪烁，开水器会自动停止烧水。面板上信号指示灯反映电热开水器的各种工作状态。

在下列 3 种情况下，电热开水炉必须进行排水：

(1)避免开水炉的损坏，在冬天当列车没有加热停放时(开水炉中的水会结冰损坏管道)。

(2)为了卫生，替换开水炉中的水(如开水炉有几天没有工作，并且之前没有排水)。

(3)为维修或维护工作排水。

(三)照明系统

(1)客室区域采用隐藏式照明，照度大于 100 lux。

(2)采用 LED 冷光源照明，可节约能源。

(3)VIP 车照明可分级控制。

(4)VIP 座椅设置阅读灯。

(5)设应急照明。

照明系统分别有 4 个单独的电路为其供电,分别为两路主照明和两路应急照明。

主照明和应急照明为冗余设计,这种结构设计能使单个的照明系统即使一路或几路电源出现故障也能够正常工作。

照明系统见图 2-135。

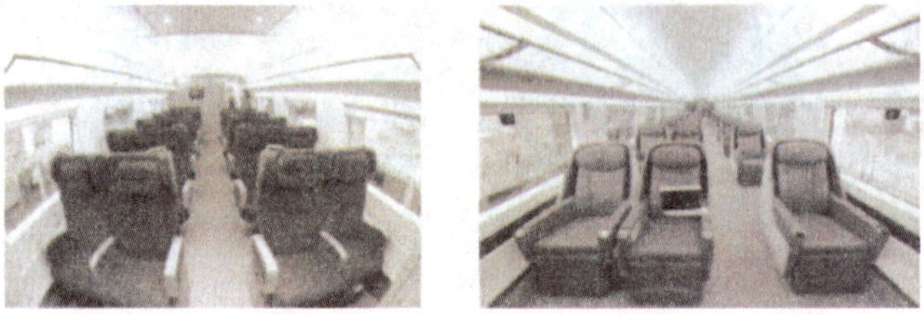

图 2-135　照明系统实景图

(四)给水卫生装置

给水卫生装置给旅客和司乘人员提供旅途的舒适和方便,是旅客和司乘人员在饮食、卫生方面不可缺少的重要装置,由给水装置、卫生装置、饮水装置组成。

全列净水箱总容量为 5 000 L,可满足一次往返运行 10 h 的供水能力。

全列污水箱总容量为 5 850 L,可以满足 4 个单程用量。

各车设开水炉。

垃圾箱总容量 850 L,可满足定员一餐后垃圾的收集。

全列卫生间的数量为 27 个,VIP 卫生间 3 个,残疾人卫生间 1 个,标准卫生间 23 个。

1. 头车卫生间

头车卫生间设置在头车 EC01/16 车上,位于通过台服务区和包间之间,可供包间、VIP 观光区的旅客使用。

头车卫生间实景图见图 2-136,头车卫生间洗池区域见图 2-137,头车卫生间结构图见图 2-138。

图 2-136　头车卫生间实景图

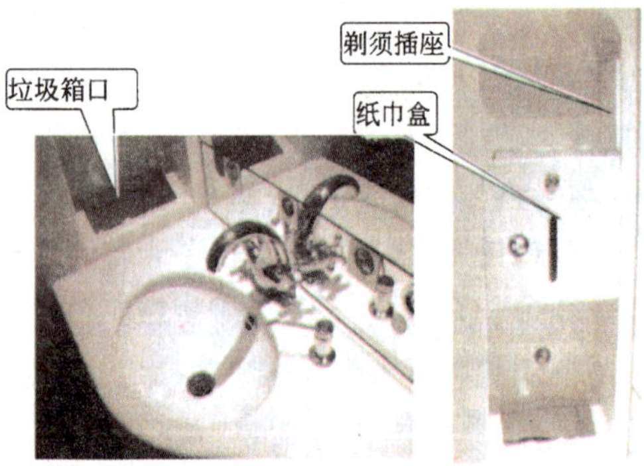

图 2-137　头车卫生间洗池区域

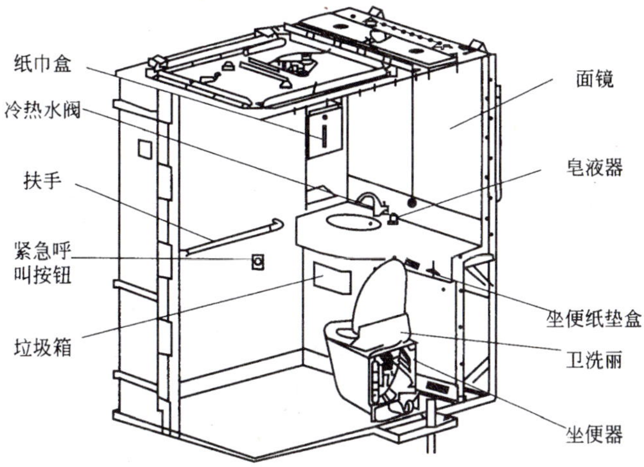

图 2-138　头车卫生间结构图

2. VIP 卫生间

VIP 卫生间设置在 VC03 车上，设计理念为旅客提供五星级宾馆卫生设施，设有卫洗丽、冷热水阀等卫生设施。

VIP 卫生间见图 2-139、图 2-140。

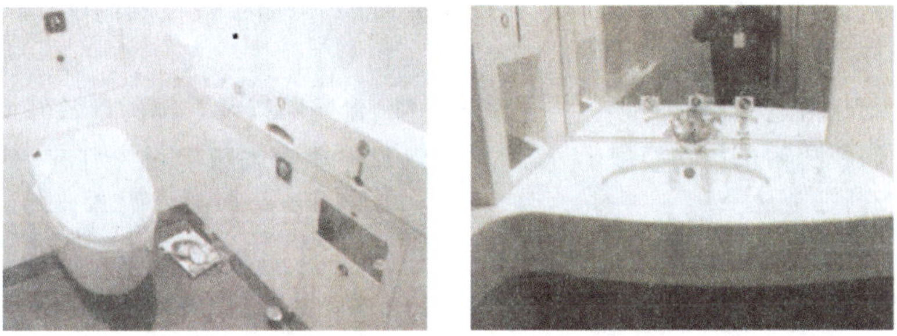

图 2-139　VIP 卫生间实景图

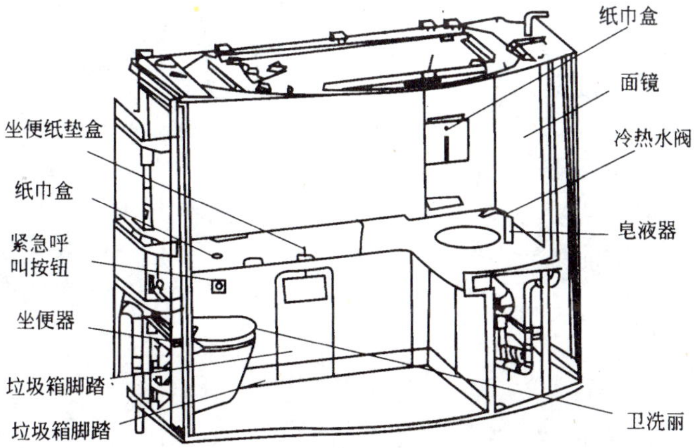

图 2-140　VIP 卫生间结构图

VIP 和车头卫生间均设热水器，为了保证水阀的出水量，在温水箱之前设置了增压泵和稳压器。

VIP 卫生间增压泵、稳压器、加热器见图 2-141。

图 2-141　VIP 卫生间增压泵、稳压器、加热器示意图

3. 通用卫生间

一等 5 号车卫生间采用通用卫生间和标准卫生间两种组合形式，通用卫生间其最大的特点是内部空间大，内部设施可以满足坐轮椅的旅客使用，采用按钮控制的电动门，整个模块的设计更具人性化。

通用卫生间包括地板、墙板、顶板、门、洗手系统、坐便器以及内部的设备件组成。

通用卫生间拉门采用按钮控制的电动门，在门口左侧内墙板上设置打开、关闭、闭锁按钮的控制器，在门口左侧外墙板上设置“打开”按钮。通用卫生间拉门见图 2-142。

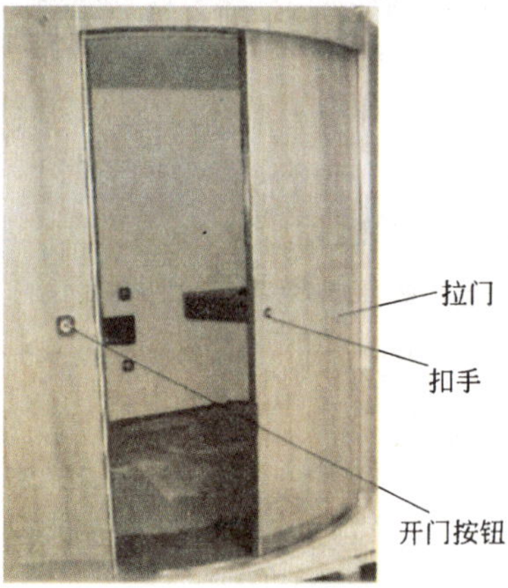

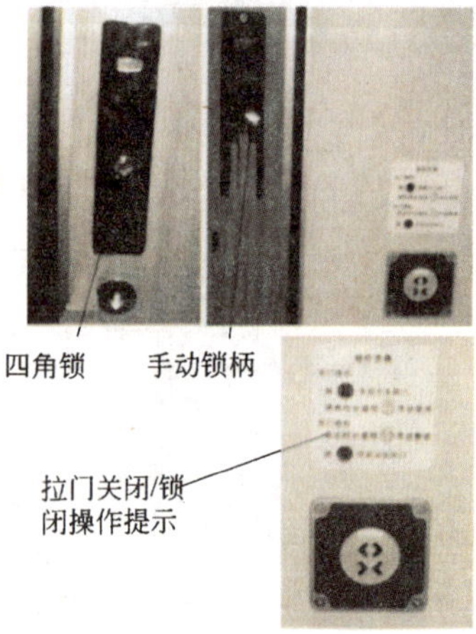

图 2-142　拉门

通用卫生间外部，拉门的左边有“开”按钮，在拉门上有一个方形钥匙操作的锁，遇到紧急情况时，该锁可以关闭门的控制系统，并可以打开通用卫生间拉门。

通用卫生间内部，门右侧有一个开/门关按钮，拉门上有一个手动锁。

在通用卫生间侧墙的手纸盒侧有一个呼叫按钮，当残疾人旅客在卫生间内摔倒或有突发事件发生时，可以按下紧急呼救按钮向列车员报警。如有旅客按下紧急按钮，但本人又无法再打开卫生间的门，列车乘务人员可用方形钥匙从外面打开卫生间解救受困旅客。

通用卫生间的门控器控制门的3个关闭程度的传感器：10%、90%、100%。当门关闭到10%时，如果检测到门口有物体，门会再次打开；当门关闭到90%时，门停止片刻再达到100%的关闭状态，从而减轻门体与门限位的冲击。

卫生间内的婴儿尿布更换台，为带小孩的乘客提供方便。

通用卫生间洗手器台面按照UIC 565-3标准预留出从下面可以通过残疾人轮椅的空间，方便残疾人洗手，废水通过压力保护装置直接排向车下。

通用卫生间内部示意图见图2-143。

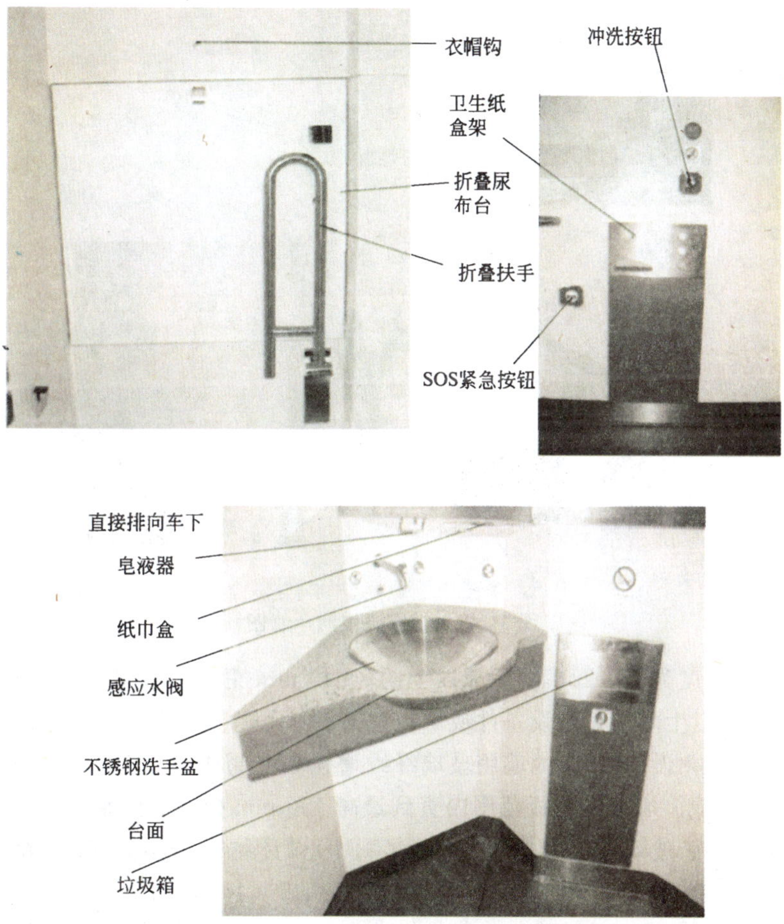

图2-143 通用卫生间内部示意图

4. 标准卫生间

CRH380B动车组在TC02/TC07/TC10/TC15、FC04、IC06/IC08/IC11/IC14、SC12/SC13

中间车上设置采用标准卫生间模块组合。

标准卫生间采用模块化设计，卫生间地板、墙板、洗手系统、坐便器等集成为一个模块，减少了卫生间与车上接口，而且接口形式简单，便于安装与调整。标准卫生间分为左右件，右件作为卫生系统的主模块(卫生系统的主控制板安装在此间里)，左件作为辅件；左右件外部轮廓和内部设施完全一样，两个模块对称布置在车上。

标准卫生间模块由地板、墙板、顶板、门、洗手系统、坐便器以及内部的设备件组成，见图2-144。

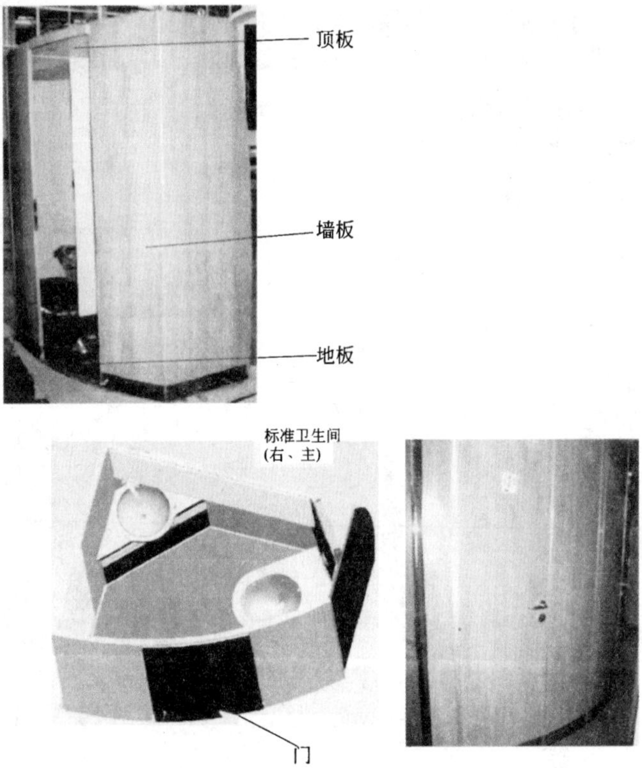

图 2-144　标准卫生间示意图

顶板：净空间高度为卫生间模块地板以上约 2 040 mm，顶板上安装方形锁和拉索，拉索可防止顶板打开后与卫生间内其他设备件或墙板碰撞。

墙板：采用轻量化设计结构，内墙用玻璃纤维增强聚酯制作的功能定型的模制件，表面光滑，外墙 HPL 板制成。墙板在地板范围内直到最高 100 mm 处都能防水。

地板：采用夹层的玻璃纤维增强塑料地板(GRP)设计结构，表面防滑耐磨地板沿与墙壁间采用防水连接条。

门：采用铰链门，橡胶门挡安装在门板上，坐便器作为门打开时的限位。门口尺寸：500 mm×1 950 mm，门锁上设有人/无人显示。门轴设计成具有防挤手功能。

(五)旅客信息系统

旅客信息系统从功能上可分为 3 个子系统，见图 2-145。

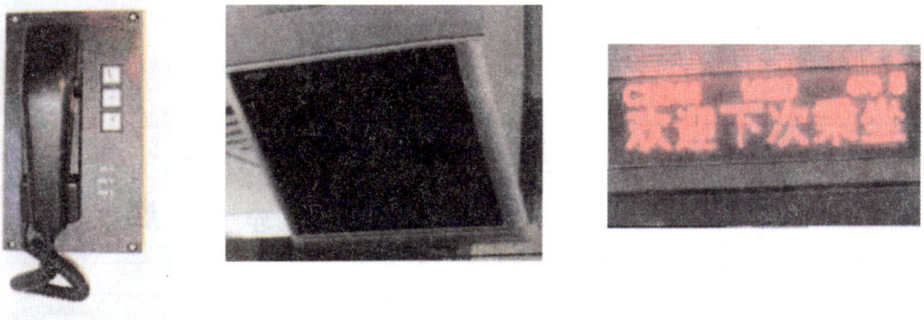

图 2-145 旅客信息系统示意图

1. 信息显示子系统

显示信息可由系统控制器的人机界面输入、编辑、存储，显示信息经由系统的数据通信总线，从系统控制器传输到车辆控制器，最终在对应车辆的内外显示器上显示。

图 2-146 信息显示子系统显示器示意图

(1)系统简介

信息显示器，见图 2-146。

每节车厢的显示系统包含：

①列车外部信息显示，靠近上车门一个，BC09 车没有外部信息显示。

②列车内部信息显示，每个入口到车厢之间的过道一个。

③显示总线，经过它 CCT 传送数据给信息显示器并且传输诊断信息到 CCT。

显示的控制可分两种不同的模式：

自动显示控制(正常模式)显示的内容依据位置(GPS)自动显示，数据由用户在 SW(列车时刻表)工具的帮助下创建，并输入到 STC 里。

手工显示控制(仅用在列车内部显示)预先定义和存储的信息可以在 PIS-MMI 上选择，可以水平的从右到左滚动显示，手动触发文本结束之后，之前活动的显示自动恢复显示。

(2)列车外部信息显示

列车外部信息显示系统在站台上告知旅客列车的终点站和车厢号码，这些信息是用 3 行文字显示的：第 1 行显示列车和车厢号码；第 2 行显示起点站；第 3 行显示终点站。3 行固定显示(不滚动)，最多只显示 3 行，并且第 1 行只显示阿拉伯数字。

列车外部信息显示见图 2-147。

如果字符所占的位置超过 1 行的像素，起点站和终点站的显示将是滚动的，显示的内容依据列车当前所处的位置。列车离开站点以后，列车外部信息停止显示，在到达另一个车站之前马上恢复显示。

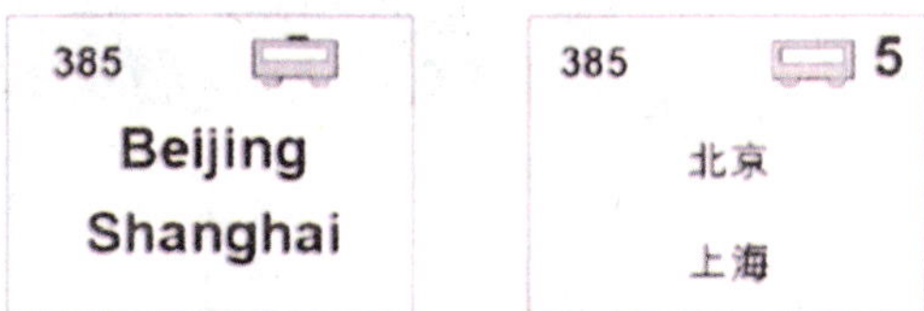

图 2-147 列车外部信息中、英文显示示意图

(3)列车内部信息显示

列车内部信息显示主要显示站点、时间、列车号码、车厢号码等。列车号码、车厢号码和时

间总是用阿拉伯数字固定的显示在上面一行，其他显示信息要么静态，要么滚动，要么交替的显示。

列车外部信息显示见图 2-148。

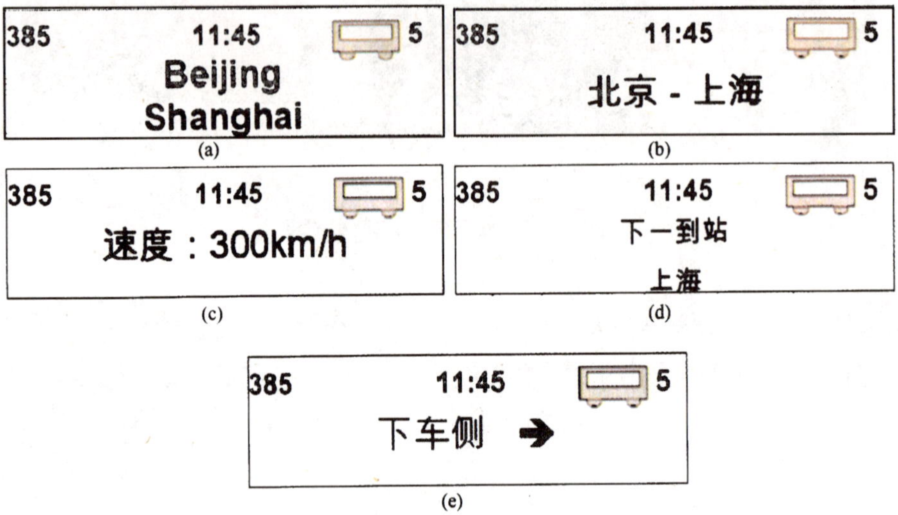

图 2-148 列车外部信息显示

2. 通告与通信子系统

扬声器安装于整个列车内，均接收同样的信号。

3. 音视频娱乐子系统

一等座椅、二等座椅的音视频节目采用集中式播放，通过音视频控制面板进行操作，能够进行选择播放列表、调节音量、即时插播等操作。音视频节目通过各车厢控制器解码输出，视频信号通过客室区车载电视公告播出，一等车音频通过座椅音频娱乐单元播出，二等车音频通过车顶扬声器系统播出。

音视频娱乐子系统见图 2-149。

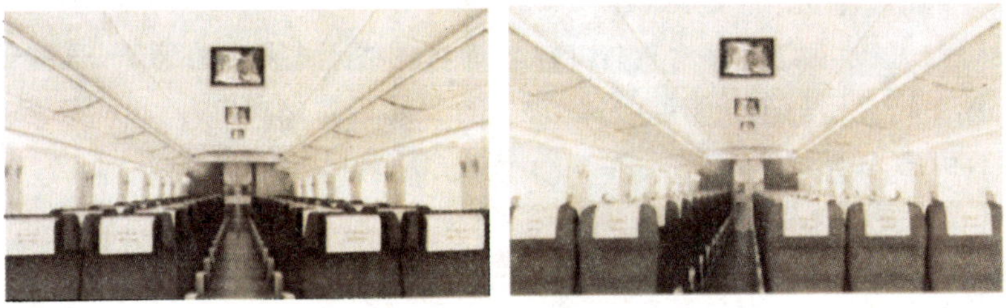

图 2-149 音视频娱乐子系统实景图

(六)紧急呼叫和紧急制动时 PIS 的反应

在残疾人厕所有一个紧急呼叫按钮，一旦被按下，将有信号输出到 MVB 上的智能外围输入输出终端(KLIP 站)，可以把信号传到 CCU 中，并经 CCU 处理后由 MVB 总线传到 PIS 的 STC 中，并由其将相应信息显示在 PIS-MMI 上。另外，一个定义过的声音将会通过扬声器在所有车厢响起，在 PIS-MMI 上的信息将会由于紧急按钮的置位而取消。

紧急制动被激活将会在 CCT 的 PIS-MMI 上显示给列车乘务区的操作人员，显示信息为“在××车厢紧急制动被激活了”，并且一个已存储的不会被打断的通告将会通过扬声器系统输出。紧急制动比紧急呼叫的优先级要高。

第九节　动车组主要安全设备

一、灭 火 器

1. 配备车型

CRH_1、CRH_2、CRH_3、CRH_5 型车上均配备灭火器。

2. 配备位置和数量

每节车厢两端分别设干粉和手提式水雾灭火器(见图 2-150)2 个，每个司机室各增设 1 个。

灭火器应由定期专业维修企业，按照国家有关规定进行检查维修，张贴维修标志，并在灭火器筒体上涂打到期时间(××××年××月到期)。干粉、二氧化碳灭火器维修期限为 1 年，水型灭火器维修期限为 3 年。

图 2-150　灭火器

3. 适用范围和使用范围

(1)干粉灭火器

由于充装干粉灭火剂不同，适用场所也不同。碳酸氢钠和碳酸氢钾干粉灭火器适用于扑救易燃液体、可燃气体的初期火灾。磷酸铵盐干粉灭火器除可扑救上述物质的初期火灾外，还可扑救固体物质的初期火灾。总之，干粉灭火器适用于扑救石油、石油产品、油漆、有机溶剂和电气设备等火灾。

使用干粉灭火器时，取下灭火器，拔掉保险销，将喷嘴对准火源根部(带软管的灭火器，要紧握软管喷嘴)压下压把，快速推进，直至将火扑灭。

(2)手提式水雾灭火器

手提式水雾灭火器可扑灭 A 类(可燃固体)、B 类(可燃液体)、C 类(可燃气体)及一般电器火灾，有效期为 3 年。该灭火器具有抗 3.6 万 V 电压的特点，是现阶段比较适合铁路电气化区段的新型灭火器。使用方法与干粉灭火器相同。扑灭电器火灾时，灭火距离不少于 1 m。灭火后处理现场时，必须切断电源。

二、紧急停车装置

(一)客室紧急制动手柄

1. 配备车型：CRH_1 型车上配备。

2. 设置位置和数量：位于每辆车的过道侧墙上。

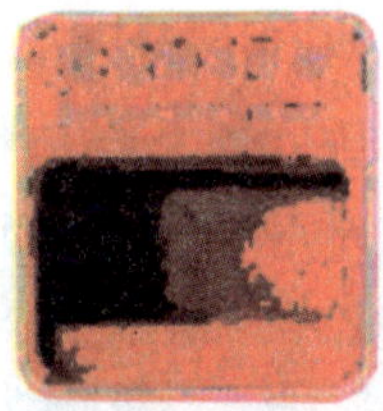

图 2-151　CRH_1 型紧急制动手柄

3. 使用时机和方法：当列车发生火灾等紧急情况需停车处理时，拉动紧急制动手柄(见图 2-151)，紧急制动即被启动，列车控制

系统自动进入以下程序:

(1)司机室“暂停乘客启动的紧急制动”按钮开始闪亮。紧急通话单元启动,司机可以和乘客或乘务员进行语音通话,以决定要采取的措施。

(2)如司机在 10 s 内按下暂停按钮,并至少保持3 s,紧急制动取消。否则,列车将自动发生紧急制动。

(二)紧急按钮、火灾按钮

1. 配备车型:CRH$_2$ 型车上配备。

2. 设置位置:设置在客室两端车厢通道的门框上方。

3. 使用时机和方法:当列车发生火灾等紧急情况需停车处理时,按下此按钮(见图 2-152),蜂鸣器报警且司机室和乘务员室的 MON 显示屏显示报警信息,司机根据情况进行停车处理。

4. 复位操作:在各车厢的配电盘内设有复位开关(见图 2-153),按下复位开关可以复位该车厢紧急、火灾蜂鸣器。

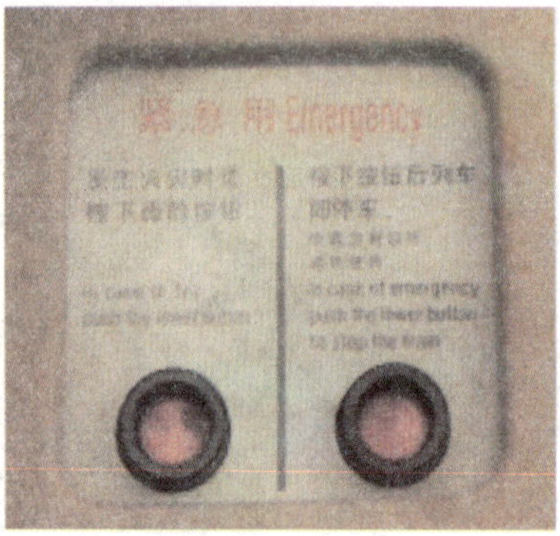

图 2-152 报警按钮(左:火灾报警、右:紧急报警)

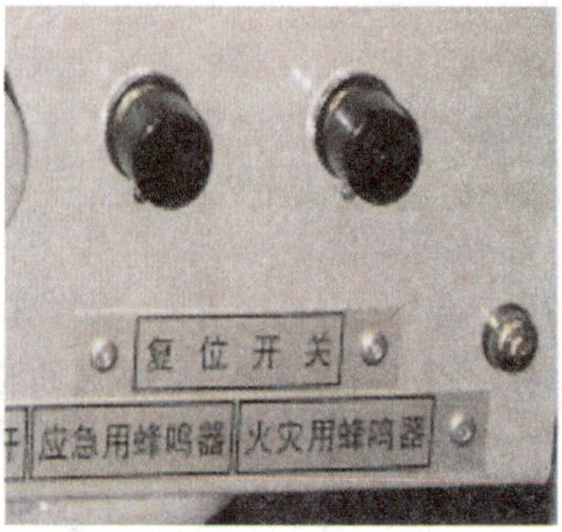

图 2-153 报警复位开关

(三)紧急制动阀

1. 配备车型:CRH$_3$、CRH$_5$ 型车上配备(见图 2-154、图 2-155)。

2. 设置位置:设在车厢内一、二位端,机械师室内 1 处。CRH$_3$ 型动车组在 1、8 车观光室和 4 车乘务室内各增设 1 个。

图 2-154 CRH$_3$ 型紧急制动阀

3. 使用时机和方法:紧急情况下需要停车时使用。使用时先打开防护罩(有的没有),不必先行破封,只需直接将手柄向下拉至底部,列车停稳后应将紧急制动阀上提复位。

(四)紧急制动拉手

1. 配备车型:时速 300~350 km 的 CRH$_2$ 型车上配备(见图 2-156)。

2. 设置位置及数量:乘务室和机械师室各 1 个,共 2 个。

3. 使用方法:当列车发生紧急情况需停车时,拉下紧急制动拉手,中途不得松手,迫使列车就地制动。其使用效果区别于车厢内紧急制动按钮。

图 2-155　CRH5 型紧急制动阀

三、紧急用梯子

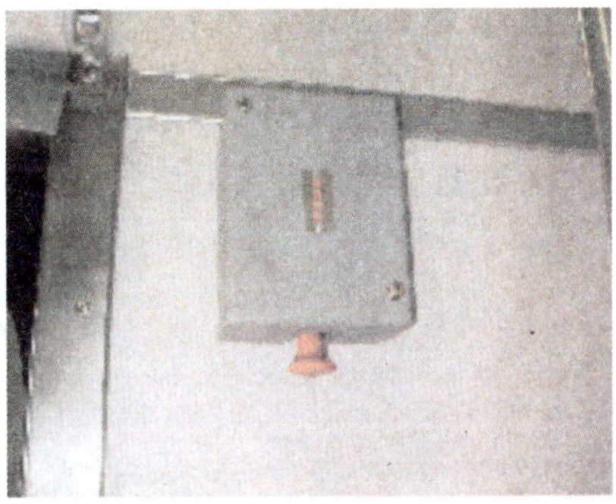

图 2-156　CRH2 型紧急制动拉手

1. 配备车型：CRH2、CRH3 型车上配备。

2. 设置位置：CRH2 型车紧急用梯子(见图 2-157)的放置在 1 号车和 8 号车。CRH3 型车紧急用梯子(见图 2-158)设置在 4 车二位端逃生梯室内。数量一套(2 架拼装式)。

3. 使用时机和方法：CRH2 型动车组紧急用梯子是在运行中的列车无法移动时，乘客从车辆上部下到地面时使用。但乘客下车时，要做好安全防护，确保安全(见图 2-159)。

图 2-157　CRH2 型紧急用梯子

图 2-158　CRH3 型紧急用梯子

CRH3 型动车组紧急用梯子自身带扶手，向上拉起，用套管将扶手固定即可。紧急用梯子可以在必要时使旅客从列车上下到站台上。它既可当作一个桥来连接停靠在旁边的列车，也可当作一个梯子从车上下到地面。

图 2-159　用紧急用梯子疏散人员

四、紧急逃生窗及紧急破窗锤

1. 配备车型：CRH1、CRH2、CRH3、CRH5 型车上均配备。

2. 设置位置及数量：每节车厢四角设有逃生窗(见图 2-160～图 2-163)，用于突发紧急情

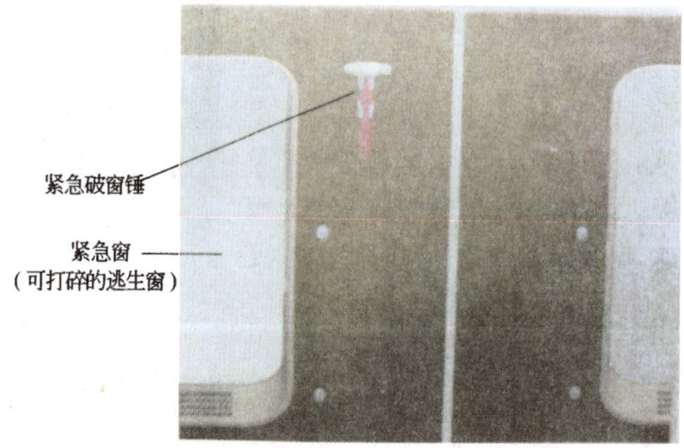

图 2-160　CRH1 型逃生窗及破窗锤

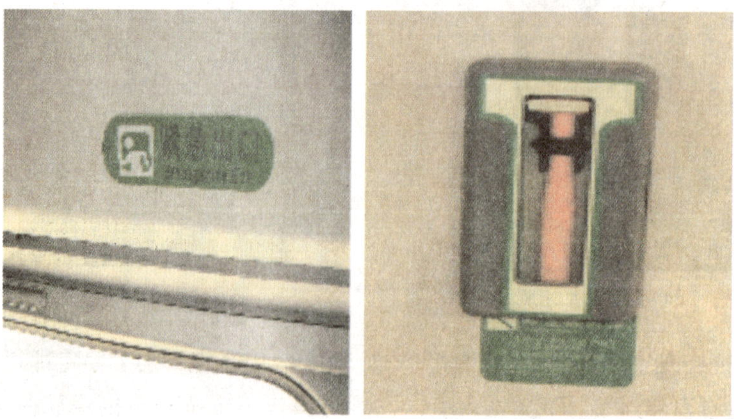

图 2-161　CRH2 型逃生窗及破窗锤

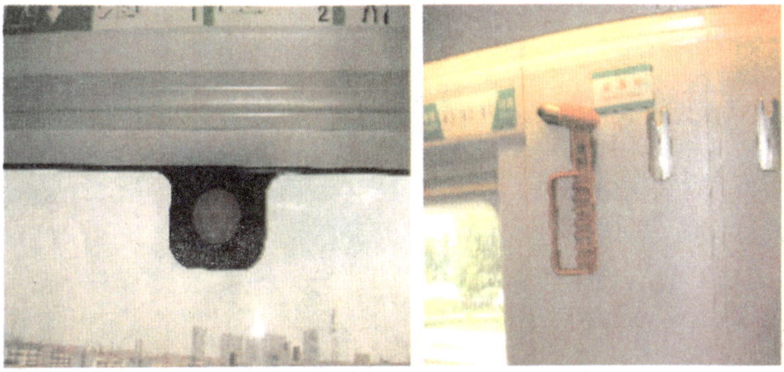

图 2-162　CRH$_3$ 型逃生窗及破窗锤

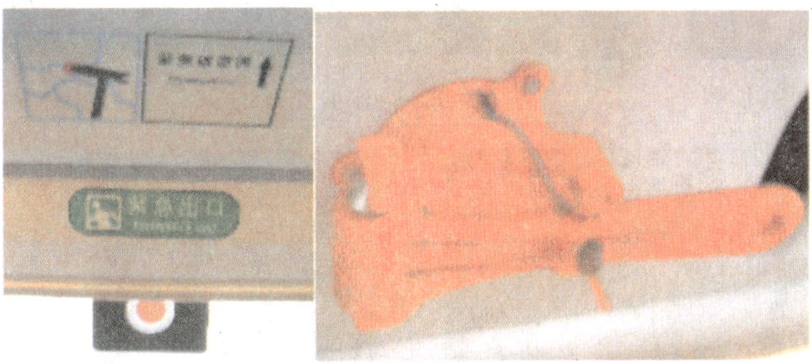

图 2-163　CRH$_5$ 型逃生窗及破窗锤

况需要迅速组织逃生时疏散通道。在逃生窗旁的墙壁或行李架下设有紧急破窗锤，每车 4 把。

3. 使用时机和方法：在紧急情况旅客逃生使用。使用时握住紧急破窗锤把手，用力向外侧拔出，拔出时铅封即开，对准车窗上击打位置标记或车窗玻璃，用力击打，利用把手外侧将未完全脱落的玻璃推向车体外侧，注意操作时手的安全。仅限紧急逃生时使用。

五、过 渡 板

1. 配备车型：CRH$_2$ 型车上配备。

2. 设置位置：CRH$_2$ 型车过渡板（见图 2-164）放置在 3 号车和 7 号车。

3. 使用时机和方法：在动车组运行中途因故障不能继续运行时，将乘客从故障动车组上过渡到相邻线救援列车上时使用（见图 2-165～图 2-167）。使用时需按程序组装放置，安装扶手和防护绳。

图 2-164　过渡板

六、防火隔断门

1. 配备车型：CRH$_1$、CRH$_2$、CRH$_3$、CRH$_5$ 型车上均配备。

2. 设置位置：动车组相连接的车厢端墙板内设有防火隔

断门(见图 2-168～图 2-170)。

图 2-165　渡板图 1

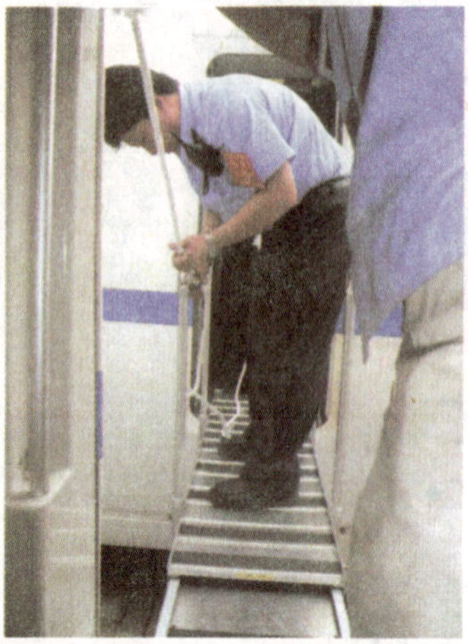

图 2-166　渡板图 2

图 2-167　渡板图 3

图 2-168　CRH$_2$ 型防火隔断门

图 2-169　CRH$_3$ 型防火隔断门

图 2-170　CRH$_5$ 型防火隔断门

3. 使用时机和方法:发生火灾等特殊情况下,在旅客及其财物疏散后,可按规定操作打开门板侧面的防火隔断门,将相邻两辆车隔断。防火隔断门具备防火性能的不锈钢材质,发生火灾时,阻止或延缓火势蔓延。

七、站台补偿器

1. 配备车型：CRH3、CRH5 型车上配备(见图 2-171、图 2-172)。

图 2-171　CRH3 型站台补偿器

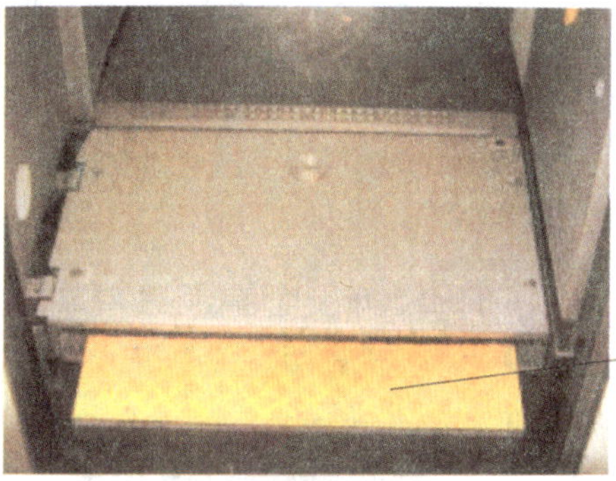

图 2-172　CRH5 型站台补偿器

2. 设置位置：车门地板或翻板边缘。

3. 使用时机和方法：在列车停稳开门后，站台补偿器自动突出，补充站台与车体之间的空隙，防止旅客下车时因踩空发生意外。站台补偿器的手动开关：当站台补偿器失去自动功能时，可使用钥匙手动打开补偿器，站台补偿器方可突出，收起时需用手将补偿器搬起不得松手同时用钥匙将手动开关关闭即可。此操作必须在车门关闭前完成，否则车门无法关闭。

八、卫生间紧急按钮

1. 配备车型：CRH1、CRH2、CRH3、CRH5 型车上均配备。

2. 使用时机和方法：各型动车组残疾人卫生间设有紧急按钮(见图 2-173)，旅客在卫生间发生紧急情况时，按下开关即可报警。

九、紧急通风装置

(一)时速 300～350 km 的 CRH2 型动车组

紧急通风装置设置位置：在车厢一、二位端(分别设于大垃圾箱、大件行李处、折页门厕所墙壁、通过台墙壁以及餐吧售货车柜内)对角设置紧急通风装置(见图 2-174)，每车 2 个。

图 2-173　CRH5 型动车组卫生间“SOS”残疾人紧急呼叫设置

图 2-174　紧急通风装置

使用时机及性能:在列车断电后,该装置可自动进行通风换气,最长时间可达 2 h。

(二)CRH3 型动车组

紧急通风装置设置位置:每节车厢顶棚设有针孔状紧急通风系统。

使用时机及性能:当动车组发生断电空调系统不能正常运行时自动启动,最长可维持 30 min。车内的吸气装置为车内墙板下侧板条缝内侧,过道处的吸气装置设在车厢两端过道处顶棚上的吸气孔。

十、气 密 窗

1. 配备车型:CRH2 型车上配备(见图 2-175)。
2. 设置位置:乘务室、机械师室各 1 个。
3. 使用时机和方法:供机械师需瞭望时使用。

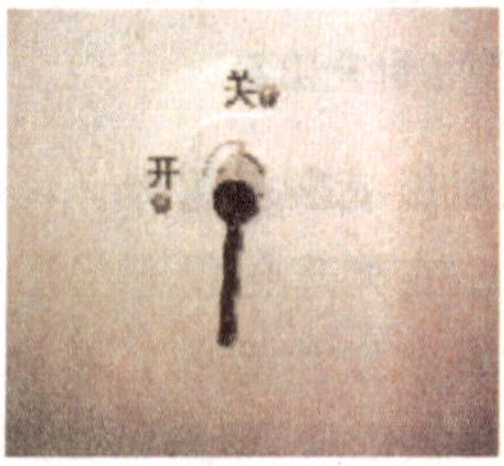

图 2-175　气密窗

十一、烟火报警系统

1. 配备车型:CRH1、CRH2、CRH3、CRH5 型车上配备。
2. 设置位置:分布贯通整列车,在司机室、乘务员室和厕所内、客室区、厨房区域车顶上设有探测器,在乘务员室设有控制单元和指示单元。
3. 主要性能:烟火报警主机通过电流环与终端装置通信,将每个感烟探头的状态发送给终端装置,起到报警和及时应对的作用。这些信息并应在随车机械师室的显示屏上显示。

十二、应急照明灯

1. 配备车型:CRH1、CRH2、CRH3、CRH5 型车上均配备。
2. 设置及使用:各车厢应急灯位于每节车厢的两端。在全列车厢不能正常供电时,打开应急灯使用。

十三、防 护 网

1. 配备车型:CRH1、CRH2、CRH3、CRH5 型车上均应配备。
2. 存放位置:CRH1 型存放在厨房储物柜内,CRH2 型存放在 3 号车一位端的备品柜内,CRH3 型存放在 4 号车厨房存储柜对面的储物柜内,CRH5 型存放在 1 号车或 8 号车的备品柜内(有的车型还没配齐)。
3. 保管及使用:防护网由随车机械师保管,以备列车在非正常情况下需开启车门运行时防护使用。

第三章　动车组旅客运输组织

第一节　动车组车票的发售

一、动车组票价

1. 定价依据

按照国家计委关于高等级软座快速列车票价问题的复函，旅行速度达到 110 km/h 以上的动车组列车软座票价基准价：每人公里一等座车为 0.336 6 元，二等座车为 0.280 5 元，可上下浮动 10%。广深线开行的动车组列车票价可在国铁统一运价为中准价上下浮动 50%的基础上再上下浮动 50%，由企业自主定价。

2. 动车组公布票价

$$一等座车公布票价=0.336\,6\times(1+10\%)\times运价里程$$

$$二等座车公布票价=0.280\,5\times(1+10\%)\times运价里程$$

另外，票价外按规定加收按硬座基准价的 2%计算的强制保险。

广深线上的动车组列车公布票价由企业在规定水平内自行确定。

3. 票价执行

动车组票价可按公布票价打折，但应符合下列条件：

(1)根据不同区域、不同季节、不同时段的市场需求，实行不同形式的打折票价。

(2)二等座车公布票价打折后不得低于相同运价里程的新空软座票价。在短途，公布票价低于新空软座票价时，按公布票价执行。70 km 及以下运价里程的动车组不进行任何形式打折优惠，一律按公布票价执行。

(3)经过相同途径、相同站间、相同时段，不同车次应执行同一票价。

(4)同一车次，各经停站在里程上不能倒挂。

(5)一等座车与二等座车的比价在 1∶1.2～1∶1.25 之间。

4. 管理权限

公布票价由铁道部决定。

折扣票价由铁路运输企业决定，并在公布前 3 天报铁道部备案，但下列情况：

(1)跨局开行的动车组列车。

(2)折扣率需低于 6 折时。

(3)铁路运输企业之间意见有分歧时，铁路运输企业要在公布前 10 天报铁道部备案。

公布票价的折扣率和折扣后票价由上车站所在铁路局提出车次别、发到站的动车组列车点到点票价，商有关担当铁路局后，按管理权限执行。

5. 减价票价

(1)承运人一般不接受儿童单独旅行(乘火车通学的学生和承运人同意在旅途中监护的除外)。随同成人旅行身高1.1～1.5 m的儿童,享受半价动车组车票。超过1.5 m时应买全价票。每一成人可免费携带身高不够1.1 m的儿童一名,超过一名时,超过的人数,应买儿童票。儿童票的座别应与成人车票相同,其到站不得远于成人车票的到站。

按照《铁路旅客运输规程》等有关规定,享受减价优待的儿童、学生、伤残军人乘坐动车组时,其票价均以公布票价为基础计算。动车组软卧儿童票确定如下:

动车组软卧儿童票＝动车组软卧公布票价－动车组一等座公布票价/2

(2)在普通大、专院校,军事院校,中、小学和中等专业学校及技工学校(不包括各类职工大学、电视大学、业余广播大学、函授学校)就读,没有工资收入的学生、研究生,家庭居住地和学校不在同一城市,在寒假(12月1日至3月31日)、暑假(6月1日至9月30日)期间凭附有加盖院校公章的减价优待证的学生证(小学生凭书面证明),每年可享受4次家庭至院校(实习地点)之间的单程学生票。应届毕业生从院校回家,凭院校的书面证明可买一次学生票。新生入学凭院校的录取通知书,可买一次从接到录取通知书地点至院校的学生票。学生放假回家后,院校迁移或调整也可凭学校证明和学生减价优待证,购买从家庭所在地到新院校所在地的学生票。

动车组列车只发售二等座车学生票,学生票为全价票的75％。

(3)革命伤残军人、人民警察半价票

现役革命伤残军人(中国人民解放军和中国人民武装警察部队)凭中国人民解放军总后勤部签发的"中华人民共和国残疾军人证";因公致残的人民警察、退役革命伤残军人凭省、市、自治区民政部签发的"中华人民共和国伤残人民警察证"、"中华人民共和国残疾军人证"可购买半价的动车组一、二等座车票。

6. 动车组卧铺票价

铁运电〔2008〕135号规定,按现行新空特快不同席别的比价关系和动车组座车的票价确定公布票价:

软卧上铺公布票价＝0.336 6×(1＋10％)×1.6×运价里程

软卧下铺公布票价＝0.336 6×(1＋10％)×1.8×运价里程

另外,票价之外按规定加收按硬座基准价的2％计算的强制保险。

动车组软卧票价可按公布票价打折,但打折后不得低于相同运价里程的新空软卧票价。

7. 京津城际票价

该票价由京津城际公司提出申请,由铁道部报国家发改委批准试行。北京南至天津,全程120 km,二等座车58元,一等座车69元,特等座车99元(VIP座席)。

二、动车组实名制有关要求

为确保动车组列车运输安全有序,自2011年6月1日起,动车组列车实行实名制,范围包括"C"、"D"、"G"字头车次的列车及其营业办理站。

1. 有效身份证件

有效身份证件包括居民身份证、临时身份证、户口簿、中国人民解放军军人保障卡、军官证、武警警官证、士兵证、军队学员证、军队文职干部证、军队离退休干部证、护照、港澳居民来往内地通行证、中华人民共和国来往港澳通行证、台湾居民来往大陆通行证、大陆居民往来台湾通行证、外国人居留证、外国人出入境证、外交官证、领事馆证、海员证、外交部开具的外国人身份证明、地方公安机关出入境管理部门开具的护照报失证明、铁路公安部门填发的乘坐旅客列车临时身份证明等 23 种。1.5 m 以上 16 岁以下未成年人有效身份证件还包括学生证。

2. 持证购票

(1)购票人可以使用有效身份证件原件或复印件购买车票。

(2)购票人可以持乘车人的有效身份证件原件或复印件替其代购车票。

(3)为他人代购车票且不能出示乘车人的有效身份证件(原件或复印件)时,应当凭购票人的居民身份证原件和乘车人的有效身份信息办理乘车人的临时身份证明。

(4)免费乘车儿童和持儿童票的儿童除外。

3. 购减价优惠(待)票

购买和使用学生票、残疾军人(警察)等减价优惠(待)票时,应同时出示有效身份证件和符合规定的减价优惠(待)凭证,经核实后,方可购票、乘车。学生票按规定核减次数。

4. 电话订票与铁路代售点和车站自助售票机售票

电话订票仅受理居民身份证、港澳居民来往内地通行证、台湾居民来往大陆通行证、护照。

铁路代售点和车站自助售票机仅受理二代居民身份证的购票和取票。

5. 一证一票

一张有效身份证件同一乘车日期同一车次同一乘车站只能购买一张动车实名制车票。

旅客购买实名制车票丢失需要重新购买车票时,车站联系铁路局票务管理部门[北京局可拨打固定电话(目前为 021—49120)转值班人员]处理后,窗口按实名制售票重新发售车票。

6. 未携带有效身份证件

未携带有效身份证件购票、乘车的旅客,需到车站铁路公安制证口开具临时身份证明。办理临时身份证明,须符合下列条件之一:

(1)出具所在地公安机关的户籍证明信。

(2)学生旅客出具所在学校的证明信。

(3)中国人民解放军、武警部队现役军人持所在部队出具的证明信。

(4)外籍旅客持当地使领馆出具的证明信。

(5)凭其他有效证件购买车票的旅客持发证部门出具的证明信。

(6)通过其他方式能够证明本人身份的。

证明信内容必须包括旅客姓名、性别、出生年月、籍贯、有效身份证件号码等信息,并加盖证明单位公章。购票后丢失有效身份证件的,证明信内容应与车票票面记载的旅客身份信息一致。

车站铁路公安部门办理的临时身份证明一式两联,载明持有人姓名、性别、年龄、身份证件号码,一联为公安留存,一联供旅客购票、退票、中转签证、验证检票以及乘车使用,由旅客自行妥善保管,站车不予收回。

同城车站均实行实名制时,临时身份证明(见图 3-1)可以通用。

7. 身份信息读取

售票窗口必须由系统通过二代居民身份证识读设备自动读取身份信息。遇二代居民身份

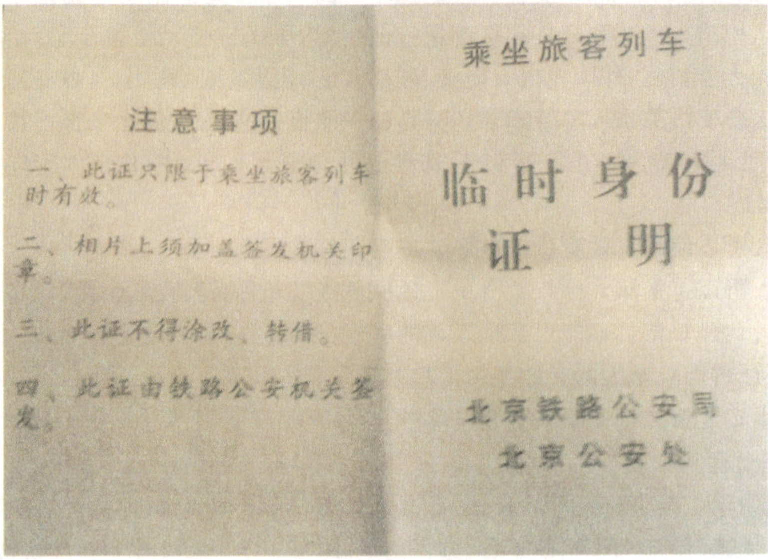

图 3-1 临时身份证明

证无法自动识读、识读设备故障或者使用其他有效身份证件购票时，旅客可到车站窗口办理。使用二代居民身份证购票时，系统通过二代居民身份证识读仪自动读取身份信息；使用其他有效证件购票时，由售票员录入旅客身份信息。制票交付时，旅客当场发现票面身份信息有误时，售票员收回作废另发新票。旅客未当场核对票面信息，过后提出票面信息与有效证件信息不符的，由铁路公安制证口处理。

8. 制票核实

售票员应当认真核实旅客的有效身份证件。制票前应当提示旅客核实有效身份证件信息，窗口没有双屏时，售票员应当口述票面身份信息与旅客核对后制票。

制票后旅客当场发现票面身份信息有误时，售票员收回车票作废，纸制车票加盖[作废]章，磁介质制票机窗口需要经过制票机作废，另发新票；过后提出票面信息与有效证件信息不符的，由铁路公安制证口核实旅客身份后备案，出具证明。

9. 进站乘车

旅客应持车票(见图 3-2、图 3-3)和与票面所载身份信息相符的本人有效身份证件原件进站乘车。旅客进站乘车时，铁路客运和公安人员对旅客所持车票和有效身份证件进行查验。票证人不一致或无法出示有效身份证件原件的旅客，不得进站乘车，应到车站铁路公安制证口办理临时身份证明或者经铁路公安部门核实身份后，方可检票乘车，由此耽误乘车责任由旅客自负。

京津城际快通卡自 2011 年 6 月 1 日起改为记有持卡人身份电子信息的记名卡，没有记录持卡人身份信息的快通卡要升级处理后方能使用。

10. 车站管理

(1)车站应当加强进站通道管理，及时清理站台，严禁无票、无证人员进站上车。

(2)车站对实行实名制的列车不发售站台票，应为重点旅客提供进站上车服务。

图 3-2　实名计算机票

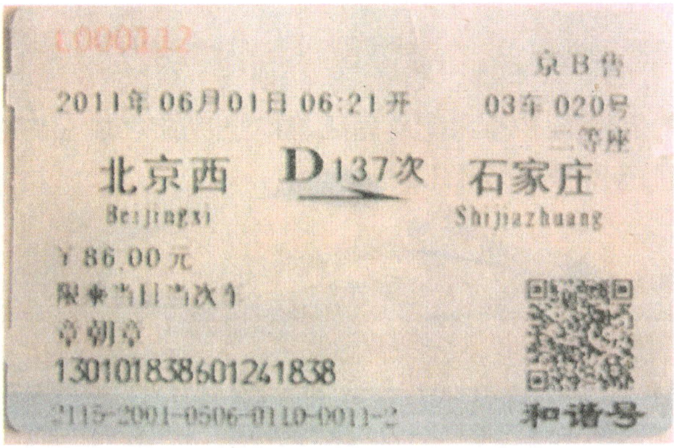

图 3-3　实名磁卡票

(3)车站应当在所有售票场所通过公告栏、广播、显示屏、宣传材料等方式进行宣传。

11. 退票及通票转乘

实名制车票办理退票时，需核实票、证(原件)一致性；票、证一致的方予办理。

通票中转换乘动车组列车时，按实名制售票办理中转签证手续。

12. 应急处置

仅办理二代身份证实名制售、取票业务的窗口，如遇二代身份证识读设备故障，无法自动识读时，暂停发售实名制车票，并告知旅客到车站或其他代售点购买，同时立即联系车站设备管理部门，设备厂家维修或更换二代身份证识读设备。

13. 信息保守

实名制车票票面信息标明旅客有效身份证件号码，持二代居民身份证所购车票票面还标明旅客姓名。旅客购票后应当妥善保管车票，保持票面信息清晰、可识读，并注意保护票面身份信息。

14. 法律责任

凡接触实名制相关系统、信息的工作人员，应当保守车票实名制信息，不得擅自存储、复制、外泄,违者依照有关法律,追究相关责任。

15. 铁路职工签证

办理铁路职工签证时,以下证件视为有效身份证件:

(1)铁路全年定期乘车证和铁路通勤乘车证。

(2)使用不带照片的铁路乘车证、各种特种乘车证和铁路专用定期票的,必须与工作证同时使用方视为有效身份证件。

持铁路局发放的高铁登乘证检查工作、进站乘车时,须与工作证同时使用方为有效身份证件。办理签证时,售票员输入工作证或乘车证号码。

16. 实名制车票的抽验

铁路公安和客运人员联合对旅客所持车票和有效身份证件进行抽验。抽验时发现的票证人不一致或无法出示有效身份证件原件的旅客,车站铁路公安制证口核实其真实身份后,制作乘车人临时身份证明并在证明上注明车票主要信息(日期、车次、席位号)后,进站乘车。

抽验比例为各次动车组列车定员的5%。遇有专运任务,按专运有关规定办理。

三、动车组乘车凭证

车票是乘车票据的总称,是旅客乘车的凭证,同时也是旅客加入铁路旅客意外伤害强制保险的凭证。目前,铁路乘车票据有以下几种。

1. 计算机票

计算机票见图3-4。

图3-4 计算机票

2. 代用票

代用票(见图3-5)是车站在计算机售票系统故障以及办理团体旅客票、包车及旅行变更和在列车内补收票价(未备有列车移动售票机)时使用的一种票据。

3. 磁介质车票

客运专线的车站使用磁介质车票,磁介质车票(见图3-6)票面长、宽尺寸为:85.6 mm×53.98 mm,四角倒圆。

120 mm×185 mm

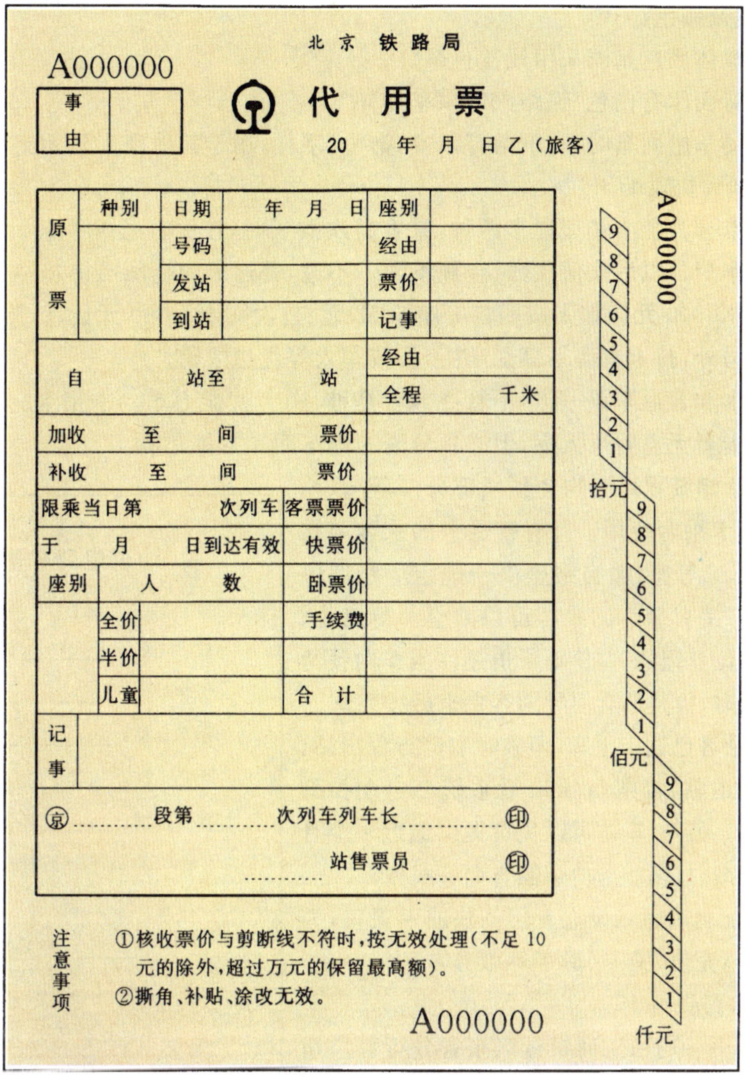
北京 铁路局

A000000

代用票

事由

20 年 月 日乙（旅客）

原票	种别	日期	年 月 日	座别	
		号码		经由	
		发站		票价	
		到站		记事	
自 站至 站				经由	
				全程 千米	
加收 至 间 票价					
补收 至 间 票价					
限乘当日第 次列车			客票票价		
于 月 日到达有效			快票票价		
座别	人 数		卧票价		
	全价		手续费		
	半价				
	儿童		合 计		
记事					

京 段第 次列车列车长 印

站售票员 印

注意事项 ①核收票价与剪断线不符时，按无效处理（不足10元的除外，超过万元的保留最高额）。
②撕角、补贴、涂改无效。

A000000

A000000

9 8 7 6 5 4 3 2 1 拾元
9 8 7 6 5 4 3 2 1 佰元
9 8 7 6 5 4 3 2 1 仟元

图 3-5 代用票

图 3-6 磁介质车票

票面图案及颜色：

（1）票面整体颜色基调采用浅蓝色系。

（2）车票背面印有白色“铁路旅客乘车须知”。

（3）用于动车组列车时，右下角打印“和谐号”字样，用于其他列车时无此字样。

4. 京津城际快通卡

（1）快通卡分为金卡和普通卡两种，乘客首次购买时，按照普通卡 1 000 元、金卡 3 000 元销售，不收工本费。以后充值次数、金额不限。不过，普通卡内金额不得超过 1 000 元，金卡内金额不得超过 5 000 元。如果按照二等座票 58 元、首次购卡 1 000 元计算，旅客至少能够连续乘坐 17 次。另外，持卡乘客不享受学生、伤残军人等优惠票价。

（2）快通卡和普通车票一样，不管持卡者是谁，刷卡就能上车。一张卡一次只能供一人使用。此外，持卡者无需对号入座，但必须分清一等车厢和二等车厢。

（3）每趟京津城际列车均会预留部分二等座、一等座席位供持卡乘客使用。持有普通卡的乘客限乘京津城际列车二等座，擅自乘坐高于规定等级席位的，补交差价。持有金卡的乘客可以乘坐一等席位，如放弃规定席位登记的，差价不予退还。当车内预留席位没有剩余时，检票员会引导乘客乘坐后续列车。

（4）如果乘客已刷卡上车，但临时取消行程出站，须找工作人员退款，否则 90 min 后系统会自动扣除一次乘车票款。另外，车站可以免费提供最近一个月乘车记录的查询、打印和卡内余额查询等服务。

（5）北京仅北京南站设立专门的快通卡窗口，为乘客提供售卡、充值、换卡、退卡等服务。

5. 广深铁路银行卡

2009 年 3 月 30 日，工商银行广东省分行和广州铁路（集团）公司合作发行的牡丹 IC 卡，在广深线“和谐号”动车组开始全线启用。持卡旅客不需再排队购票，直接刷 IC 卡就可以坐火车。

动车组列车便乘单

编号：

姓　　名：________（等______人）

工作单位：____________________

乘车日期：________年____年____日

车　　次：________________次

乘车区间：________站至________站

________铁路局客运处（盖章）

20　　年　　月　　日

本证盖章有效，凭证乘车、进出站

190 mm×150 mm

图 3-7　便乘单式样

旅客在闸机上直接刷牡丹 IC 卡进站，在车站配备的席位机上选好自己所需乘坐的车次和座席即可乘车，并可在出闸后进行发票打印，十分方便。

6. 铁路职工乘车证

铁路职工乘车证分为 9 类：硬席全年定期乘车证、软席全年定期乘车证、硬席临时定期乘车证、软席乘车证（含临时定期、往返、单程三个使用事由）、硬席乘车证、通勤乘车证（含定期通勤、通勤、通学三个使用事由）、便乘证、探亲乘车证、就医乘车证。

持有各种铁路乘车证的铁路员工允许乘坐时速 200～250 km 动车组二等车，但须办理签证后乘车。除按规定持证检查工作人员以外，时速 300～350 km 动车组不能使用铁路乘车证。

7. 餐饮、保洁添乘证

餐饮、保洁企业应当遵守站、车和动车段（所）有关管理制度，加强对现场服务质量的监督检查。

登乘列车监督检查应持有“动车组餐饮、保洁专用添乘证”供站车查验。监督检查应有检查记录。

遇特殊情况需要餐饮、保洁人员便乘接车时，应当由铁路局客运处添发“餐饮保洁人员便乘单”(见图 3-7)乘车。持“餐饮保洁人员便乘单”乘车的人员不得与旅客争座位。

“动车组餐饮、保洁专用添乘证”由铁道部运输局填发，限登乘本公司担当的列车。

8. 登乘证

为进一步规范动车组列车登乘人员管理，铁道部明确以下要求：

(1)各铁路局明确一名铁路局领导负责动车组列车登乘人员管理工作，审核动车组列车登乘人员，签发《动车组列车登乘证》，并指定相关部门备案。

(2)铁路运输各专业和安监、公安、卫生等各部门人员须登乘动车组列车检查、试验时，必须办理由本局负责局领导签发的《动车组列车登乘证》，并主动向动车组列车乘务人员出示此证；动车组列车乘务人员必须严格查验《动车组列车登乘证》，登乘证不安排座席，无证不准登乘动车组列车。

(3)各铁路局自行设计《动车组列车登乘证》(定期、临时)式样，并及时送交相关动车组列车担当乘务单位，以便日常乘务管理。

第二节　动车组营业规章

一、基本规定

1. 在有运输能力的情况下，车站应根据旅客指定的到站、座别、径路发售车票；动车组列车车票最远只发售至本次列车终点站。

2. 旅客乘什么车买什么票，按票面载明的日期、车次、席别乘车，并在票面规定的有效期内到达到站。乘坐动车组列车旅客如中途下车，未乘区间车票失效。

3. 车票分为直达票、通票。

直达票是指从发站至到站不需中转换乘的车票。

通票是指从发站至到站需中转换乘的车票。

动车组列车车票属于直达票。

直达票当日当次有效，但下列情形除外：

(1)全程在铁路运输企业管内运行的动车组列车车票有效期由企业自定。

(2)有效期有不同规定的其他票种。

通票的有效期按乘车里程计算：1 000 km 为 2 日，超过 1 000 km 的，每增加 1 000 km 增加 1 日，不足 1 000 km 的尾数按 1 日计算；自指定乘车日起至有效期最后一日的 24:00 止。

4. 旅客不能按票面指定的日期、车次乘车时，应当在票面指定的日期、车次开车前办理一次提前或推迟乘车签证手续，特殊情况经站长同意可在开车后 2 h 内办理。持动车组列车车票的旅客改乘当日其他动车组列车时不受开车后 2 h 内限制。团体旅客不应晚于开车前 48 h。

在车站售票预售期内且有运输能力的前提下，车站应予办理，收回原车票，换发新车票，并在新车票票面注明“始发改签”字样(特殊情况在开车后改签的注明“开车后改签不予退票”字样)；原车票已托运行李的，在新车票背面注明“原票已托运行李”字样并加盖站名戳。

必要时，铁路运输企业可以临时调整改签办法。

5. 旅客因病中途下车，恢复旅行时，在通票有效期内，出具医疗单位证明或经车站证实时，可按实际医疗日数延长有效期，但最多不超过 10 天，同行人同样办理。

中途站办理动车组列车退票的公式：

应退票款＝原票价－(原票价÷原票里程×已乘区间里程)

6. 旅客退票必须在购票地车站或票面发站办理。在发站开车前，特殊情况也可以在开车后 2 h 内，退还全部票价。团体旅客必须在开车 48 h 以前办理。旅客开始旅行后不能退票。因特殊情况经站长同意在开车后 2 h 内改签的车票不退。

7. 动车组旅客携带品的外部最大尺寸：长、宽、高之和不超过 130 cm。

8. 除特殊情况并经列车长同意的外，持低票价席别车票的旅客不能在高票价席别的车厢停留。

9. 线路中断，列车不能继续运行时，应妥善安排被阻旅客。线路中断，旅客可以要求在原地等候通车、返回发站、中途站退票或按照承运人的安排绕道旅行。

二、旅行变更

1. 旅客在列车上要求办理变更座位时，在列车有能力的情况下应当予以办理。需补收差价时，发售一张补价票，随同原票使用有效。

【例 3-1】 2011 年 6 月 8 日，D4572 次(石家庄—北京西，中间仅停保定站)石家庄站开车后二等车超员，一旅客持当日当次石家庄—北京西二等座票，要求尽可能乘一等座车去到站，列车一等车厢石家庄开车有一个空位，但不能确定保定站是否将该席位共用，经列车同意暂时补到前方停车站，列车长应如何处理?

【解】 石家庄—保定 131 km

动车组二等车全价票价:41.00 元

动车组一等车全价票价:49.00 元

一、二等座票价差:49.00－41.00＝8.00(元)

手续费:2.00 元

合计:8.00＋2.00＝10.00(元)

见票例 3-1。

票例 3-1

动车组列车实行全程席位复用、票额共用。除一站直达动车组列车或最后一个停车站开车后，能确认有空闲座位时，方可办理有座席补票，否则动车组列车上不办理有座席补票。

2. 持直通票的旅客在中转站要求换乘动车组列车时，补收该区间的动车组列车票价与原票票价差额。

【例 3-2】 2011 年 6 月 8 日，石家庄开北京西的 D4572 次列车在石家庄站，经列车同意一旅客持 6 月 9 日 T76 次(新型空调，提前乘车)石家庄—北京西空调客特快票票价 42.00 元，列车长应如何处理？

【解】 石家庄—北京西 277 km

动车组二等车票价：86.00 元

已收票款：42.00 元

票价差：86.00－42.00＝44.00(元)

手续费：2.00 元

合计：44.00＋2.00＝46.00(元)

车补票样见票例 3-2。

票例 3-2

三、不符合乘车条件的处理

为维护旅客运输秩序，保障旅客正常旅行，铁路规定了旅客乘车条件，列车对乘车旅客应验票。对必须持证购买的减价票和各种乘车证的旅客应当核对相应的证件。验票应打查验标记。对违反乘车条件的旅客和人员，区别情况，妥善处理。

1. 对有意识违反乘车条件的旅客和人员，除按以下规定办理外，铁路运输企业有权对其身份进行登记，并须加收已乘区间应补票价 50％的票款，核收手续费。

(1)无票或持用失效车票乘车时，应补收自乘车站(不能判明时从列车始发站)起至到站止的车票票价。

【例 3-3】 2011 年 6 月 8 日，北京西开石家庄的 D4565 次列车保定站前验票，在二等车发现一旅客无票乘车，要求去石家庄，列车长如何处理？

【解】 北京西—石家庄 277 km

动车组二等车票价：86.00 元

北京西—保定 146 km

动车组二等车票价：45.00 元

加收票款：45.00×50％＝22.50≈23.00（元）

手续费：2.00 元

合计：86.00＋23.00＋2.00＝111.00（元）

车补票样见票例 3-3。

票例 3-3

（2）持用伪造或涂改的车票乘车时，除按无票处理外，并送交公安机关处理。

（3）持用低等级的车票乘坐高等级列车、铺位、座席时，补收所乘区间的票价差额。

（4）旅客持半价票没有规定的减价凭证或不符合减价条件时，补收全价票价与半价票价的差额。

【例 3-4】 2011 年 6 月 8 日，北京西开往石家庄的 D4565 次列车北京西站开车后，在二等车发现一旅客持当日当次北京西—石家庄的学生减价二等座车车票，票价 65.00 元，没有减价凭证，列车长应如何处理？

【解】 北京西—石家庄 277 km

动车组二等车全价票价：86.00 元

动车组二等车学生减价票价：65.00 元

票价差：86.00－65.00＝21.00（元）

北京西—保定 146 km

动车组二等车全价票价：45.00 元

动车组二等车学生减价票价：34.00 元

票价差：45.00－34.00＝11.00（元）

加收 50％票款：11.00×50％＝5.50≈6.00（元）

手续费：2.00 元

合计：21.00＋6.00＋2.00＝29.00（元）

车补票样见票例 3-4。

如果该旅客主动声明，主动补票，则加收部分的票款 6.00 元不再追究。则车补票样见票例 3-5。

票例 3-4

票例 3-5

2. 对由于某种原因造成不符合乘车条件的旅客和人员,应按下列规定办理,并核收手续费。

(1)应买票而未买票的儿童按《客规》第十九条规定补收票价。身高超过 1.5 m 的儿童使用儿童票乘车时,应补收儿童票价与全价票价的差额。

(2)持站台票上车送客未下车但及时声明时,补收至前方下车站的票款。

(3)主动补票或者经站、车同意上车补票的。

下列情况只核收手续费,但已经使用至到站的除外:

(1)旅客在票面指定的日期、车次开车前乘车的,应补签。

(2)旅客所持车票日期、车次相符但未经车站剪口的,应补剪。

(3)持通票的旅客中转换乘应签证而未签证的,应补签。

【例 3-5】 2011 年 6 月 8 日,D4565 次(北京西至石家庄)北京西站开车后,列车内验票发现一旅客携带 1.3 m 和 1.55 m 儿童各一名,持当日当次北京西—石家庄站二等全价票一张 A0014 号,票价 86.00 元;半价儿童票一张 A0015 号,票价 43.00 元,列车长应如何处理?

【解】 北京西—石家庄 277 km

应收动车组二等车全价票价:86.00 元

已收动车组二等车半价票价:43.00 元

1.55 m儿童应补收全、半价差额:86.00－43.00＝43.00(元)

手续费:2.00元

合计:43.00＋2.00＝45.00(元)

1.3 m儿童应收动车组二等车半价票价:43.00元

手续费:2.00元

合计:43.00＋2.00＝45.00(元)

车补票样见票例3-6、票例3-7。

票例 3-6

票例 3-7

(4)确因时间仓促来不及买票,经车站或列车同意上车补票的,应补收所乘列车的票款。持旅客乘降所发给的补票证,不收手续费。

【例3-6】 2011年6月8日,D4565次(北京西至石家庄)北京西站经列车同意上车一旅客去石家庄,车上补票,列车长应如何处理?

北京西—石家庄 277 km

应收全价动车组二等座车票价:86.00元

手续费:2.00元

合计:86.00＋2.00＝88.00(元)

车补票样见票例 3-8(设定移动补票机故障,填发代用票)。

北京 铁路局

A000000

事由	动车

代 用 票

2011 年 6 月 8 日 乙（旅客）

原票	种别	日期	年 月 日	座别	
		号码		经由	
		发站		票价	
		到站		记事	
自北京西站至石家庄站				经由	
				全程 277 千米	
加收 至 间 票价				/	
补收 至 间 票价				/	
限乘当日第 D4565 次列车			客票票价	86.00	
于当日当次到达有效			普快票价	/	
座别	人 数		卧票价	/	
软	全价	壹	手续费	2.00	
	半价	#	空调费	/	
	儿童	#	合 计	88.00	
记事	动车二等车。				

京 石家庄客运段第 D4565 次列车列车长 印 印

站售票员 印

注意事项 ①核收票价与剪断线不符时,按无效处理(不足 10 元的除外,超过万元的保留最高额)。

②撕角、补贴、涂改无效。

A000000

A000000

9 8 7 6 5 4 3 2 1 拾元 9 8 7 6 5 4 3 2 1 佰元 9 8 7 6 5 4 3 2 1 仟元

120 mm×185 mm

票例 3-8

四、丢失车票的处理

1. 旅客丢失车票应另行购票。车站另发新票。列车上补票时,注明丢失。

【例 3-7】 2011 年 6 月 8 日,D4565 次(北京西至石家庄)北京西站经列车同意上车一旅客去石家庄,车上补票,列车长应如何处理?

【解】 北京西—石家庄 277 km

应收全价动车组二等座车票价:86.00 元

手续费:2.00 元

合计:86.00+2.00=88.00(元)

车补票样见票例 3-9。

石客售
北京西 D4565次 石家庄
BeiJingXi ShiJiaZhuang
2011年06月08日09:29开 无座
¥88.00 动车组二等座
事由:丢失
限乘当日当次车
SJP9101220110608165144M0245500277

票例 3-9

2. 旅客在列车上丢失车票时,应自丢失站起(不能判明时从列车始发站起)补收票价,核收手续费。

3. 旅客补票后又找到原票时,列车长应编制客运记录,连同原票和后补车票一并交给旅客,作为旅客在到站出站前向到站要求退还后补车票的依据。列车长与车站办理交接时,车站不得拒绝。车站在办理时,填写退款证明书,并核收退票费,列车长编制的客运记录随退款证明报告联一并上报。

4. 由于站、车工作人员工作失误,造成旅客车票丢失时,站、车均应填发代用票,票价栏用斜线划掉;记事栏内注明"因××原因丢失",将款额剪断线全部剪下随报告页上报。

五、发现误乘、坐过了站的处理

旅客因误乘或坐过了站需送回时,列车长应编制客运记录交前方停车站。车站应在车票背面注明"误乘"并加盖站名戳,指定最近列车免费返回。在免费送回区间,站车均应告之旅客不得自行中途下车。如中途下车,对往返乘车的免费区间,按返程所乘列车等级分别核收往返区间的票价,核收一次手续费。

客运记录编制实例见票例 3-10、票例 3-11。

六、旅客携带品的规定

(一)携带品的体积、重量

旅客旅行时可携带少量物品。旅客携带品由自己负责看管。每人免费携带品的重量和体积为:儿童(含免费儿童)10 kg,外交人员 35 kg,其他旅客 20 kg;每件物品外部尺寸长、宽、高之和不超过 160 cm;杆状物品不超过 200 cm,重量不超过 20 kg。残疾人旅行时代步的折叠式轮椅可免费携带,不计入上述范围。

动车组旅客携带品的外部最大尺寸:长、宽、高分别为 130 cm,车站必须向旅客公告。检

××铁路局　　　　客统—1

客　运　记　录

第××号

记录事由：移交误乘旅客

石家庄北站：

2011年6月22日，北京西开往太原的D2011次北京西开车验票发现一旅客持当日D135次北京西至邯郸车票误乘我车，现编记录交贵站，请按章办理。

注：　　　　D2011次编制人员(印)

1. 站、车需要编记录时均适用。　　　　签收人员(印)
2. 本记录不能作为乘车凭证。

2011年6月22日编制

编号

事由要清楚，必要时可省略

必须有抬头

内容叙述要清楚，明确

编制的人员、车次、加盖列车长名章

编制的时间

票例　3-10

××铁路局　　　　客统—1

客　运　记　录

第××号

记录事由：移交误乘旅客

石家庄北站：

2011年6月22日，北京西开往太原的D2011次，接北京西站123号客运记录，该旅客持当日D2001次保定至石家庄北车票，误乘D2002次到北京西，我车将该旅客转送至石家庄北站，现编记录交贵站，请按章办理。

注：　　　　D2011次编制人员(印)

1. 站、车需要编记录时均适用。　　　　签收人员(印)
2. 本记录不能作为乘车凭证。

2011年6月22日编制

一定要说明依据、调令或理由

一定要说明列车必要的履责

票例　3-11

票时,对携带品超过规定的旅客进行劝阻,动员旅客办理托运。

(二)不允许或限量携带的范围

下列物品不得带入车内:

1. 国家禁止或限制运输的物品。

2. 法律、法规、规章中规定的危险品、弹药和承运人不能判明性质的化工产品。

3. 动物及妨碍公共卫生(包括有恶臭等异味)的物品。

4. 能够损坏或污染车辆的物品。

5. 规格或重量超过有关规定的物品。

为方便旅客的旅行生活,限量携带下列物品:

1. 气体打火机5个,安全火柴20小盒。

2. 不超过20 mL的指甲油、去光剂、染发剂;不超过100 mL的酒精、冷烫精;不超过600 mL的摩丝、发胶、卫生杀虫剂、空气清新剂。

3. 军人、武警、公安人员、民兵、猎人凭法规规定的持枪证明佩带的枪支子弹。

4. 初生雏20只。

(三)超过范围的处理规定

旅客违章携带物品按下列规定处理:

1. 在发站禁止进站上车。

2. 在车内或下车站,对超过免费重量的物品,其超重部分应补收四类包裹运费。对不可分拆的整件超重、超大物品、动物,按该件全部重量补收上车站至下车站四类包裹运费。

3. 发现危险品或国家禁止、限制运输的物品,妨碍公共卫生的物品,损坏或污染车辆的物品,按该件全部重量加倍补收乘车站至下车站四类包裹运费。危险物品交前方停车站处理,必要时移交公安部门处理。对有必要就地销毁的危险品应就地销毁,使之不能为害,并不承担任何赔偿责任。没收危险品时,应向被没收人出具书面证明。

4. 如旅客超重、超大的物品价值低于运费时,可按物品价值的50%核收运费。

5. 补收运费时,不得超过本次列车的始发和终点站。

6. 对违章携带的物品补收运费时,一律填写客运运价杂费收据,注明日期、发到站、车次、事由、件数、重量。具体处理过程中,应本着实事求是的态度,区别不同的违章情况,妥善处理。对携带品超重不足5 kg时,应免收运费。

7. 携带品的其他规定:

(1)对旅客随身携带品应动员放在行李架上和座位下面,并做到平稳牢固,不妨碍其他旅客乘坐或通行。

(2)发现旅客按《铁路旅客运输规程》规定携带少量带有危险性质的物品或佩带的枪支、子弹乘车时,应告之妥善保管,避免发生意外。

(3)旅客违章携带物品(包括几人同时携带一件超重或超大物品)时,在车站,应拒绝进站或动员旅客办理托运;对已带入车内的,应补收运费,妥善安排。

(4)对已带入车内的猫、狗、猴等宠物,应安排在列车通过台由旅客自己照看,宠物发生意外或伤害其他旅客时,由携带者负责。

(四)运价里程的有关规定

1. 旅客和行李、包裹的票、运价里程,以国务院铁路主管部门公布的《铁路客运运价里程表》为计算依据。发、到站间跨及两条及其以上线路时,应按规定的接算站接算;通过轮渡时,应将规定的轮渡里程加入运价里程内计算。

2. 计算旅客包裹运价的起码里程为:包裹 100 km。

3.《行李包裹运价表》规定:行李、包裹重量以"千克"为单位,不足 1 kg 进为 1 kg。行李、包裹起码重量为 5 kg,每张行李、包裹票的起码运费为 1 元。《行李包裹运价表》给出各个里程段上的千克运价,计算运费时用该运价乘以行包重量。行李、包裹运费以"元"为单位,尾数保留到角。

七、对旅客遗失物品的处理

对旅客的遗失物品应设法归还原主。如旅客已经下车,应编制客运记录,注明品名、件数等移交下车站。不能判明时,移交列车终点站。

客运记录编制票例见票例 3-12。

××铁路局　　客统—1

客　运　记　录

第××号

记录事由:移交旅客遗失物品

太原站:

2011 年 6 月 22 日,北京西开往太原的 D2011 次太原站终到后,列车员在巡视车厢时,在 4 号车厢发现一纸袋,内有衣物三件,其中一件上衣口袋中有一个钱包(内有旅客张三身份证、银行卡两张、现金 1 563 元,发票三张),现编记录交责站,请按章办理。

注:　　D2011 次编制人员(印)

1. 站、车需要编记录时均适用。　　签收人员(印)

2. 本记录不能作为乘车凭证。

2011 年 6 月 22 日编制

遗失物品由乘警清点,移交时品名、件数一定要标明,必要时有乘警在记录上签字,比如现金较多时等。

票例　3-12

八、列车车次编排规定

为确保列车车次全路统一性及有关行车设备和信息系统正常运行,列车车次编排仅限于使用大写汉语拼音字母和阿拉伯数字,总位数原则上不得超过 7 位。列车编用车次,旅客列车在全路范围、货物列车在铁路局管内不得重复,旅客列车车次由铁道部确定。

季节性、特定时间段开行的动车组,全程客运机车牵引的临时旅客列车,可使用相应等级图定车次。

1. 高速动车组旅客列车 G1～G9998("G"读"高")

其中:跨局 G1～G5998

管内 G6001～G9998

2. 城际动车组旅客列车 C1～C9998("C"读"城")

其中:跨局 C1～C1998

管内 C2001～C9998

3. 动车组旅客列车 D1～D9998("D"读"动")

其中:跨局 D1～D3998

管内 D4001～D9998

4. 直达特快旅客列车 Z1～Z9998("Z"读"直")

5. 特快旅客列车 T1～T9998("T"读"特")

其中:跨局 T1～T4998

管内 T5001～T9998

6. 快速旅客列车 K1～K9998("K"读"快")

其中:跨局 K1～K6998

管内 K7001～K9998

7. 普通旅客列车 1001～7598

(1)普通旅客快车 1001～5998

其中:跨三局及其以上 1001～1998

跨两局 2001～3998

管内 4001～5998

(2)普通旅客慢车 6001～7598

其中:跨局 6001～6198

管内 6201～7598

8. 通勤列车 7601～8998

9. 临时旅客列车 L1～L9998("L"读"临")

其中:跨局 L1～L6998

管内 L7001～L9998

10. 旅游列车 Y1～Y998("Y"读"游")

其中:跨局 Y1～Y498

管内 Y501～Y998

11. 动车组检测车 DJ5501～DJ5598("DJ"读"动检")

12. 回送出入厂客车底列车 001～00298

13. 回送图定客车底在车次前冠以"0"

14. 因故折返旅客列车原车次前冠以"F"("F"读"返")

列车运行方向，原则上以开往北京方向为上行。枢纽地区的列车运行方向，由铁路局规定。列车须按规定编定车次，上行列车编为双数，下行列车编为单数。在个别区间的列车，如按规定运行方向变更车次有困难时，可与规定方向不符。

第三节　站 务 组 织

一、动车组列车售票组织

车票由车站或铁路运输企业设立的其他售票处所发售。为了方便旅客，也可委托其他部门代售车票。有计算机售票设备的车站，除系统设备故障等特殊情况外，不得发售手工车票。

车站应采取多种方式售票和订、送票，为旅客购票提供方便。

目前，京津城际铁路开发和使用了自动售检票系统，采取人工售票与自动售票相结合的方式，并将逐步在客运专线推广。

1. 动车组列车售票组织办法

(1)车站及联网窗口售票

动车组列车车票(磁制车票除外)在全路计算机联网窗口通售(含代售点)，办理异地票业务。动车组始发及中途车站设专区和专窗售票，并设有明显引导和售票标识，方便旅客购票。

(2)客票代售点

客票代售点在动车组售票营销工作中起着重要作用，车站应向社会公布客票代售点营业地址和时间，组织发售动车组列车车票。

(3)专口售票

动车组车票发售专窗可采用专用界面售票，对于开行密度大、同方向连发间隔时间短的列车，要采取分车次、分时段、分线别、分到站等弹性开窗方法，减少旅客等候时间。

(4)订票服务

在保证客票系统安全的情况下，可采用电话订票、网上订票等多种售票方式发售动车组列车车票。

(5)优惠卡乘车

持 CRH 优惠卡购票乘车的旅客可享受相应票价折扣。

2. 动车组售票有关规定

(1)用途及预售期

动车组列车票额全部投放全路范围“公用”用途，预售期为 20 天。

(2)票额管理

直通动车组列车票额集中存放始发局，按照能力利用最大化原则，始发局设专人负责票额日常管理和调整，中途局及时向始发局提供客流信息，做好售票组织工作，保证列车全程上座率。

直通动车组列车能力有剩余时，始发局应及时将票额向有客流需求的中途局(站)调整。始发局能力不足，需将中途局票额调回始发局时报铁道部批准。

(3)乘车人数通知单

直通动车组列车由车站在开车前打印“乘车人数通知单”一式两份，一份交列车长，一份由列车长加盖姓名章(签字)后，车站收回留存备查。

“乘车人数通知单”开始打印之时，客票系统自动停止发售该车次车票，有条件的车站要在站台(候车室)配备高速打印机。

3. 京津城际自动售票作业组织

(1)系统管理

自动售票系统相关业务纳入客票系统统一管理。

自动售票窗口号由TRS统一编码管理。售票处编码为7位数字，前5位为车站码，后2位为售票方式码30～39。1～200号窗口为售票窗口；201～255号窗口为管理窗口。

车站利用自动售票系统管理模块对自动售票管理人员权限、基本信息、运营设置、客票业务查询、自动售票交易和统计查询等内容进行管理。

自动售票系统中，要按照业务分类、人员职责设置不同用户工号，并赋予相应的使用权限。工号必须与操作员姓名唯一对应，不得设置通用工号，遇人员调整时要及时取消工号。

(2)权限及维护

自动售票机只发售全价票和儿童票。不办理废票、退票、签证业务。

车站要根据旅客购票需求，合理设定自动售票机的开设数量、服务时间。

车站要设专口处理旅客在自助购票过程中出现的各种问题。

车站指定专人监控自动售票机的工作状态，及时更换清点钱箱、更换票卷、更换凭条和处理故障。

车站要充分利用自动售票机LED显示屏，准确、及时地向旅客发布购票信息。

(3)收入管理

车站应制定自动售票机的结账管理办法，确定结账时间、流程。

自动售票系统运营管理由车站收入管理人员、运营操作人员和设备维护人员配合完成。要求双人作业，自控互控，互相监督，确保安全。

车站收入管理人员负责入钞箱的清点、找零箱的清点和补币。运营操作人员负责更换钱箱、票卷、凭条纸，对自动售票机进行结账操作，处理故障凭条。设备维护人员负责对设备进行维护和故障处理。

(4)统计分析

自动售票系统的信息统计分析要在客票系统中以单独售处独立汇总。

车站要以18:00为界每日对检票系统的信息进行汇总，并打印出统计日报表，按月归档。

(5)人员培训

自动售票系统的运营管理人员要经过培训、考核，考试合格持证上岗。

(6)应急处理

自动售票系统发生故障时，工作人员要迅速赶到现场，妥善处理故障，并引导旅客到人工窗口办理业务。

(7)自动售票业务流程

自动售票业务流程见表3-1。

表 3-1　自动售票业务流程

业务名称	业务流程
自助购票	(1)旅客根据需求，选择并确认购票要求； (2)现金支付票款； (3)自动售票机配钞； (4)向 TRS 记录存根，自动售票机制票； (5)自动售票机找零、送出车票、压钞
结　账	(1)操作人员准备好相应的补币箱、硬币回收箱、空入钞箱和纸币找零箱； (2)操作人员在无人购票时打开自动售票机后门，暂停售票服务； (3)登录维护面板后，操作人员发出相关操作命令，包括清币、更换入钞箱、更换纸币；找零箱、更换补币箱； (4)操作人员发出结账命令； (5)自动售票机将打印结账凭条； (6)操作人员将更换下来的入钞箱、纸币找零箱、硬币回收箱、补币箱以及废票和结账凭条收回进行结账处理
正常更换	
更换入钞箱	(1)操作人员领取准备好的空入钞箱； (2)操作人员在无人购票时打开自动售票机后门，自动售票机暂停服务； (3)操作人员登录维护面板； (4)操作人员更换入钞箱； (5)操作人员在维护面板输入新更换入钞箱的槽位、ID 号； (6)系统打印入钞箱的更换操作凭条； (7)操作人员将更换下来的入钞箱和操作凭条交给财务人员
更换纸币找零箱	(1)操作人员领取准备好的纸币找零箱和纸币回收箱； (2)操作人员在无人购票时打开自动售票机后门，自动售票机暂停服务； (3)操作人员登录维护面板； (4)操作人员更换纸币找零箱和纸币回收箱； (5)操作人员在维护面板输入新更换纸币找零箱的槽位、ID 号、面值、张数； (6)系统打印纸币找零箱的更换操作凭条； (7)操作人员将更换下来的纸币找零箱、纸币回收箱和操作凭条交给财务人员
更换补币箱和硬币回收箱	(1)操作人员领取补币箱和硬币回收箱； (2)操作人员在无人购票时打开自动售票机后门，自动售票机暂停服务； (3)操作人员登录维护面板； (4)操作人员发出清币命令，等待清币结束； (5)操作人员更换补币箱和硬币回收箱； (6)操作人员在维护面板输入新的补币箱的槽位号、ID 号、面值和枚数； (7)系统打印补币箱和硬币回收箱的更换操作凭条； (8)操作人员将更换下来的补币箱、硬币回收箱和操作凭条交给财务人员
更换票卷	(1)操作人员领取票卷； (2)操作人员在无人购票时打开自动售票机后门，自动售票机暂停服务； (3)操作人员登录维护面板； (4)操作人员更换票卷； (5)操作人员在维护面板输入备用票卷的槽位和首票号； (6)系统打印更换票卷操作凭条
更换凭条纸卷	(1)准备好凭条纸卷，在无人购票时操作人员打开自动售票机后门，自动售票机进入暂停服务状态； (2)操作人员登录维护面板，更换凭条纸卷； (3)操作人员打印测试纸条，保证凭条打印正常
入钞箱清点	自动售票管理财务人员在收到入钞箱时，需要根据提供的入钞箱更换凭条清点纸币，并登记。当数目不对时需要对硬币找零进行对账核查

续上表

<table>
<tr><th>业务名称</th><th>业 务 流 程</th></tr>
<tr><td>纸币找零箱清点</td><td>自动售票管理财务人员在收到纸币找零箱时,需要根据提供的纸币找零箱更换凭条清点纸币,并登记。当数目不对时,需要对纸币找零进行对账核查</td></tr>
<tr><td>硬币回收箱清点</td><td>自动售票管理财务人员在收到硬币回收箱时,需要根据提供的硬币回收箱更换凭条清点硬币,并登记。当数目不对时,需要对硬币找零进行对账核查</td></tr>
<tr><td>纸币找零箱纸币装入</td><td>自动售票管理财务人员需要及时准备纸币找零箱,将收回的纸币找零箱补充规定面值和规定数目的纸币,并做好登记。运营操作人员在领取纸币找零箱时也需要登记确认</td></tr>
<tr><td>补币箱硬币装入</td><td>自动售票管理财务人员需要及时准备补币箱,将收回的空补币箱补充规定数目的硬币,并做好登记。运营操作人员在领取补币箱时也需要登记确认</td></tr>
<tr><td colspan="2">异常车票处理</td></tr>
<tr><td>打印空白车票</td><td>在两种情况下需要打印空白车票:
(1)制票机发生卡纸故障,维护人员恢复正常后;
(2)客票系统票号与自动售票机票号,当客票系统票号大于自动售票机票号时。
打印空白车票步骤:
(1)操作人员登录维护面板,发出打印空白车票命令;
(2)系统打印空白车票,并回收空白车票;
(3)系统向客票系统空白车票存根</td></tr>
<tr><td rowspan="2">设备故障时的业务处理</td><td>当自动售票机在服务过程中发生如下故障,将打印故障凭条,暂停服务:
(1)识钞设备故障,包括卡币、停止工作等;
(2)纸币找零设备故障,包括卡币,送币失败、停止工作等;
(3)硬币找零设备故障,包括卡币、停止工作等;
(4)打印车票设备故障,包括票卷切换故障、打印失败、停止工作等;
(5)客票系统故障,包括存根不能记录等</td></tr>
<tr><td>运营人员处理故障凭条时,步骤如下:
(1)操作人员记录旅客购买车票的车次、张数、席别和票款,支付的金额和找零的金额等现场情况数据;
(2)打开自动售票机后门,登录维护面板;
(3)查看交易日志,检查故障凭条数据;
(4)处理或通知维护人员处理自动售票机设备故障;
(5)退还旅客金额并登记</td></tr>
</table>

4. 自动售票机

(1)为实现车站售票作业自动化,积极推行自动售票业务。自动售票机(见图 3-8)原则上只发售动车组车票。

图 3-8　自动售票机

(2)自动售站台票机

自动售站台票机可发售磁介质站台票。自动售站台票机图见图 3-9。

京津城际磁介质站台票(见图 3-10)有以下规定:

磁介质站台票限当日使用一次有效,不能上车。持磁介质站台票接送客人,需由进站检票机检票进站。持站台票进站须在检票后 1 h 内出站,超过规定时间,补收北京南至天津站一次往返二等座车所需票款。自动检票系统通过参数控制闸机是否允许站台票通过。

5. 互联网售票规定

(1)铁路互联网售票是指通过中国铁路客户服务中心网站(www.12306.cn,以下简称“12306.cn 网站”)办理铁路电子客票的销售、改签、退票等业务。

(2)铁路电子客票是以电子数据形式体现的铁路旅客运输合同,与纸质车票具有同等法律

图 3-9 自动售站台票机

图 3-10 京津城际磁介质站台票

效力。

(3)在 12306.cn 网站，购买铁路电子客票以确认交易成功的时间作为铁路旅客运输合同生效的时间，退票以网站确认交易成功的时间作为铁路旅客运输合同终止的时间，改签所涉及的原车票退票、换(购)新票分别按照退票、购票处理。

(4)旅客或购票人应当妥善保管铁路电子客票信息及购票时所使用的有效身份证件。

(5)在 12306.cn 网站购买铁路电子客票时，应当注册并准确提供乘车人的有效身份证件信息。

(6)在 12306.cn 网站购票可使用的有效身份证件包括：

①中华人民共和国居民身份证。

②港澳居民来往内地通行证。

③台湾居民来往大陆通行证。

④护照。

(7)购买儿童票的乘车儿童没有办理有效身份证件的,应当使用同行成年人的有效身份证件信息。

(8)一张有效身份证件同一乘车日期同一车次只能购买一张车票。

(9)在 12306.cn 网站购买学生票、伤残军人(警察)优待票时,应符合规定的减价优惠(待)条件。

(10)在 12306.cn 网站购票应当在车票预售期内且不晚于开车前 2 h,并在规定的支付时间内完成网上支付。

(11)12306.cn 网站确认购票交易成功后,根据购票人提供的手机、电子邮箱将所购车票信息以短信、电子邮件的方式通知购票人。购票人应及时通知乘车人,并妥善保管有关信息。

(12)在 12306.cn 网站购票后,遇以下情形,应当在购票后、开车前换取纸质车票后进站乘车:

①使用二代居民身份证以外的其他有效身份证件购票的。

②使用同行成年人有效身份证件信息购买儿童票的。

③购买学生票、伤残军人(警察)优待票的。

④乘车站或下车站不具备二代居民身份证检票条件的。

⑤二代居民身份证无法在自动检票机上识读的。

⑥需车票报销凭证的。

⑦乘车人按所购车票的乘车日期、车次在中途站进站乘车的。

(13)换取纸质车票时,按如下规定办理:

①使用二代居民身份证购买的铁路电子客票,可凭购票时所使用的乘车人有效二代居民身份证原件到车站售票窗口、铁路客票代售点或车站自动售票机上办理换票手续。

②学生票凭购票时所使用的有效身份证件和附有学生火车票优惠卡的学生证(均为原件)到安装有学生火车票优惠卡识别器的车站售票窗口或铁路客票代售点办理。

③伤残军人(警察)优待票凭购票时所使用的有效身份证件和“中华人民共和国残疾军人证”、“中华人民共和国伤残人民警察证”(均为原件)到车站售票窗口办理。

④二代居民身份证无法自动识读或者使用二代居民身份证以外的其他有效身份证件购买的铁路电子客票,需出示购票时所使用的乘车人有效身份证件原件和订单号码,到车站售票窗口或铁路局授权的铁路客票代售点,由售票员录入证件号码和订单号码并核实后办理换票手续。

⑤购票后、换票前乘车人有效身份证件丢失,须乘车人本人或代办人持本人有效身份证件原件,到乘车站铁路公安制证口,办理载明原购票时使用的乘车人有效身份证件信息的临时身份证明,并按本条第④项办理。

⑥有效身份证件信息、订单号码等经核实一致的,予以换票;不一致的,不予换票。学生票、伤残军人(警察)优待票同时核对减价优惠(待)凭证。换学生票时,应核减优惠乘车次数。

⑦旅客在乘车站及其同城站以外车站换票时,收取异地服务费 5 元。

(14)纸质车票票面载明购票时所使用的乘车人有效身份证件号码和姓名,并标记“网”字。

(15)旅客换取纸质车票后，铁路电子客票失效，不能再在 12306.cn 网站办理改签、退票手续，应凭纸质车票在车站办理检票、验票、改签、退票等手续。

旅客应当妥善保管车票，保持票面信息清晰、可识读，并妥善保护票面身份信息。

(16)在 12306.cn 网站购买铁路电子客票且乘车站和下车站都具备二代居民身份证检票条件的，可凭购票时所使用的乘车人有效二代居民身份证原件，直接通过车站自动检票机办理进、出站检票手续。

自动检票机在识读二代居民身份证时所做的进站、出站记录分别为铁路旅客运输合同运送期间的起、止证明。

(17)旅客在所购车票乘车区间中途站出站的，自动检票机验证后予以放行。

(18)列车验票时，通过旅客所持的二代居民身份证原件，核对铁路电子客票及证件等信息；经确认没有旅客铁路电子客票信息的，应当先行补票。旅客因二代居民身份证丢失，补票后又找到二代居民身份证的，列车长确认后开具客运记录交旅客，旅客持客运记录和二代居民身份证原件到下车站退票窗口，车站通过售票系统核实后退还后补车票，不收退票费。

客运记录应填写旅客二代居民身份证号码、姓名、所乘车次、席别，票种等有关内容。

(19)使用二代居民身份证作为乘车凭证的旅客，在车站、列车发生意外伤害事故的，站车工作人员应当在客运记录中记录其居民身份证号码等身份信息，事故案卷中应附有居民身份证复印件。

(20)铁路电子客票可以在 12306.cn 网站或车站售票窗口办理改签、退票手续。

(21)旅客在 12306.cn 网站购票后，尚未换取纸质车票的，可以在 12306.cn 网站办理铁路电子客票改签、退票手续，但不得晚于开车前 2 h；已经换取纸质车票的，只能在换票站和票面发站办理改签、退票手续。

(22)旅客在车站办理铁路电子客票改签、退票手续，应当到安装有银行 POS 机的车站售票窗口办理。

以下情形，按下列规定办理：

①已经换取纸质车票的，在换票车站或票面发站办理。

②在具备二代居民身份证检票条件的乘车站，持二代居民身份证已经办理进站检票手续但未乘车的，经车站确认后办理。

③乘车站和下车站均具备二代居民身份证检票条件，持二代居民身份证乘车，因伤、病或者承运人责任中途下车的，凭列车长出具的客运记录在下车站办理未乘区间退票手续。

(23)在 12306.cn 办理改签退票：

①改签后新票票价高于原票、需补收票价差额时，应当使用购票时所使用的银行卡或具备网上银行功能的其他银行卡支付新票全额票款，原票款按发卡银行规定退回原银行卡。

②改签后新票票价低于原票的，应退票款按发卡银行规定退回购票时所使用的银行卡。

③退票时，应退款按发卡银行规定退回购票时所使用的银行卡。

(24)在 12306.cn 网站办理退票手续后、需退票费报销凭证的，应当凭购票时所使用的有效身份证件原件在办理退票之日起 10 日内(含当日)到车站退票窗口索取。

6. 票额共用、席位复用

(1)票额共用

所谓“票额共用”，是指除始发站以外的其他车站对发站剩余票额实行票额共用。票额共用分 3 种形式：管内票额共用；全程票额共用；指定车次、指定车站票额共用。

①管内票额共用是指在铁路局管内规定的车站，在规定的时间内可发售本次列车的票额。如果管内有票额的车站票额未发售完，列车对剩余票额在列车驶出本局后根据《乘车人数通知单》(见表 3-2、表 3-3)的附表可以发售剩余的席位。

表 3-2　乘车人数通知单

主表

车站：　　　　日期：　　　　次车　　　　发车时间：

<table>
<tr><th rowspan="2">站名</th><th rowspan="2">硬座人数</th><th rowspan="2">软座人数</th><th rowspan="2">硬卧人数</th><th rowspan="2">软卧人数</th><th rowspan="2">无座人数</th><th colspan="2">乘车证</th><th rowspan="2">中转人数</th><th rowspan="2">售出合计</th><th rowspan="2">剩余硬卧</th><th rowspan="2">剩余软卧</th><th rowspan="2">剩余硬座</th><th rowspan="2">剩余软座</th></tr>
<tr><th>卧铺</th><th>其他</th></tr>
<tr><td>站 1</td><td></td><td></td><td></td><td></td><td></td><td></td><td></td><td></td><td></td><td></td><td></td><td></td><td></td></tr>
<tr><td>站 2</td><td></td><td></td><td></td><td></td><td></td><td></td><td></td><td></td><td></td><td></td><td></td><td></td><td></td></tr>
<tr><td>…</td><td></td><td></td><td></td><td></td><td></td><td></td><td></td><td></td><td></td><td></td><td></td><td></td><td></td></tr>
<tr><td>合计</td><td></td><td></td><td></td><td></td><td></td><td></td><td></td><td></td><td></td><td></td><td></td><td></td><td></td></tr>
</table>

备注：

附表

<table>
<tr><td></td><td></td><td></td><td></td><td></td><td>1</td><td>2</td><td>3</td><td>4</td><td>5</td><td>6</td><td>7</td><td>8</td><td>9</td><td>10</td></tr>
<tr><td rowspan="9">车厢</td><td rowspan="9">硬卧</td><td rowspan="9">厢层</td><td rowspan="3">0</td><td>上</td><td></td><td></td><td></td><td></td><td></td><td></td><td></td><td></td><td></td><td></td></tr>
<tr><td>中</td><td></td><td></td><td></td><td></td><td></td><td></td><td></td><td></td><td></td><td></td></tr>
<tr><td>下</td><td></td><td></td><td></td><td></td><td></td><td></td><td></td><td></td><td></td><td></td></tr>
<tr><td rowspan="3">10</td><td>上</td><td></td><td></td><td></td><td></td><td></td><td></td><td></td><td></td><td></td><td></td></tr>
<tr><td>中</td><td></td><td></td><td></td><td></td><td></td><td></td><td></td><td></td><td></td><td></td></tr>
<tr><td>下</td><td></td><td></td><td></td><td></td><td></td><td></td><td></td><td></td><td></td><td></td></tr>
<tr><td rowspan="3">20</td><td>上</td><td></td><td></td><td></td><td></td><td></td><td></td><td></td><td></td><td></td><td></td></tr>
<tr><td>中</td><td></td><td></td><td></td><td></td><td></td><td></td><td></td><td></td><td></td><td></td></tr>
<tr><td>下</td><td></td><td></td><td></td><td></td><td></td><td></td><td></td><td></td><td></td><td></td></tr>
<tr><td rowspan="4">车厢</td><td rowspan="4">软卧</td><td rowspan="4">厢层</td><td>0</td><td></td><td></td><td></td><td></td><td></td><td></td><td></td><td></td><td></td><td></td><td></td></tr>
<tr><td>10</td><td></td><td></td><td></td><td></td><td></td><td></td><td></td><td></td><td></td><td></td><td></td></tr>
<tr><td>20</td><td></td><td></td><td></td><td></td><td></td><td></td><td></td><td></td><td></td><td></td><td></td></tr>
<tr><td>30</td><td></td><td></td><td></td><td></td><td></td><td></td><td></td><td></td><td></td><td></td><td></td></tr>
<tr><td colspan="3">……</td><td></td><td></td><td></td><td></td><td></td><td></td><td></td><td></td><td></td><td></td><td></td><td></td></tr>
</table>

已售：* 站名(站名表示下车站，不显示站名表示售到站为终到站)

剩余：站名(站名表示限售站)

调票：/站名(站名表示票额调入站，不允许列车补票)

/站名/(站名为票额调入站，允许列车补票)

车次进款(元)：　　　　计划员：　　　　车长签收：

表 3-3　动车组乘车人数通知单

附表

车站：北京　　　　　　　日期：20071022　　　　　　　北京—沈阳北 D1 次车　　　　　　发车时间

					1	2	3	4	5	6	7	8
03	二等座		30						沈阳北			
05	二等座		20									
06	二等座		10				沈阳北	沈阳北				
08	一等座		20							沈阳北		
			50								沈阳北	沈阳北

已售：*站名（站名表示下车站，不显示站名表示售到站为终到站）

剩余：站名（站名表示限售站）

调票：/站名（站名表示票额调入站，不允许列车补票）

/站名/（站名为票额调入站，允许列车补票）

计划员：　　　　车站签收：

②全程票额共用是指在铁道部规定时间内沿途车站可发售本次列车的票额。这种情况下，列车上全程不允许发售空余的席位。

③指定车次、指定车站票额共用是指铁路局对指定车次、指定车站实行的票额共用。

(2)席位复用

所谓“席位复用”，是指除始发站以外的沿途各站对发站所售旅客到站后的席位实行复用。换句话说，全程席位复用就是指一个席位可以全程多个车站多次重复使用。只有是复用站的车站才有席位复用的权利，不是复用站的车站席位不能复用。复用站是指始发和有票额的车站发售至旅客的到站，该站就是复用站。列车可在复用站席位没有复用的情况下凭《乘车人数通知单》的附表确认后可以发售。

(3)实行席位复用的列车补票时的注意事项

①列车长及列车值班员必须掌握本次列车各站的票额分配及调整变化情况。

②未实行共用的列车，比如全程席位复用列车可根据车站《乘车人数通知单》的附表办理有座席补票。

③实行全程共用的列车只办理无座席的补票。

④实行管内共用的列车，在列车驶出剩余席位所在铁路局分界口后，根据《乘车人数通知单》的附表对剩余席位进行确认，可以办理有席补票。但管内不允许办理有席补票。

(4)动车组列车席位复用共用的规定

动车组列车实行全程席位复用，时间为售出后即时复用。

动车组列车实行票额共用。直通动车组列车票额共用时间由始发局根据客流情况确定，报铁道部批准。管内动车组列车票额共用时间由铁路局自定，报铁道部备案。

动车组列车上不办理有座席补票。

(5)《乘车人数通知单》

《乘车人数通知单》是列车补票的依据，包括主表和附表，内容为列车在本站的席位售出和剩余情况：

①主表显示统计数字。

②附表显示列车席位发售情况，作为列车补票的依据。

对于售出席位，显示“*站名”（下车站为中途站时显示“*站名”，下车站为终到站的只显示“*”);对于剩余席位,显示“站名”(站名为限售站);对于调动席位,显示“/站名”或“/站名/”(站名为票额调入站,背景为灰色),“/站名”(站名表示票额调入站,不允许列车补票),“/站名/”(站名为票额调入站,允许列车补票)。

对于动车组列车,《乘车人数通知单》的“软卧”栏改为“一等座”,“软座”栏改为“二等座”,重联动车组列车,车站可分车厢打印乘车人数通知单,分别递交列车长。

动车组列车,附表显示全部车厢席位发售情况;在列车倒数第二个停靠站,附表只显示剩余席位情况;其他列车(停站),附表只显示卧铺车厢席位发售情况以及票额调整的硬座车厢发售情况。

本次列车调整票额不允许套用时,禁止在客票系统中生成短途票额,列车对《乘车人数通知单》附表中标注“/站名”的席位不得补票。

二、客服系统的运用与管理

(一)系统组成

客服系统是指利用信息采集、网络传输、广播、显示等设备,与列车调度指挥(以下简称CTC/TDCS)、客票发售和预订系统(以下简称TRS)等网络连接,利用信息集成技术,为旅客进出车站、乘车等提供实时信息并对各子系统设备进行集中监控和管理的信息系统。客服系统由集成管理平台(IMP)和导向揭示(PIS)、广播(PA)、监控(VM)、时钟(CLK)、查询(IS)、求助(HP)、站台票发售(PT)、寄存(BLS)等子系统组成。

(二)集成平台

集成管理平台对导向揭示、广播、监控、求助、寄存等业务进行集成,与CTC/TDCS、TRS连接,实现旅客服务信息共享、功能联动。在正常工作情况下,车站所有的广播、导向揭示、视频监控、求助、信息查询、信息发布、设备监控和业务维护等业务均在集成管理平台上完成,为车站客运组织提供综合信息管理。

1. 列车到发管理

(1)TRS每天向集成管理平台发送车次目录和列车停靠站信息,CTC/TDCS每天定时向集成管理平台发送列车运行实际信息和预计列车到发信息。

(2)车站操作人员确认列车到发信息后,集成管理平台根据TRS和CTC/TDCS提供的信息自动生成或调整客运组织计划。

(3)车站操作人员确认客运组织计划后,由集成管理平台自动生成或调整广播计划、导向计划和监控计划,并将客运组织计划发送给自动检票系统和到发通告终端。

(4)车站操作人员确认计划后由广播系统、导向揭示系统和视频监控系统自动执行。

2. 广播管理

(1)车站广播系统自动从集成管理平台获取广播信息,向旅客和工作人员发布。在特定情况下,能够实现紧急情况人工广播。

(2)车站操作人员对每日生成广播计划的自动执行情况进行监控,必要时进行人工广播。人工广播包括话筒广播、专题广播和文字转语音(TTS)的选区广播。

(3)车站操作人员可以对广播区进行分组,可以选择人工话筒与其他形式的广播音源进行混音广播,可以对广播音量进行调节。

3. 导向揭示管理

(1)车站导向揭示系统自动从集成管理平台获取各类旅客服务信息,在旅客进站、购票、候车、检票、乘车、出站等各个环节为旅客提供及时准确的动、静态信息服务。

(2)车站操作人员对每日生成的导向计划自动执行情况进行监控,必要时进行人工干预。

4. 监控管理

(1)车站监控系统实现对站区内的服务对象和服务设施的监控。

(2)车站操作人员、设备维护人员及相关管理人员可以在监控权限范围内浏览摄像机的实时图像信息。

(3)车站操作人员可根据自己监控操作权限,进行视频监控、录像回放、轮巡组配置、摄像机配置操作。

(4)按照优先级的高低,具有权限的相关人员可以锁定(解锁)、屏蔽(解除屏蔽)相关摄像机的内容。

5. 求助管理

(1)车站求助系统通过集成管理平台与监控系统有机配合,响应旅客的求助需要,使旅客及时获得车站工作人员的帮助。

(2)当旅客按下求助按钮后,由求助值班人员进行首接,在条件允许的情况下,通过集成管理平台查看求助现场的视频图像。

(3)求助值班人员对旅客进行帮助,并对旅客求助内容进行登记或电话录音。

(4)首接的求助值班人员可根据现场对求助电话进行转接、保留和挂断。

6. 寄存管理

(1)车站寄存系统通过集成管理平台实现对旅客以自助的方式存放小件物品的管理。

(2)当集成管理平台收到寄存设备发生故障(外力破坏)的信号时,自动通知设备维护人员,并根据实际情况进行处置。

7. 时钟管理

(1)车站时钟系统从统一的时钟源获得标准时间,实现整个站区内各个子钟及相关系统与时钟源同步。

(2)时钟系统具有自动校时、自动追时功能。

8. 查询管理

(1)人工查询模块为车站工作人员提供信息查询,相关工作人员根据权限对信息进行编辑和修改。

(2)车站设置自助查询设备,用于旅客自助查询。

(三)应急管理

客服系统故障分为系统故障和业务故障。系统故障是指系统硬件设备(包括网络)、系统软件、应用软件发生故障或系统遭受外部侵害而影响客服系统正常运行的故障。业务故障是指因操作失误、违反操作流程等活动而造成广播、导向的播报、显示信息错误的故障。

1. 客服系统发生故障时,相关操作人员、系统管理人员、设备维护人员应当迅速处理。不能及时恢复的,经单位主管领导批准,立即启动应急预案,并向上级主管部门报告。客服系统与CTC/TDCS等系统接口发生故障时，应及时查明原因，并报相关部门处理。

2. 车站要制定切实可行的应急预案，并定期组织预案演练。要建立故障分析、处理、追踪制度，建立详细的故障处理档案。

(四)系统维护

车站应建立健全客服系统用户管理制度和系统安全保密制度，根据岗位职责，确定相应的管理和使用权限。遇人员调整时，应立即变更用户名单、权限、口令等相关事项。车站系统管理人员负责集成管理平台用户的增加、删除、修改及其权限设置。集成管理平台用户首次登录后必须修改自己的密码，密码长度不能低于6位，须由英文字母和数字混合而成。密码至少每3个月更换一次。

使用单位应充分发挥客服系统功能，对客服系统及其关键设备、中央监控室等应实行24小时值班制度，指定专人负责管理和维护，明确值班电话，确保信息畅通。遇旅客紧急求助时，应及时响应。建立系统设备管理台账，明确相关操作人员、系统管理人员和设备维护、管理人员岗位职责，制定日常工作制度和标准及管理维护计划，并严格落实。

春运、暑运等旅客运输高峰期之前，使用单位应对客服系统、设备及相关环境设施进行全面检查，及时排除故障隐患。

确需对客服系统进行停机巡检的，使用单位应当制订实施方案，明确替代措施，经铁路局客运处和信息技术处备案后方可实施。可能影响客服系统稳定运行的调试、测试等，应在空闲时进行。房建、水电、通信等其他部门因检修设备需中断机房电源或通道时，必须提前提报详细方案，征得使用单位同意后方可施工。应加强计算机病毒防范工作，统一配置杀毒软件，及时升级，定期查杀病毒，并做好相关记录。应保证客服系统封闭运行。相关的计算机设备严禁与互联网等外部网络进行物理连接，不得与其他无关系统共用硬件或者网络设备。U盘、移动硬盘等采取脱机方式进行信息交换的存储介质只能在本单位系统内部使用，不得外借、存储私人资料或者带离本单位使用；进入客服系统操作前必须查杀病毒。

使用单位应当配备专门设备管理、维护人员，具备初级维护能力，并与系统开发商、设备厂商或者专业维护单位建立便捷联系机制，确保客服系统设备在发生故障时得到及时维修。

车站业务维护人员负责对车站设备数量、种类和位置的变更造成的基础数据变更、广播专题的类型、内容变更、导向专题计划的创建、修改等进行维护。

三、候车和乘降组织

1. 候车及乘降组织规定

(1)较大车站应设置动车组旅客专用候车室，有动车组停靠的中间站应设专用候车区。动车组旅客的候车室(区)设备设施和服务应符合软席候车室标准。京津城际旅客候车室(区)应按软席标准设置，提供两种以上中外文读物、报刊；厕所有卫生纸，洗手间有洗手液(皂)、干手器(擦手纸)，保持清洁，保证空气清新。

(2)车站设置自动检票闸机(见图 3-11)的,闸机的数量和布局应当与车站设施设备相协调,有利于划分动车组旅客专用区域和通道并满足旅客快速进出站的需要。使用自动检票闸机的车站应同时留有人工通道。车站应加强进出站通道、站台的封闭管理,防止无票人员上车。

图 3-11　自动检票闸机

(3)动车组列车在站停靠时间短,对乘降组织要求高,在站台上标出对门排队位置(CRH1 型用蓝色、CRH2 型用黄色、CRH5 型用绿色),以便组织旅客排队快速上下。动车组列车到站前加强在站停靠时间短和乘降安全的宣传提示,确保旅客乘降安全。

(4)动车组车门验票由车站负责,通道和站台专用的车站可以不在车门验票。

2. 自动售检票系统的管理

(1)系统组成

自动售检票系统由计算机、通信、网络、数据库自动控制等技术集成,实现旅客自助购票、检票全过程的应用系统,是铁路客票发售与预订系统的组成部分。京津城际铁路自动售检票系统采用大站代管小站的模式进行管理。北京南站代管亦庄站,天津站代管武清站。

(2)职责分工

铁路局负责对自动售检票系统进行权限管理,监督、检查系统运行状况,组织管理人员的培训工作,对车站日常维护工作进行监督、检查和指导,建立系统基础台账。

车站负责制定本站自动售检票系统管理实施细则、作业流程和岗位标准,对客票发售情况、检票数量进行统计分析,负责系统日常维护,建立车站基础台账,配合做好系统升级工作。

3. 自动检票作业组织

(1)检票计划

自动检票系统检票计划分为基本计划、动态调整计划和日计划。

日计划是自动检票机每日进行检票的作业依据,车站要根据旅客乘降组织方案编制检票计划,确保计划准确、及时、完整。

基本计划依据客票系统的基础数据及车站旅客乘降组织方案编制而成,应保持相对稳定。

动态调整计划是对基本计划的临时修改和补充,遇有车站乘降组织方案临时变更时,应根据命令及时编制并执行。

日计划由系统根据基本计划和动态调整计划自动生成并下达到对应自动检票机。

车站要做好检票计划核对、作业交接班和自动检票机状态监控工作,确保检票计划的编制、下达、执行的唯一性、连续性、准确性。

(2)检票作业

自动检票区域应有专人值守,负责本区域内的设备管理和旅客服务,遇有旅客无法通过自动检票机闸门等特殊情况时,工作人员要仔细查验票证,妥善处理。

车站要在明显位置揭示自动检票机的使用须知。根据客流情况及时调整自动检票机的开放数量及工作模式，确保高峰时段旅客进出站通畅。

自动检票机要与车站广播、引导系统的作业内容一致，工作人员发现异常及时报告专业人员进行处理。

检票工作人员要引导旅客按提示正确检票，遇自动检票机故障或提示警告等异常情况时，要及时妥善处理。

自动检票机闸门禁止逆向通行。

(3)应急处理

自动检票机发生大面积故障，无法正常检票时，车站要及时安排工作人员人工查验车票，确保通道畅通。

当站内发生火灾、爆炸等紧急情况时，工作人员要立即开启相关自动检票机通道，关闭自动售票机，并引导旅客到安全区域。

(4)自动检票机作业日报表

自动检票机作业日报表见表 3-4。

表 3-4　自动检票机作业日报表

年　　月　　日

车次	闸机名称								合计检票人数
	1号	2号	3号	4号	5号	6号	7号	8号	
总计									

第四节　乘务组织

一、动车组列车乘务组的组成及客运人员要求

1. 乘务组组成

列车乘务组由列车长、列车员、乘警和随车机械师组成。列车上保洁、餐饮由社会专业公司承担时，其员工视同列车乘务组成员。列车乘务组人员应当各司其职，在为旅客服务上，接受列车长统一领导。动车组列车上实行列车长领导下的各工种分工负责制。

2. 人员配备

客运乘务组根据交路实际需要采用轮乘或包乘制。客运乘务组由 1 名列车长和 2 名列车员组成，动车组重联时，按两个乘务组配备。编组 16 辆的动车组按 1 名列车长和 4 名列车员配备。对以上运行时间较长的动车组可适当增加客运乘务人员。根据铁劳卫〔2007〕67 号《关于铁路第六次大面积提速调图有关动车组劳动组织职工培训和工资分配问题的意见》，动车组

司机:实行单司机值乘制。客车检车员(随车机械师):按每组1人配备。不设运转车长。乘务人员预备率:动车组司机(含地勤司机)16%,其他人员7%。

3. 人员要求

站、车客运人员应当具备高中及以上文化程度,能够熟练使用计算机和站车相关设备设施,掌握服务类常用英语会话,具有良好的语言文字表达能力和服务技巧,身材匀称、五官端正,女性身高一般不低于1.60 m,男性身高一般不低于1.70 m。站、车客运人员应当按照规定岗位职责进行岗前培训,经考试合格取得上岗资格,由铁路局统一颁发上岗证,持证上岗并应当定期进行脱产培训。

餐饮、保洁人员上岗前应当经过铁路安全知识、应急演练和设备操作培训。培训及考核发证由铁路局负责。餐饮、保洁乘务组人员应当保持相对稳定。遇有人员变动,应当通知列车担当铁路局客运处。

二、动车组列车的乘务工作

1. 乘务组职责

客运乘务组承担服务旅客、处理票务、检查列车保洁、餐饮工作质量等工作。发生影响旅客安全问题时,客运乘务组应当立即采取有效措施,保护旅客安全。

2. 列车广播

运行时间在3 h以内的列车,一般只播迎送词、服务设备介绍、安全提示、站名和背景音乐。运行时间超过3 h的列车,可在不干扰旅客休息的前提下,适当增加播放内容。列车旅客信息服务及影音播放系统播放的内容应由客运部门提供,由车辆部门录入。

京津城际动车组列车采取中英文广播,动车组列车在始发前5 min播放安全提示,始发后5 min内播放欢迎词、安全提示及背景音乐,终到站前5 min播放终到告别词。广播内容由客运段提供,铁路局宣传部、客运处审定,车辆部门录入,始发前由随车机械师按规定操作自动广播装置。自动广播发生故障时,由客运人员人工广播。

3. 车门管理

动车组发车前,由列车长确认旅客乘降完毕后,根据不同车型要求通知司机或机械师关闭车门。动车组重联运行时,由两组列车长互相确认旅客乘降情况后,运行前方第一组的列车长负责通知司机或机械师。动车组出动车段(所)到达始发站后,应将车门保持关闭状态。司机根据列车长的通知开门。列车工作人员不得擅自开关车门。

(1)动车组发车作业程序

①CRH_1、CRH_{2E}、CRH_{2B}、CRH_5型动车组

列车长在确认旅客上下完毕后(两组动车组重联时,前进方向后组动车组列车长确认本组旅客上下完毕,向前组动车组列车长汇报。前组动车组列车长在确认全列旅客上下完毕后),使用手持电台呼叫:“动车××次司机,旅客上下完毕,请关门”。

动车组司机应答:“动车××次司机明白”。

动车组司机操作控制开关关闭车门,操作台关门显示正确,确认出站(进路)信号开放(在CTCS－2级区段,动车组在完全监控模式、部分监控模式下运行时,为列控车载设备显示的允许运行的信号),口呼“车门关闭、信号开放”,确认开车时间,然后起动列车。

②CRH_{2A}型动车组

列车长在确认旅客上下完毕后(两组动车组重联时,前进方向后组动车组列车长确认本组旅客上下完毕,向前组动车组列车长汇报。前组动车组列车长在确认全列旅客上下完毕后),使用手持电台呼叫:"动车××次机械师,旅客上下完毕,请关门"。

随车机械师操作控制开关关闭车门。

动车组司机确认操作台关门显示正确、出站(进路)信号开放(在CTCS－2级区段,动车组在完全监控模式、部分监控模式下运行时,为列控车载设备显示的允许运行的信号)后,口呼:"信号开放、车门关闭",确认开车时间,然后启动列车。

(2)动车组到达及开门

①动车组列车必须做到一次对标停车,无特殊原因禁止再次移动列车。

②CRH_1、CRH_{2E}、CRH_{2B}、CRH_5型动车组停稳后,司机立即操作控制开关打开站台一侧车门。

③CRH_{2A}型动车组停稳后,随车机械师(两组动车组重联时为前进方向前组随车机械师,下同)立即操作控制开关打开站台一侧车门(值乘司机不通知随车机械师)。

④动车组终到旅客下车完毕,列车长通知司机(CRH_{2A}型动车组为随车机械师)关闭车门。

注:CRH_{2A}型为8辆编组座车,CRH_{2B}型为16辆编组座车,CRH_{2E}型为16辆编组卧车。

(3)立岗位置

CRH_{2A}动车组随车机械师必须在客运营业站到达、开车前5 min在站台侧乘务员室准备开、关车门作业(乘务员室门须保持开启状态)。

4. 资料台账

列车长出乘除携带电报、客运记录、处理票务等必要的设备和处理业务资料外,其他纸质资料台账不携带上车。动车组列车运行中,列车长无须向添乘领导汇报工作。

5. 通信联络

客运乘务人员配手持电台。动车组列车始发前,列车长的手持电台均应设置在频道1与随车机械师、乘警或司机进行通话联络。运行途中,列车长需与列车员通话时,转为各自的专门频道进行通话。通话完毕,应转回频道1进行守候。

6. 多功能室

列车多功能室只能用于照顾伤、病旅客,存放少量服务备品,由客运乘务人员管理,其他人员不得占用或改作他用。

7. 宣传揭示

动车组列车内的宣传框按照"八荣八耻"、列车简明时刻表、旅行须知、安全须知等内容顺序布置。框内宣传品制作应质量良好。

三、客运人员与司机和随车机械师结合部工作

1. 人员管理

动车组本务司机、地勤司机隶属机务段管理。

随车机械师、存放点车辆调度人员、地勤机械师隶属车辆段管理。

客运乘务人员(列车长、列车员)隶属客运段管理。

2. 本务司机

动车组在区间被迫停车时，负责指挥随车机械师、客运乘务组处理有关事故救援等事宜。

动车组出所后，负责 CRH1 型、CRH2-300 型、CRH3 型、CRH5 型动车组的车门集控开关。在车站，列车在规定位置停稳后开启车门；开车前，根据客运乘务员通知，关闭车门。

3. 随车机械师

负责在运行途中监控动车组的技术状态，发现故障及时将有关信息通知司机，并采取措施，妥善处理。

动车组出所后，负责 CRH2-200 型动车组的车门集控开关。在车站，列车在规定位置停稳后开启车门；开车前，根据客运乘务员通知，关闭车门。

4. 客运乘务员

在车站，确认旅客乘降情况，通知司机关闭 CRH1 型、CRH2-300 型、CRH3 型、CRH5 型动车组车门；通知随车机械师关闭 CRH2-200 型动车组车门。

发生危及行车和旅客生命安全的紧急情况时，使用紧急制动阀停车或通知司机采取措施；需要组织旅客撤离列车时，通知司机，由司机向列车调度员报告或通知就近车站值班员；在司机指挥下，处理有关事故救援等事宜。

5. 车内设备使用和管理

CRH5 型车每次列车始发由客运人员到机械师室点车次，列车播放系统才能按正常程序播放。

动车组配电盘、车内空调、照明及旅客信息系统设备由随车机械师操作。自动广播装置的广播内容由客运段负责按规定要求录制，车辆段负责输入自动广播装置。客运乘务员发现设备故障时，通知随车机械师及时处理。运行中发生设备损坏时，随车机械师与列车长共同确认，并填写上部设施破损记录，双方签字。

动车组的整备和保洁管理。动车组的客运整备和车内保洁由客运部门负责，动车组外皮清洗和吸污作业由车辆部门负责。

第五节　动车组客运乘务工作标准

一、客运乘务员岗位职责

1. 列车长工作职责

(1)服从指挥，完成上级布置的各项任务。

(2)负责组织实施列车运行中的工作，督促乘务员按照标准作业，确保服务质量及车内安全。

(3)负责召开出、退乘会。

(4)负责检查指导列车餐饮工作。

(5)负责检查验收保洁工作。无随车保洁人员时，负责运行中车内卫生清洁。

(6)负责办理乘务过程中的各项客运业务。

(7)负责与车站办理交接。

(8)负责收集旅客对列车服务工作的意见，受理旅客投诉。帮助旅客解决困难，妥善安排重点旅客。

(9)按照有关规定,处理运行中的紧急情况,并及时向派班室(客调)及上级部门汇报。

(10)监督乘务员、保洁、餐饮人员在值乘中各个阶段保持专业化形象。

(11)负责乘务组在折返站及住宿期间的管理。

(12)负责信息反馈,并提出改进建议。

2. 列车员工作职责

(1)在列车长的领导下,完成乘务工作。

(2)负责实施列车服务和车内安全工作。

(3)无随车保洁人员时,负责运行中车内卫生清洁。

(4)负责各种服务备品的检查。

(5)协助做好餐饮工作。

(6)负责完成规定的广播任务。

(7)负责实施车内各类紧急情况的处置。

(8)完成规定的作业流程,并达到质量标准。

(9)负责向列车长反馈各种信息。

(10)完成列车长交办的其他工作。

二、动车组客运乘务工作阶段要求

(一)准备阶段

1. 列车长的准备

(1)到派班室报到或电话联系,接受命令指示,确认当日担当乘务情况,填写乘务报告。做到按时出乘。出乘前命令指示记录准确、无遗漏,乘务任务明确。

(2)检查通信设备、乘务资料等携带情况。乘务资料包括电报、客运记录、票务处理必要的资料。做到资料携带齐全,设备状态良好。

(3)列车开车前 40 min 在站台接车,召开出乘会,检查乘务员仪容仪表、着装、应配物品,布置乘务任务。做到准时接收列车,仪容备品达标,命令传达准确,任务布置清楚。

(4)全面巡视车厢,检查车内保洁、备品和饮用水配置情况,督促保洁人员补做车内卫生,并做好交接记录。做到按照保洁质量标准验收检查,确保保洁质量达标,饮用水充足。

(5)与司机、随车机械师对表,联系有关事宜,做到设备状况清楚。

2. 列车员的准备

(1) 整理仪容仪表,检查对讲机等设备、资料携带情况。做到仪容着装达标,资料携带齐全,设备状态良好。

(2) 列车开车前 40 min 在站台接车(见图 3-12、图 3-13),参加出乘会(见图 3-14、图 3-15),接受列车长的命令指示。做到准时接收列车,乘务任务明确。

(3)全面巡视车厢,检查车内保洁和备品配置情况,督促保洁人员补做车内卫生(见图 3-16、图 3-17)。做到按照保洁质量标准验收检查,检查结果报告列车长。

(二)乘务阶段

1. 开车前列车长

(1)在指定位置立岗(见图 3-18)。列车长在随车机械师值乘位置附近为宜,(机械师监控

图 3-12 列队出乘

图 3-13 站台接车

图 3-14 乘务资料

图 3-15 乘务会

图 3-16 三乘联检

图 3-17 始发前巡视

室 5 型车在 6 号车，2 型车在 7 号车，1 型和 3 型在 5 号车)，与车站客运值班员办理交接，掌握售票情况。做到交接清楚，掌握重点。

(2)检查餐饮供应准备情况(见图 3-19)。做到人员仪容仪表整齐，商品、餐料充足，明码标价，定置摆放，卫生达标。

(3)引导重点旅客。做好开车前 5 min 广播通告。做到引导有序，妥善安排，通告及时。

图 3-18 在规定位置立岗

图 3-19 检查餐饮

(4)与乘务员联系,确认旅客乘降完毕,通知司机关闭车门(见图 3-20)。做到准确无误,通知及时。

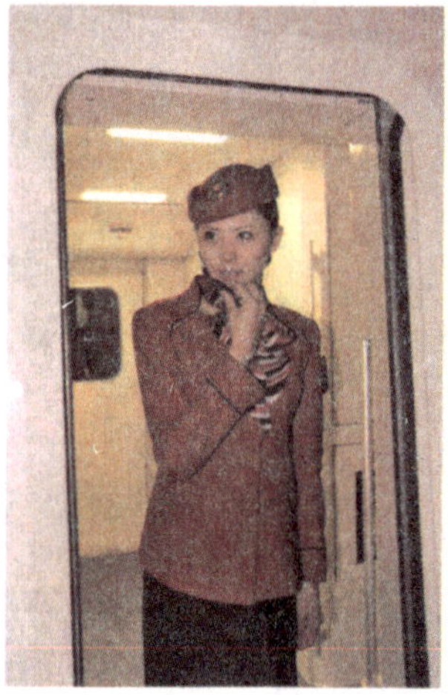

图 3-20 通知关门

2. 开车前列车员

(1)在与列车长所在位置相对应的列车另一端,引导旅客。做到引导有序,妥善安排重点旅客。

(2)确认旅客乘降完毕,报告列车长。做到准确无误,报告及时。

3. 开车后列车长

(1) 在 10 min 之内播完欢迎词及相关内容(通报站名、服务设施介绍、安全提示等),随后可播放背景音乐。做到按时播报,音量适宜。

(2)巡视车厢,查验车票,检查行李摆放情况,提醒旅客将大件行李及铁器、锐器等不适宜放在行李架上的物品放在指定位置并自行看管。做到行李物品摆放平稳,通道保持畅通。

4. 开车后列车员

(1)巡视车厢,检查行李摆放情况,提醒旅客将大件行李及铁器、锐器等不适宜放在行李架上的物品放在指定位置并自行看管。做到行李物品摆放平稳,通道保持畅通。

(2)协助列车长查验车票。

5. 运行中列车长

(1)巡视车厢,掌握车内动态,处理服务过程中的各类问题。做到耐心解答旅客问询,做好解释工作。重点旅客心中有数,主动提供帮助。特殊情况妥善处理,汇报准确及时。

(2)检查途中保洁作业质量,做到定时定量,结果有记录。

(3)做好开车后和到站前广播通告,遇有列车晚点超过 15 min,通过广播向旅客致歉。组织中途停站旅客乘降。做到通告准确,乘降有序。

(4)途中停站,与车站客运值班员办理交接。做到交接清楚,手续完备。

6. 运行中列车员

(1)巡视车厢(见图 3-21),掌握车内动态,处理服务过程中的各类问题。做到耐心解答旅客问询，做好解释工作（见图 3-22）。对重点旅客心中有数，主动提供帮助。特殊情况妥善处理。做到处理违章态度和蔼，执行规章熟练准确，减少对旅客的干扰（见图3-23）。

图 3-21　巡视车厢

图 3-22　解答旅客问询

（2）做好车厢内卫生清洁，保证干净整洁，卫生达标。

（3）协助列车长做好到站前 5 min 广播通报站名、到开时刻，提醒旅客做好在列车运行前方车门下车准备。开车后 5 min 内广播预告前方停车站及相关内容（通报站名、服务设施介绍、安全提示等）。做到按时播报，内容准确，音量适宜。

图 3-23　处理票务

7. 终到前后列车长

（1）征求旅客意见建议。做到态度诚恳，记录详细。

（2）到站前 5 min 广播通报站名，致道别词，提醒旅客做好下车准备，请旅客配合尽快下车。做到按时播报，语音适宜。

（3）列车到站后，向旅客道别，协助重点旅客下车。做到用语统一，微笑致意。主动热情，帮助重点。

（4）旅客下车完毕，从大号车厢开始巡视，检查有无旅客遗失物品等。做到动作迅速，检查仔细。发现问题，按章处理。

（5）在规定位置与车站客运值班员办理重点旅客、遗失物品等业务交接。做到交接清楚，手续完备。

8. 终到前后列车员

（1）协助列车长做好到站前 5 min 广播通报站名，致道别词，提醒旅客做好下车准备，请旅客配合尽快下车。做到按时播报，语音适宜。

（2）列车到站后，向旅客道别，协助重点旅客下车。做到用语统一，微笑致意。主动热情，帮助重点。

（3）旅客下车完毕，从小号车厢开始，检查有无旅客遗失物品等，发现问题报告列车长。做到动作迅速，检查仔细，报告及时。

（三）退乘阶段

1. 列车长

（1）召开退乘会，讲评当日工作，填写乘务报告。

做到讲评全面，记录翔实。

(2)对随车保洁情况做出鉴定。做到保洁情况清楚,鉴定结果准确。

(3)带领乘务组退乘。做到着装整齐,列队退乘。

(4)需要解款时到规定地点缴款。做到乘警护送(无乘警时,列车员协助),账款相符,及时解缴。

2. 列车员

(1)参加退乘会,汇报当日乘务工作情况。做到汇报简明扼要,准确无误。

(2)协助列车长到指定地点缴款。

第六节　餐饮保洁管理

一、餐饮供应

(一)动车组餐饮有关规定

1. 列车餐饮服务由与铁路局签订餐饮服务合同的专业餐饮公司承担。为列车提供餐饮服务的企业必须通过ISO 9000或HACCP质量认证。列车上销售的食品、饮品应当为全国名优产品并应当有“QS”标志。

2. 铁路局应当监督餐饮企业严格遵守国家卫生法律法规的规定,建立健全加工食品的场地、加工程序、设备、保管、运输、列车供餐服务质量、商品价格等各环节管理和考核制度。

3. 列车上销售的食品和商品,必须由餐饮公司统一采购。餐饮公司销售人员应将上车食品、商品的出库单交列车长以备检查。列车销售的食品和商品销售应当明码标价、一货一签,并有“CRH”标记。

4. 加热后未售出的食品严格实行定时报废制度。在列车上,报废的食品在未处理前应醒目标明“报废”字样存放。

5. 餐饮企业的乘务服务人员负责列车运行中餐车的清洁卫生。餐车展示柜布置应当美观丰满,其他商品、备品存放不得侵占通道和影响安全。列车到站、开车时,乘务服务人员应当在餐车门内立岗迎送旅客。

6. 动车组供应的食品、饮品应当品种丰富,价格合理。餐饮企业应当经常征求旅客对饮食服务的意见,并根据旅客的意见调整供应品质、品种,改善服务质量。

7. 站、车要利用各种渠道大力宣传“CRH”品牌,用于为动车组旅客服务的用品、商品应有“CRH”图形标记。

(二)餐饮供应

1. 制订科学合理、营养健康、绿色环保的餐饮品种体系,针对不同区域、不同季节、不同时段、不同层次旅客的需求,提供规范标准的餐饮产品。

2. 餐饮品种应品类丰富、口味多样、方便快捷,能够根据旅客的要求及时调整。

3. 餐食成品的各项主辅料搭配要定量化,设置科学合理的上下限标准,并在外包装中标明。

4. 餐饮营养搭配合理,各种营养素含量符合国家有关标准。

5. 餐饮应质价相符、物有所值,满足旅客旅行中的基本餐饮需求。要充分考虑铁路票价和乘客的消费水平,提供高、中、低档不同的供应方案。对于旅客必需的餐食品种,要坚持保本微利原则。对于非必需的餐饮品种，可根据市场情况提供差异化服务。乘务餐不得高于成本价。

6. 餐食原料绿色化，不提供以野生保护动、植物为原料的食品。餐具环保化，一次性餐盒必须可降解或可回收。餐食应符合列车环境要求，禁止销售存在旅客人身安全隐患、影响列车环境卫生的食品。

（三）动车组销售食品应符合的要求

1. 实行烹调加工的配送食品，冷藏温度持续不高于 10 ℃，供餐前应经充分加热，加热后中心温度应持续不低于 60 ℃；无适当存放条件的，存放时间不得超过 2 h。

2. 预包装食品应标明生产厂名、厂址、生产时间、保质期和食用方法，符合国家卫生标准。

3. 一次性餐饮具必须符合《一次性可降解餐饮具通用技术条件》(GB 18006.1—1999)标准，达到绿色环保要求；餐饮具必须洗净消毒，符合《食(饮)具消毒卫生标准》(GB 14934—1994)。

4. 为旅客提供餐饮服务的动车组应配备必要的食品储存、加热、冷藏或热藏、水池、餐(饮)具消毒、保洁等设施、设备，并做到安全无害、清洁卫生。

餐饮具、食品应定位存放，避免生熟混放、混用。

（四）餐饮包装

1. 餐饮外包装必须标明餐饮成分、食用方法、保质期、生产日期、质量安全图示等标示。

2. 包装材料必须选择可重复使用、可回收利用或可降解的材料，确保印制或粘贴的标识标签无毒，且不直接接触食品。

3. CRH 商标的使用要严格按《商标使用许可协议》施行，CRH 商标应印制在产品外包装的显著位置。未经许可，餐饮服务运营商不得标注自有商标/标识。

（五）食品配送

1. 配送过程应坚持全程冷链原则。准冷链配送时，必须严格控制时间，确保食品安全。

2. 配送的餐饮包装完好，交接流程规范。配送的物品、车辆清洁卫生。配送人员服装统一，整洁卫生。

3. 餐饮要及时送至站台，确保开车前 5 min 所有餐食上车完毕。

（六）销售服务

1. 销售服务规范，销售方式新颖，销售工具先进，销售价格透明，服务态度温馨，就餐环境宜人(见图 3-24～图 3-26)。

2. 车上销售人员不少于 3 人，最多不得超过 5 人。

3. 销售人员聘用条件符合《动车组列车旅客运输管理办法》的要求。餐饮配送和销售人员应经过铁路知识和专业技能培训，持证上岗。

销售人员要树立活力、热情、文明、自信的专业形象，服装得体大方，语言文明礼貌，服务规范要符合《动车组站车客运人员服务规范》的要求。

图 3-24 大编组动卧餐车

图 3-25　CRH3 型餐车

图 3-26　CRH2 型餐车

4. 车上餐饮经营必须备有发票。

5. 移动售货在列车始发 5 min 后方可开始,终到前 10 min 停止。不得叫卖、兜售,不允许使用对讲系统,不得干扰旅客,服务过程中主动避让旅客。售货小推车应印有 CRH 商标,具有良好的防撞、刹车性能,不得影响旅客侧身通行。

6. 餐车经营要确保环境整洁,秩序良好。餐饮宣传品摆放位置合适,不得粘贴。列车终到前,服务人员要及时整理餐车,恢复原貌。餐车备品符合国家环保要求,印有 CRH 商标。

7. 未经同意,不得在动车组列车上发布任何广告。

8. 运行途中的饮用桶装水由销售人员负责更换,折返站饮用桶装水由餐饮服务运营商负责配送。

9. 餐食垃圾必须采用专用回收工具和容器,及时分类回收,达到全密封,不渗漏,杜绝交叉污染。列车终到后将回收物交接到指定地点,进行集中处理。

(七)餐饮安全

1. 餐饮服务运营商在采购、加工、储存、配送、销售、回收过程中,必须确保餐饮质量卫生安全;在配送、销售、回收过程中,应避免造成旅客人身伤害。

2. 餐饮服务运营商在站内作业时,必须遵守车站相关管理规定,服从车站工作人员指挥,确保铁路行车安全。

3. 餐饮服务运营商在站内和列车上进行食品加热、加工作业时,应规范操作,确保不发生火灾事故。

4. 发生上述安全事故时,按照《动车组餐饮服务授权经营合同》的规定,明确责任,及时处理。

(八)监督检查

1. 监督检查内容为动车组餐饮服务的整体质量。包括:《动车组餐饮服务授权经营合同》或《动车组餐饮服务合作合同》履行情况,餐饮服务运营商质量管控制度的制定及执行情况,应急预案制定与执行情况,动车组餐饮相关设备管理情况,安全管理情况等。

2. 车上监督检查原则上由列车长负责,地面由铁路局指定部门负责。

3. 监督检查形式包括旅客问卷调查、日常检查和年度综合评估等。检查中发现的问题,由铁路局开具整改通知书。

4. 铁路局根据日常检查和年度评估结果,按照《动车组餐饮服务授权经营合同》或《动车组餐饮服务合作合同》的规定对餐饮服务运营商进行奖励或处罚。

二、保　　洁

列车保洁工作由与铁路局签订保洁合同的专业保洁公司承担。为动车组列车提供保洁服务的企业应当具有 ISO 9000 质量认证。

保洁作业应当爱护车辆设备，保洁使用的清洁剂类用品应当是经过认证机构认证的产品。铁路运输有关部门应当对保洁工作中涉及卫生环境质量和爱护车辆设备等进行检查指导。

动车段（所）应当将保洁工作纳入库内作业计划，并为列车保洁提供水、电和存放保洁机具、备品等条件。

列车要通过广播、图形标志、电子显示屏、文字提示等形式向旅客广泛宣传环境保护和禁止吸烟规定，提示旅客不得随意丢弃杂物。

（一）列车保洁要求

1. 车体外墙、风挡外侧、外门窗及玻璃

外墙、风挡外侧、外门窗及玻璃可由安装在动车所线路上的外皮清洗机进行清洗。如需人工清洗，清洗工具不得采用硬质毛刷，更不得采用金属工具。

2. 转向架

转向架不得直接用水冲洗，不得使用金属工具清洁，可用毛刷、棉布蘸水（洗涤剂）清洁。

3. 卫生间

卫生间地板、便器可用毛刷蘸水（洗涤剂）清洗，不得使用金属工具刷扫。

4. 厨房设备

厨房设备只能采用棉布蘸水（洗涤剂）清洁，不得使用金属工具刷扫。

5. 车内其他设施

(1) 在对车内墙壁、顶棚、灯罩、行李架、车门及各种玻璃、风挡内侧进行清洁时，只能采用棉布蘸水（洗涤剂）清洁。

(2) 地板不能直接用水冲洗，只能用棉布拖把进行清洁。

(3) 座椅绒布部分只能用洗尘机清洁；扶手可用棉布蘸水（洗涤剂）清洁。

6. 保洁所采用的各种洗涤剂必须是厂家推荐的洗涤剂或中性洗涤剂。

（二）动车组保洁作业规定

动车组保洁作业应纳入动车运用所检修作业计划统一管理，服从动车运用所调度指挥，在规定的时段内完成。保洁人员作业前应向动车运用所调度接受作业计划，作业完毕及时报告并办理相关签认手续。

车体外部人工清洗时必须确认车顶接触网断电。应严格执行接触网断电作业制度，作业时由保洁人员提出断电申请，由动车运用所接触网供断电工负责断电操作。

车体外部人工清洗不得使用高压冲洗设备，并避免直接用水冲洗电气部件、转向架及车体裙板散热隔栅。冲洗动车组外墙时，应确认动车组侧门关闭，避免门滑道进水。

采用自动清洗机作业时，应严格执行设备操作规程和安全规定。

在轨道桥及高架地沟线作业时，须经二层作业平台或移动作业平台上、下动车组。使用梯子登高清洁动车组外墙时，梯子端部必须包扎软质材料，避免碰伤动车组外墙。

严禁操作动车组配电柜、司机室驾驶设备等与保洁作业无关设备。

使用吸尘器等电器工具,应保证设备自身良好。使用客室外置电源插座,禁止擅自接电。保洁电器的技术规格须由运用所审核、备案,电器功率应控制在插座许用功率以内。

清洗剂应使用中性偏碱性(pH 值 7～8),不得含磷、硅、亚硝酸盐物质,具有良好的乳化、润湿和去污性能,对油漆无损伤。严禁使用强酸、强碱和不明化学性质的清洗剂。

保洁擦拭时应使用棉布等柔软材料,禁止使用钢丝球、刀片等锋利尖锐工具铲刮污垢。厕所便器、洗面盆等处污垢,可蘸少许清洁剂擦拭;客室内墙板、顶板、玻璃、门窗、小桌等,应使用半干半湿的软毛巾擦拭,污垢处可蘸少许清洁剂擦拭,清洁后及时消除残迹;洗面盆、冲便器、门等处的感应器外表面必须使用干燥的软布擦拭。

车内地面清洁时,原则上应采用吸尘器、墩布等清洁工具,地面垃圾较多时,方可使用扫帚清扫。使用墩布前应将水拧干,严禁用水直接冲刷地板、通过台、厕所墙板、密接风挡。

座椅和地毯等处纺织品上污垢的清洁,须在专业厂家指导下制定并执行专门的清洁工艺,使用专用的清洗剂。

禁止敲击动车组车门、内外墙板及各类设备设施。登高作业不得踩踏座椅、小桌、洗手盆等设备。

禁止向洗手盆及便器内投放杂物、排放污水。车上清扫出的垃圾,必须袋装化,在作业完毕后由保洁部门统一运出处理,不得随意抛洒,不得遗留在动车所内。

保洁作业结束后必须将打开的各处盖板、小门复位、关闭,并检查、确认工具和设备已撤出车辆限界之外,确保动车组移动安全。

因保洁作业造成的外墙划伤、设备损坏等应由保洁部门承担相应的修复费用,动车运用所负责组织修复。

三、动车组卫生监督管理

(一)动车组车厢卫生要求

1. 车厢内微小气候、空气质量、噪声、照明符合国家《公共交通工具卫生标准》(GB 9673—1996),禁止吸烟。

2. 空调通风设施应定期清洗消毒,定时强制通风,保持空气清洁。

3. 车厢内公共卫生设施性能良好,能够正常使用,车内卫生清洁,无积尘、无积垢、无杂物,座椅头枕片定期更换。

4. 厕所通风良好、无臭味,达到便池便器清洁、无积便尿垢,坐便器应配备一次性垫圈。

(二)卫生防疫要求

1. 动车组应达到无鼠蟑虫害的卫生要求,餐饮、食品售货场所需配备防鼠、防虫设施和药品。

2. 动车组应建立突发公共卫生事件处理预案和组织管理网络,配备急救药箱,保证药品器械齐全有效,做到专人保管,做好使用登记并及时补充药品器械;动车组应有兼职红十字卫生员,负责动车组运行途中身体异常旅客和乘务人员的现场急救处理。

3. 动车组发生食物中毒等突发公共卫生事件时,列车长应做好应急处理工作,并及时报告前方车站或铁路卫生防疫部门和单位主管部门,并按规定保护现场,封存保留样品,以备查验。

4. 动车组必须取得公共场所卫生许可证，食品经营单位必须取得食品卫生许可证；动车组乘务人员、配送食品的从业人员及保洁人员均须持有效健康证明，并注明卫生知识培训合格。

5. 铁路卫生监督机构实行出库始发列车全项检查和折返始发、终到、中途重点检查制度。站车卫生监察进行现场监督检查，采取填写“旅客列车动车组卫生监督检查表”，进行符合率判定并提出监督意见的方法。

对违反《旅客列车动车组卫生监督管理暂行办法》的行为，依据有关卫生法律法规规定的法律责任予以行政处罚。

(三)动车组饮用水卫生要求

1. 配备电茶炉的动车组应为旅客提供饮用开水，公用茶杯未经消毒不得供旅客使用。

2. 瓶(桶)装饮用水符合《瓶(桶)装饮用水卫生标准》(GB 19298—2003)要求；饮水机清洗消毒每月不少于一次，不得检出大肠菌群。

3. 循环使用的桶应由聚碳酸酯(PC)材料制成，保证成品质量；瓶(桶)装饮用水外包装应清晰地标示生产企业名称和地址、生产日期、保质期等内容。

4. 瓶(桶)装饮用水的生产企业应达到《定型包装饮用水企业生产卫生规范》(GB 19304—2003)要求；严禁使用废料和旧 PC 料制成的桶或瓶。

第四章　动车组列车安全管理和应急处置

第一节　安全管理

一、超员规定

时速 300～350 km 及以上的客运专线动车组和直通动车组列车不得超员；铁路局管内短途一等座车不得超员，二等座车最高超员率为 20%。

根据铁道部通话记录〔2009〕74 号精神，直通动车组列车的二等座车可适度超员，超员总数不得超过该次列车二等座定员总数的 20%，售票员出售无座时，必须告知旅客，由旅客自愿选择。

二、安全管理规定

1. 动车组应当接入固定站台并停于固定位置。站台上应以颜色区别车型标出车门位置。站、车有关工种应当紧密配合，组织旅客按照车厢号在标明车门位置处排队等候，有序乘降。

2. 当站台邻靠正线，一侧有动车组通过时，站台另一侧应当停止组织旅客乘降或设防护栏进行防护。当一个站台两侧同时有动车组邻站台通过且没有防护措施时，除有人身安全防护措施的车站工作人员外，站台上不得再有候车旅客、其他工作人员和可移动物品。

3. 有动车组停靠或通过的车站，应当对跨线候车室窗户或天桥进行封闭管理并有"禁止抛物"等相应的安全提示。没有立体跨线设备的车站，平过道应当有专人管理。旅客或作业车辆须通过平过道时应当有人引导。

4. 列车注水口处设有加锁式挡板门的动车组，上水人员在给列车注水结束后，应当锁闭挡板门并进行再确认。

5. 列车乘务人员在列车运行中应当注意对列车安全设备的管理，制止搬动、触碰安全设备等不安全行为。严禁任何人在列车正常运行中打开气密窗，禁止任何无关人员进入司机室。

6. 列车各部位均不得吸烟。列车乘务员发现旅客吸烟应予以制止。

7. 车站、动车段(所)对进站、段(所)的餐饮、保洁人员和车辆进行安全管理。餐饮、保洁人员出、退乘和进出上述场所时，应当着统一服装、列队、佩戴工牌。车站和动车段(所)制发出入证件时，只能收取工本费。

三、作业安全

1. 动车组运行中，乘务员要加强车内巡视，做好对旅客禁烟宣传和提示。提示旅客取送开水时不倒过满。

2. 列车乘务人员在巡视中应加强对列车安全设备的管理，禁止扳动、触碰灭火器、紧急开门阀、紧急制动阀等安全设备，对车门口附近的旅客随时进行请勿倚靠车门、不要在车门附近站立的宣传。

3. 列车开车前，提示站在车门口的旅客不要靠近车门，以免车门挤伤；宣传提示上车旅客注意脚下，防止摔伤。列车终到前，提示旅客注意脚下，防止摔伤（包括雨雪天气的重点提示）。

4. 为确保动车组运行安全，动车组乘务员在运行中要对与机车连接端门执行锁闭制度。列车运行中严禁任何人进入司机室。

5. 列车运行中乘务员应加强车内行走安全（尤其是小朋友）的宣传和劝阻。

6. 对中途需要照顾的重点旅客，随时进行重点帮扶，防止摔伤。

四、铁路 200～250 km/h 既有线技术管理暂行办法

1. 200 km/h 区段有天桥、地道设施的车站，旅客通行不准走平过道。没有天桥、地道设施的车站，站内平过道要加装防护栏，并做到及时加锁，专人防护。动车组通过车站前，停止相邻一侧站台的客运、行包、邮政作业，并清理防护栏内人员。

2. 在有接触网的线路上需对动车组进行外部清洁时，必须打开本线隔离开关。客运段应指派持证监督员与车辆段按规定办理停送电手续，并现场监控保洁公司清洁作业。

3. 办理动车组列车旅客业务的车站应按单组、重联动车组分别设置动车组停车位置标，设置位置应综合考虑车站设备设施情况，以方便旅客乘降和便于司机确认为原则，条件具备的可设一个停车标。

4. 办理动车组客运业务的站台高度为 1 250 mm，站台边缘距线路中心线的距离不得小于 1 750 mm。遇动车组变更股道，在邻近 1 100 mm 及以上高站台的股道通过，需限速 70 km/h 时，车站值班员提前向列车调度员汇报，列车调度员在调度命令中注明。

5. 随车机械师、列车长、列车员、司机手持电台应经常置于频道 1 上，联系时应呼叫车次、职名。

6. 动车组发车、到达作业程序。

(1)车站值班员在具备出站（进路）信号开放的条件后，于开车前 1 min 左右开放出站（进路）信号，执行车机联控。联控用语为：

车站值班员呼叫："动车××次，×站×道出站（进路）信号好了，（去××方向）"。

动车组司机应答："动车××次×道出站（进路）信号好了，（去××方向），司机明白"。

①CRH_1、CRH_5 型动车组：列车长在确认旅客上下完毕后（两组动车组重联时，前进方向后组动车组列车长确认本组旅客上下完毕，向前组动车组列车长汇报。前组动车组列车长在确认全列旅客上下完毕后），使用手持电台呼叫："动车××次司机，旅客上下完毕，请关门"。

动车组司机应答"动车××次司机明白"。

动车组司机操作控制开关关闭车门，操作台关门显示正确，确认出站（进路）信号开放（在 CTCS-2 级区段，动车组在完全监控模式、部分监控模式下运行时，为列控车载设备显示的允许运行的信号），口呼"车门关闭、信号开放"，确认开车时间，然后起动列车。

②CRH_2 型动车组：列车长在确认旅客上下完毕后（两组动车组重联时，前进方向后组动车组列车长确认本组旅客上下完毕，向前组动车组列车长汇报。前组动车组列车长在确认全

列旅客上下完毕后),使用手持电台呼叫"动车××次机械师,旅客上下完毕,请关门"。

随车机械师操作控制开关关闭车门。

动车组司机确认操作台关门显示正确、出站(进路)信号开放(在CTCS－2级区段,动车组在完全监控模式、部分监控模式下运行时,为列控车载设备显示的允许运行的信号)后,口呼"信号开放、车门关闭",确认开车时间,然后起动列车。

(2)到达及开门作业要求如下:

①动车组列车必须做到一次对标停车,无特殊原因禁止再次移动列车。

②CRH_5 型动车组停稳后,司机立即操作控制开关打开站台一侧车门。

③CRH_2 型动车组停稳后,随车机械师(两组动车组重联时为前进方向前组随车机械师,下同)立即操作控制开关打开站台一侧车门(值乘司机不通知随车机械师)。

④动车组终到旅客下车完毕,列车长通知司机(CRH_2 型动车组为随车机械师)关闭车门。

(3)立岗位置要求如下:

CRH_2 动车组随车机械师必须在客运营业站到达、开车前5 min在站台侧乘务员室准备开、关车门作业(乘务员室门须保持开启状态)。开车前列车长(两组动车组重联时为前进方向前组动车组列车长)在随车机械师值乘位置前后、站台适当地点立岗,以便于确认旅客上下车完毕后及时通知随车机械师。站车交接在列车长立岗车厢处办理。

(4)动车组在非客运营业办理站临时停车时,一般不开车门。动车组司机按规定执行车机联控后,凭出站(进路)信号机的进行显示或占用区间行车凭证,直接开车。

7. 动车组通过车站时,车站须提前11 min停止通过进路上的作业和对列车运行安全有影响的作业。

8. 铁路200～250 km/h既有线线路应全封闭、全立交,线路两侧按标准进行栅栏封闭,对铁路技术作业的专用通道和处所应设置"非铁路作业人员禁止进入"的警示标志。

9. 动车组制动初速度为200 km/h时,列车紧急制动距离限值为2 000 m。200～250 km/h CRH型动车组,制动初速度为250 km/h时,紧急制动距离限值为3 200 m。

10. 旅客站台不应邻靠正线。旅客列车通过的车站,通过线路的站台安全标线与站台边缘距离为:列车通过速度不超过120 km/h时,1 000 mm;列车通过速度120 km/h以上至160 km/h时,1 500 mm;列车通过速度160 km/h以上至200 km/h时,2 000 mm。也可在距站台边缘1 m处设栅栏防护。

五、电气化区段安全注意事项

1. 电气化区段作业的从业人员每年须按规定进行电气化安全措施的专门学习培训和考试,考试合格后方准在电气化区段作业(考试成绩80分以上为合格)。非电气化区段调入电气化区段的人员必须进行安全培训,并经考试合格后方准上岗。

2. 作业人员拿有长大物体通过电气化铁路时,必须使其保持水平状态通过。

3. 电气化区段接触网未停电时,任何从业人员严禁登上各种机车车辆顶部进行任何作业,严禁翻越车顶通过线路。

4. 禁止在接触网支柱上搭挂衣物、攀登支柱或在支柱旁休息。禁止在吸流变压器、支柱、铁塔下避雨。在雷雨天气巡视设备时,不准靠近避雷针、避雷器。雨天作业时,必须远离接触网支柱、接地线、回流线等设备。

5. 电气化铁路区段接触网的额定电压为 25 kV，最高工作电压为 27.5 kV，瞬时最大值为 29 kV，最低工作电压为 20 kV，非正常情况下，不得低于 19 kV。

6. 为保证人身安全，除专业人员执行有关规定外，其他人员（包括所携带的物件）与牵引供电设备带电部分的距离不得少于 2 000 mm。

7. 在电气化铁路上，接触网的各导线及其相连接部件通常均带有高压电，因此禁止直接或间接地（通过任何物件，如棒条、导线、水流等）与上述设备相接触。

8. 客运人员在电气化区段要做到：

(1)严禁登上机车车辆的车顶或翻越车顶通过线路。

(2)严禁登上车顶击打餐车、茶炉、燃煤锅炉的烟筒，也不能用长杆去接触车顶任何部位。

(3)在接触网带电的情况下，严禁用水冲刷车皮。

(4)上水时注意先插胶管后开水阀。客车上水完毕，拔掉水管时，严禁水管朝上喷射接触网带电部分。

(5)客车餐车顶部烟囱发生故障，餐车人员严禁在接触网有电情况下登顶处理。

(6)在接触网带电情况下，严禁用棒条等物处理车辆顶部的扒车人员或物体。

9. 电气化铁路附近发生火灾时的处理方法：

电气化铁路附近发生火灾时，必须立即通知列车调度员、电力调度员或接触网工区值班人员，并遵守下列规定：

(1)用水或一般灭火器浇灭离接触网带电部分不足 4 m 的燃着物体时，接触网必须停电。若使用沙土灭火时，距接触网在 2 m 以上时，可不停电。

(2)距接触网超过 4 m 的燃着物体，可以不停电用水浇，但必须特别注意使水流不向接触网的方向喷射，并保持水流与带电部分的距离在 2 m 以上。

10. 发现接触网断线及其部件损坏或在接触网上挂有线头、绳索等物，均不准与之接触，要立即通知附近的接触网工区或电力调度派人处理。在接触网检修人员到达以前，将该处加以防护，任何人员均应距已断导线接地处所 10 m 以外。

六、电器设备安全

(一)餐车电器设备安全

1. 电气化厨房设备的安全操作，直接影响到人身安全、设备的可靠性及使用寿命。因此，设备操作人员必须经过操作培训，并经考试合格后才能进行上岗操作。

2. 运用中随车机械师应对电气化厨房设备进行定时巡视，发现使用人员未按安全操作规定使用设备时，应及时予以制止和纠正。

3. 餐车电气化厨房设备在使用操作前，应确认电源控制柜技术状态，各设备开关是否在正常位，指示灯显示是否正常后，方准操作使用。

4. 运用中和列车入库停留，在无人操作设备时，应及时将各设备开关放置在关闭或零挡位，切断电源控制柜总电源，锁闭电源柜，做到人走断电，防止发生意外。

5. 电气化厨房设备必须在明显位置粘贴有操作说明和安全操作规程。

6. 动车组列车餐车内使用的电器，不能超过列车规定的额定功率。餐饮公司不得擅自增大用电设备的功率而产生过载。

(二)电茶炉安全操作规定

1. 电茶炉(见图 4-1)必须由经过培训考试合格的人员进行操作,其他人员不得使用和看管。

2. 必须严格执行交接制度。接班人员需确认各部状态良好后,方准进入正常操作。

3. 操作时,首先确认电茶炉供水系统各截门、水阀状态良好,位置正确,电茶炉不缺水干烧。

4. 正常情况下,应将控制开关放置在正常使用位,同时严密监视电茶炉水位。当水位过低或听到报警时,应立即切断电源。

5. 发生设备故障时,应首先切断电源并及时向车辆乘务员反映情况,不得擅自拆卸电茶炉配件和打开控制箱。经确认故障排除后,方准继续使用。

6. 应经常保持电茶炉清洁,严禁用水冲刷炉体。不得在茶炉上堆(存)放各种杂物。需保持排水系统清洁通畅。

图 4-1 电茶炉

(三)微波炉安全操作

1. 微波炉(见图 4-2)烹调时不得使用金属网架及其他金属和带金、银边的器皿,仅可使用陶瓷、耐热玻璃、耐热塑料等器皿。

2. 烹调前应先放入转盘支承及玻璃转盘,再将盛好食物的器皿放在玻璃转盘上进行烹调。

3. 不得直接加热装在密封容器内的液体和其他食物,以免发生爆炸。使用保鲜纸遮盖食物烹调时,需将保鲜纸一角摺上,使蒸汽可以逸出。

4. 当食物在塑料、纸或其他可燃材料制成的简易容器中加热或烹调时,应随时注意,防止起火。

5. 烹调少量食物时,要多观察,防止过热起火。不得用微波炉煎、炸食物。微波炉内无食物时,不得使微波炉工作,以免损坏设备。

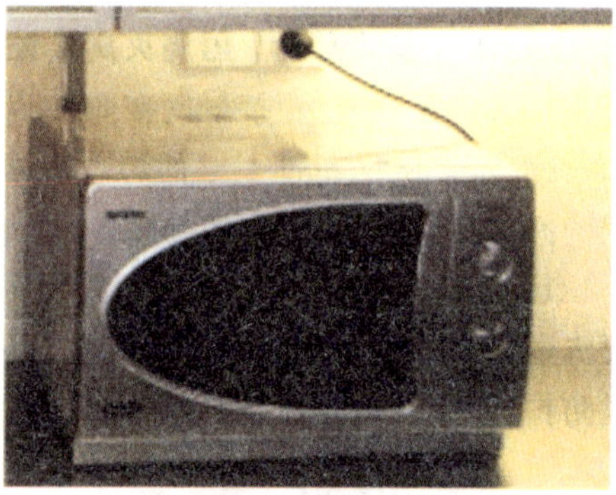

图 4-2 微波炉

6. 从微波炉内拿出食物和器皿时,应当使用锅夹或戴上隔热手套,以免高温烫伤。

7. 烹调过程中发生冒烟或起火现象时,应立即切断电源,不得立即打开炉门,避免遇空气加大火势。

8. 微波炉内禁止加热不符合微波炉烹饪要求的食品。不得加热和存放任何物品。

9. 微波炉炉门或门封损坏以及设备出现异常时,需及时与车辆乘务员反映情况,不得继续使用。

(四)电冰箱安全操作规程

1. 电冰箱必须由经过培训并考试合格的人员进行操作。

2. 必须严格执行交接制度。接班人员需确认各部状态良好后,方准进行正常操作。

3. 应避免频繁启动电冰箱,每两次启动冰箱时间间隔不得少于 5 min,使用中避免长时间开启冰箱门。

4. 箱内存放物品，应在内腔四周留出不少于 3 cm 的空隙。存放物品时，应轻拿轻放，轻开轻关。

5. 冰箱不得冷藏过热物品。需存放过热物品时，应先在箱外自然冷却达到室温后，方准放入箱内。

6. 蒸发器若冰层较厚，不得用敲击方法解开冰块，必须停机，待冰块完全融化后，再启动使用。

7. 应定期清除冰箱内污物，保持冰箱排水孔畅通。

8. 发生设备故障时，应首先切断电源并及时通知车辆乘务员，不得擅自拆卸冰箱配件和打开控制箱。经确认故障排除后，方准继续使用。

第二节　消防安全

动车组列车的消防安全管理贯彻“预防为主，防消结合”的方针，坚持“铁路局统一领导、业务部门加强管理、专门机关依法监督”的原则，实行岗位防火责任制和标准化管理。

一、动车组的消防组织和岗位职责

动车组消防工作在列车长的统一领导下实行岗位防火责任制。动车组应建立由列车长为组长，本务司机、随车机械师、乘警、客运乘务员、随车服务餐饮、保洁人员参加的消防安全小组，履行下列职责：

1. 认真贯彻执行上级有关消防工作的规定和工作部署，定期召开消防安全小组会议，组织安排和总结分析消防工作。

2. 组织乘务人员认真学习消防知识，人人达到“三懂三会”（懂得本岗位火灾危险性、懂得预防火灾的措施、懂得扑救火灾的方法，会报警、会使用灭火器、会扑救初起火灾）。

3. 督促乘务人员落实岗位防火责任制。

4. 做好对旅客的防火安全宣传教育工作，落实易燃易爆危险物品查堵措施。

5. 发生火灾时，启动火灾事故应急预案，疏散旅客，扑救火灾，报告火灾情况。

6. 建立消防安全台账。

（一）动车组消防安全台账

动车组消防安全台账由列车长负责填写和管理，存放在车队。台账包括以下主要内容：

1. 上级有关消防工作的文件（复印件或摘抄件）。

2. 动车组消防安全小组名册。

3. 火灾事故应急预案及人员分工。

4. 消防安全小组会议和活动记录。

5. 乘务人员消防安全培训记录。

（二）列车长岗位防火职责

1. 全面负责动车组消防安全管理工作，贯彻上级有关消防工作部署，接受上级的消防安全检查。

2. 检查督促乘务工作人员落实岗位防火责任制。

3. 主持召开消防安全小组会议,总结分析、安排布置消防工作。

4. 组织乘务工作人员学习消防知识,提高防火灭火技能。

5. 按规定运行中进行防火巡查,发现和消除火灾隐患,制止违反消防管理行为,并作好巡查记录。

6. 组织乘务人员向旅客宣传防火、防爆安全知识,做好易燃易爆危险物品查堵工作。

7. 运行中发生火灾时,启动火灾事故应急预案,组织指挥乘务人员疏散旅客,扑灭火灾;及时向列车调度员及有关部门报告,协助公安、安监部门查明起火原因,组织恢复列车运行。

8. 按规定填写消防安全台账。

9. 参加联检交接。

(三)本务司机岗位防火职责

1. 认真执行操作规程,熟练掌握动车组设备的性能和应急处置方法。

2. 出库前做好联检交接,确认 IDU 监控状态良好,发现问题及时妥善处置。

3. 运行中做好电气设备、火灾自动报警控制设备的监控,发现报警按规定程序处置。

4. 发生火灾事故时,按火灾事故应急预案,立即报告列车调度员,指挥随车机械师、列车长处理有关行车、列车防护和事故救援等工作,负责 CRH_1、CRH_3、CRH_5 型动车组车门集控开关,负责通知 CRH_2 型动车组随车机械师集控开关车门。

5. 学习消防知识,达到“三懂三会”。

6. 做好动车组终到后退乘前对驾驶室的安全检查和交接。

(四)随车机械师岗位防火职责

1. 出库前,按照作业标准检查确认电气、消防设备状态,做好联检交接。

2. 在运行中,按规定巡视、检查车辆电气、火灾自动报警控制器等设备,发现隐患故障及时妥善处置。

3. 发生火灾时,按火灾事故应急预案及时通知司机采取停车措施或使用紧急制动阀停车;在司机指挥下做好有关行车、列车防护和事故救援工作,负责 CRH_2 型动车组集控开关车门操作。

4. 按规定操作动车组设备,指导客运人员正确使用设备,制止纠正违章行为。

5. 做好动车组终到后的安全检查和交接。

(五)客运乘务员岗位防火职责

1. 严格遵守动车组消防安全规章制度,服从命令,听从指挥,坚守岗位,落实防火措施。

2. 认真巡视车厢,及时制止旅客吸烟。

3. 加强运行中对电气设备、火灾自动报警显示屏的监视,严格执行操作规程,发现报警及故障,及时向列车长或随车机械师报告。

4. 学习消防知识,达到“三懂三会”,熟练掌握火灾应急处置预案。

5. 做好查堵易燃易爆危险物品工作,发现易燃易爆危险物品及时报告列车长妥善处理。

6. 发生火灾时,按火灾事故应急预案立即通知列车长和司机,及时疏散旅客,扑救初起火灾,维护秩序,保护旅客安全。

(六)乘警岗位防火职责

1. 依照有关消防法律法规的规定,负责动车组消防监督检查,查处违反消防管理行为,督促乘务人员落实岗位防火责任制。

2. 做好运行中的巡视检查,发现隐患,督促整改。

3. 发生火灾时,在列车长领导下,按照火灾事故应急预案做好火灾扑救、现场保护和调查取证。

(七)随车餐饮、保洁人员岗位防火职责

1. 遵守动车组消防管理规定,服从命令,听从指挥,坚守岗位,严格按操作规程使用电器设备。

2. 学习消防知识,达到"三懂三会",熟练掌握火灾事故应急预案。

3. 发生火灾时,按火灾事故应急预案立即通知列车长和司机,及时疏散旅客,扑救初起火灾。

二、动车组火灾预防

(一)基本要求

1. 动车组的电气绝缘、防雷、电气接地、漏电、过流、过热、防水防潮保护及线路敷设、连接应符合相关技术标准。

2. 上线运行的动车组,必须符合《铁路动车组运用维修规程(暂行)》规定的质量标准。

3. 严格执行联检制度。动车组出库联检时,应对电气设备、消防设施、器材等设备及各部位的消防安全状况进行全面检查,确认状态良好,严格办理交接。终到后,进行消防安全检查,按规定办理交接。

4. 运行中,动车组乘务人员应严格标准化作业,认真执行岗位防火责任制。

5. 动车组各部位均不得吸烟。车厢内应设置禁止吸烟标志。应通过图形标志、电子显示、广播宣传等方式,向旅客进行禁止吸烟、严禁携带易燃易爆危险物品、逃生知识及灭火器、紧急破窗锤使用方法等消防安全宣传。

6. 铁路局应制定动车组消防设备、电气装置的操作规程。

7. 对担当动车组乘务的工作人员进行消防安全培训,熟悉新技术新设备的性能,掌握各岗位防火职责和消防知识技能,经考试取得合格证后方可上岗。

8. 配电柜、箱体无破损,锁闭状态良好,保持清洁无杂物。电器元件安装牢固,接线及插销无松动,按钮开关、指示灯作用良好。

9. 严禁乱拉电线和违章安装、更换电气装置、元件。严禁擅自使用电热器具等电器。

10. 餐车配备的冰箱、电烤箱、微波炉、电磁炉等电器及各车厢的电茶炉插座、插头安装牢固,保持清洁,周围不得放置杂物。餐饮炉具使用时,操作人员不得离岗,做到人离断电。

11. 火灾自动报警系统保持状态良好,并按规定进行定期检测。配置列车内部无线对讲机,保证不间断使用及状态良好。

12. 乘务人员应严格遵守电气设备、消防设备操作规程,加强巡检,发现故障及时处置。

13. 各车厢应配备手提式 2 kg 的 ABC 干粉灭火器和 2 L 水型灭火器各 2 具,应设置在车厢两端适当位置,安装牢固,便于取用。驾驶室配备 5 kg 二氧化碳或 5 kg 的 ABC 干粉灭火器 1 具，固定放置在便于取用的位置。加强灭火器日常维护保养和管理，保证处于良好状态。灭火器应保持清洁，严禁搭挂物品，严禁挪作他用。

14. 发现有旅客违章携带易燃易爆危险物品，要采取措施妥善处理。对判明不了性质的物品，严禁在车上进行试验。列车运行中，旅客携带的物品突然发生起火时，应做如下处理：在火势没有蔓延的情况下，可先用车厢的水往起火物上浇，直至将火彻底扑灭。同时应注意两点：一是能不动用灭火器时应尽量不用，防止扩大损失，造成惊慌；二是不得将起火物抛出车窗外，防止车外风大，又将起火物兜回来扩大火势。

15. 严禁用水冲刷地板和电气设备，严禁用湿布擦拭电器和在电气设备上放置物品。作业人员在车上作业时严禁吸烟。

16. 动车组出库后停留期间，由动车组停放所在局负责安排人员在地面看守，看守人员不得上车。各铁路局要制定动车组车底看守制度，落实看守责任，防止发生火灾事故。

17. 动车组运行途经的铁路沿线各车站以及动车段(所)应加强消防设施建设，具备扑救动车组火灾能力。

18. 办理动车组旅客乘降的车站，要落实易燃易爆危险物品查堵措施，严禁旅客携带易燃易爆危险物品进站上车。

(二)防火措施

1. 防止火灾发生的基本措施是：控制可燃物，隔绝空气，消除着火源。灭火的基本方法有 4 种：隔离法、窒息法、冷却法、抑制法。

2. 乘务员对消防器材、紧急制动装置做到知位置、知性能、会使用。灭火器应每年进行一次检修，检查、维修标记应符合有关规定。灭火器喷涂检修到期年月和配属单位简称以及检修消防厂家的检验标志，有防坠落措施。

第三节 应急处置

一、动车组空调故障的应急处置

(一)动车组列车空调装置故障全列无空调时

1. 动车组应急备品的配备

CRH$_{1}$、CRH$_{2}$、CRH$_{3}$、CRH$_{5}$ 型车每 8 辆编组配备防护网 8 套，CRH$_{1E}$、CRH$_{2}$、CRH$_{3}$ 型车每 8 辆编组配备应急梯 4 个。

(1)防护网的存放位置。动车组应急备品应分散存放，便于取用。CRH$_{1}$ 型动车组存放在厨房储物柜内；CRH$_{2A}$ 型动车组存放在 03 号一位端备品柜内；CRH$_{2B}$ 型动车组存放在 05、07、11、13 车一位端的备品柜内；CRH$_{2E}$ 型动车组存放在 04、08、12 车二位端备品柜内；CRH$_{3}$ 型动车组存放在 04 车厨房存储柜对面的储物箱内；CRH$_{5}$ 型车存放在 01、08 车备品柜内。

(2)应急梯存放位置。CRH$_{1E}$ 型动车组存放在 01、00 车备品柜内；CRH$_{2A}$ 型动车组存放于 01、00 车司机室配电柜指定位置及 03、07 车备品柜内；CRH$_{2B}$ 型动车组存放在 01、00 车司机室配电柜指定位置及 03、07、11、15 车备品柜内；CRH$_{2E}$ 型动车组存放在 01、00 车司机室配电柜指定位置及 04、08、12 车备品柜内；CRH$_{3}$ 型动车组存放在 01、00 车司机室座椅下及 04 车备品柜内。

(3)动车组应急备品的管理。动车组应急备品存放在备品柜内的由车辆部门保管，存放在储物柜内的运行中由客运部门保管。

2. 列车长、司机间通信方式和通信设备配备

动车组内列车长与司机的通信，采用动车组列车专用频率进行通信(无信令)，使用频率为467.200 MHz。

3. 客运组织

(1)调度重点掌握。空调失效但列车可维持运行时，调度部门接到通知后重点掌握。

(2)请示停车通风。空调失效超过 20 min 不能恢复时，列车长可视情况通知司机向列车调度员提出在前方最近客运营业站停车请求。

在车站停留时，应打开车门通风。必要时，站、车共同组织将旅客疏散到车站安全处所，等待故障修复、救援或组织旅客换乘其他旅客列车。

(3)不能维持运行请示开门安装防护网。动车组列车因故停车不能维持运行、空调失效超过 20 min 不能恢复时，列车长应及时与司机、随车机械师沟通，视情况做出打开车门决定，并通知动车组司机转报列车调度员。

(4)防护网安装要求。列车长组织列车员在司机、随车机械师的配合下，在车厢内运行方向左侧(非会车侧)车门处安装防护网(便于向车厢内通风透气的车门)、打开车门。打开车门的具体位置、数量由列车长根据动车组乘务人员的配置情况确定。

(5)防护网的值守防护。防护网安装完毕，打开车门后，由列车长组织乘警、列车员、餐车工作人员及随车保洁员值守，严禁旅客自行下车。列车乘务人员(含餐饮保洁)应当将车门处的旅客动员到车内，严格值守车门，直到车门关闭。列车长在确认防护网固定状态及防护后报告动车组司机。

(6)组织旅客下车或换乘。需要组织旅客下车或换乘其他列车时，应在车站站台进行，车站与列车一起组织旅客乘降。必须在站内正线或区间组织旅客下车或换乘时，需经铁路局主管运输副局长(总调度长)批准，同时要做好安全防护，以防发生意外。

CRH_{1E}、CRH_2、CRH_3 型动车组若停靠在 500 mm 及以下站台或无站台时，需组织旅客通过应急梯下车。

(7)换乘注意事项。根据高低站台的情况开门数量决策到位；车内宣传组织到位；乘降的扶老携幼到位；换乘站区的安全防护到位；换乘列车的引导安置到位；重点旅客的重点照顾到位；换乘完毕旅客人员及财务的清点到位；服务备品及票据票款的转列到位；原车底的看车安排到位；尽快组织开车。

开车后续服务等方面妥善安排人员分工和站车协作，确保各个环节安排细致严谨、有序可控、服务周到，尽可能帮助旅客解决实际困难，消除旅客不良情绪，减少旅客列车空调失效对旅客运输造成的影响。

4. 运行组织

(1)动车组列车安装好防护网、打开部分车门，由列车乘务人员防护的情况下允许限速 60 km/h运行，通过高站台时限速 40 km/h。司机根据列车长的报告，向列车调度员申请打开车门限速运行的调度命令。列车调度员向沿途各站及司机(救援时，同时向救援机车司机)下达"×次因空调失效开放部分车门运行，限速 60 km/h(通过高站台时限速 40 km/h 运行)"的

调度命令。

(2)调度部门积极采取启用热备动车组、机车救援或组织旅客改乘其他旅客列车等救援组织方式。特殊情况下,可采取停运其他始发列车、调整动车组交路等方式。

5. 动车组开启车门应急操作流程

(1)CRH1 型:列车员对动车组侧门进行紧急解锁开门,并且不要复位。司机在 IDU 上确认由于紧急解锁而报出的 A 类警告。

(2)CRH2 型:列车员将渡板隔离,将门控器上 S5 开关打至关位,紧急解锁打开车门,通知司机确认车门状态。司机在 HMI 上确认车门状态应显示为"?"。

(3)CRH5 型:列车员断开要打开车门的门控器电源,施加紧急解锁将门打开。

6. 工作要求

(1)指导思想。为减少旅客列车空调失效对旅客运输造成的影响,充分体现"和谐铁路,以人为本"的服务宗旨。

(2)工作方针。各单位、各部门应紧密联系、密切配合以解决旅客通风透气工作为首要任务。

(3)培训演练。应加强空调列车值乘人员的培训,定期组织应急演练,不断提高应急处置能力。动车组列车客运乘务人员应掌握防护网的安装使用方法。

(4)工作重点。旅客列车空调失效时,按规定启动相应的应急预案。旅客列车空调失效时,列车长组织乘警、列车员做好秩序维护、宣传解释、旅客安抚和车厢巡视工作,及时处置突发情况。

(5)汇报沟通。有关人员应及时向铁路局调度汇报,铁路局调度应及时向铁道部调度汇报。必要时,铁路局客运调度员应通知前方办理客运的车站限制或停止发售车票。区间换乘或救援时,司机应将区间封锁、接触网停(送)电命令通知列车长。

列车长需了解并掌握的汇报内容:车次、运行区段、当前所处位置、担当段、车内人数、重点旅客人数、旅客情绪、旅客需求、列车所采取的措施、措施效果如何、需要上级解决的问题等等,及时向上级汇报请示。

(6)出库检查。严格执行动车组管理制度,认真落实出库检查制度,动车组故障或空调机组故障时不得上线运行。

(二)动车组运行途中单车空调故障的处理

1. 列车空调设备出现故障时,乘务员应立即通知列车长和机械师,及时维修。

2. 乘务员向旅客做好解释工作,向旅客道歉,安抚旅客。

3. 如果列车不足定员时,可将旅客向有空余能力的车厢疏散。先行疏散老、幼、病、残、孕等重点旅客和不理解的旅客。

4. 加强服务,为旅客供水,稳定旅客情绪,在第一时间内请旅客协助打下车内全部遮光帘,保持车厢内温度。

5. 列车长通知客调该车厢的复用票额不再发售。

6. 如果列车定员无处疏散旅客时,打开与邻车厢相通的端门,并将邻车厢温度适当调低。

7. 空调不能修复时,列车长拍发电报,编制客运记录,到站退还未使用区间的票价差额,由车站请示有关部门按规定办理。有关电报、记录见票例 4-1、票例 4-2。

注：D2011 次是北京西开往太原，途中停靠石家庄北、阳泉北站，其中石家庄北是石家庄的一个车间，阳泉北是阳泉站的一个车间。

铁 路 电 报

拟稿人：

签发：　　　　　　核稿：　　　　　　电　话：

发报所名	电报号码	等级	受理日	时分	收到日	时分	值机员

主送：石家庄北、阳泉北、太原站

抄送：北京、太原铁路局客运处、客调、收入稽查处（或财务处），北京铁路局公安局、车辆处，石家庄客运段、公安处、乘警队，北京动车客车段，石家庄、阳泉站

2011 年 6 月 22 日，北京西开往太原的 D2011 次列车满员，北京西开车 30 分钟，4 号车厢空调故障，我车虽积极组织检查修理，一直未修复，该旅客持 4 车带座席位号车票的旅客，北京西至太原未使用空调，请收报站按章办理。特电

D2011 次列车长（印）

2011 年 6 月 22 日于石家庄北站

> 客运处、客调是汇报的客运主管部门；收入稽查处是因需退票；公安局是因站车公安协助稳定秩序；车辆处是因空调故障涉及车辆，石家庄站是因石家庄北站仅为石家庄站的一个车间。

票例 4-1

××铁路局　　　　客统—1

客 运 记 录

第××号

记录事由：

石家庄北站：

2011 年 6 月 22 日，北京西开往太原的 D2011 次列车满员，北京西开车 30 分钟，4 号车厢空调故障，我车虽积极组织检查修理，一直未修复，北京西至石家庄北乘坐 4 号车厢共 21 名旅客，均持有 4 车座位号车票，未使用空调，现编记录交贵站，请按章办理。

注：　　　　　　D2011 次编制人员（印）

1. 站、车需要编记录时均适用。　　签收人员（印）
2. 本记录不能作为乘车凭证。

2011 年 6 月 22 日编制

> 来不及时，可将该站下车的旅客，集中到一起，集体开一张客运记录，一次同时办理站车交接。使车站能够非常准确的判断哪名旅客能退差，退的区间以及办理的理由。

票例 4-2

二、动车组发生火情火灾应急处置

(一)动车组火灾事故应急处置原则

动车组火灾事故应急处置原则:统一指挥、快速反应、正确处置、站车协同、尽快开车。

1. 统一指挥

动车组在运行中发生火灾,由列车长统一指挥,启动《动车组火灾事故应急预案》,向列车调度员或邻近车站值班员及有关部门报告,组织列车乘务人员疏散旅客,扑灭火灾;动车组在车站发生火灾或起火列车进站后,火灾扑救工作由车站站长组织指挥;公安消防队到达后,由公安消防队统一指挥。

2. 快速反应

动车组火灾报警器报警或乘务人员、旅客报警时,列车长、乘警、客运乘务员和随车机械师要立即携带灭火器赶到报警车厢,确认火情,迅速扑救。

3. 正确处置

在确认火情的情况下,立即组织旅客向邻车疏散,按下火灾报警按钮并通知司机,同时用灭火器扑救(宜先用水型灭火器),如有旅客被火围困或受伤,应立即抢救;起火车厢旅客疏散完毕后,关闭通道阻火门。司机接到确认起火信息后,应立即将火灾情况向列车调度员和邻近车站报告。

当车内电气设备、旅客行李物品发生火情或车厢内冒烟(无明火)不危及本列车安全时,可不停车,按有关规定限速运行至就近车站处理;当车厢内旅客携带易燃易爆危险物品发生爆炸燃烧,火势迅速蔓延危及本列车安全时,应立即停车。区间停车时,司机应指挥随车机械师、列车长设置列车防护。

4. 站车协同

车站接到动车组火灾报告后,立即启动《车站处置动车组火灾事故应急预案》,做好扑救准备,同时向消防队报警。车站接入起火动车组后迅速组织扑救,疏散旅客,抢救伤员;动车组在区间被迫停车时,车站应组织人员、消防器材立即赶赴现场救援。

5. 尽快开车

火灾扑灭后,列车长、随车机械师共同检查车辆状况,确认安全后,报告列车调度员尽快开车。

(二)发生初起火情的处理

1. 列车乘务员发现冒烟等初起火情时,应立即通过手持电台通知列车长,由列车长采取恰当处置措施,必要时通知机械师切断电源。

2. 列车长、乘务员、机械师、乘警立即赶至现场,迅速查清火情起因。

3. 根据现场情况使用捂盖、水泼、灭火器喷等方法控制或扑灭火情。

4. 列车长、乘务员在灭火的同时稳定车内旅客情绪,避免车内秩序混乱,引发其他安全隐患。

5. 火情消除后,列车长、乘警、机械师共同调查起火原因,同时采取有效措施,防止火情再次发生。

6. 列车长详细记录火情发生及处理经过,及时向担当段及有关部门汇报。

(三)发生火灾事故的处理

1. 应急处理

(1)列车乘务人员发现发生火灾时,一是应立即按动火灾报警按钮或紧急停车按钮,迅速通报列车长和司机。二是尽快使用防火隔断门进行隔断,以防止火势蔓延。三是使用灭火器进行扑救。

列车长、乘警、机械师接报后,要立即赶赴现场进行指挥,分工负责,各负其责。切断电源并迅速扑救,如火势无法控制或继续蔓延时,在扑救的同时应决定是否停车。

(2)全体乘务人员服从列车长统一指挥,稳定旅客情绪,按事先分工,本着"先救人后救物"的原则,使用灭火器材或其他适当方法进行有序扑救。

(3)发生火情车厢的乘务员在积极扑救火灾的同时,将起火车厢旅客向相邻车厢进行疏散。注意严防旅客在客车运行中串车、跳车,并做好宣传工作,稳定旅客情绪,以免发生混乱。

(4)列车停车后,将旅客通过安全乘降梯向车下进行疏散(列车运行方向左侧),紧急情况来不及疏散时,使用破窗锤砸碎紧急逃生窗向车下疏散。注意逃生的安全宣传和现场秩序。

(5)旅客疏散下车后,如列车停在高架桥时,列车长、乘务员组织引导旅客向上风头方向有秩序撤离,避免发生旅客摔、挤等新的伤害。

(6)在扑救火灾、疏散旅客的同时,要积极抢救伤员。列车乘务人员应发动和组织旅客开展自助。

(7)在扑救火灾时,要注意保护现场。乘警要采取多种措施维护现场秩序,视情况需要设置警戒区,灭火后禁止任何人进入保护区(对持机要证件,抢救机要文件的人员除外),不得擅自移动火场中的任何物品,对火灾痕迹和物证,应采取有效措施,妥善保护。列车乘务人员应顾全大局、通力协助。

(8)列车长立即向客调详细汇报现场情况并请求救援。

(9)在救援列车没有到达以前,加强对现场旅客的宣传和组织,防止发生意外,同时做好现场保护工作,配合公安部门调查事故原因。

2. 救援职责分工

(1)列车长作为总负责人,负责全面指挥和调度协调工作。

①全面指挥,组织灭火扑救。

②组织其他工作人员迅速从列车两侧将灭火器集中至起火现场扑救。

③组织工作人员疏散旅客,抢救伤员,防止发生混乱。

④发动和组织旅客开展自助自救活动。

(2)乘警长作为协调指挥,负责现场警卫、疏散旅客、调查取证工作。

①维护列车秩序,保护现场。

②情况紧急时,发动和组织旅客,从车门或使用紧急破窗锤破窗,从逃生窗正确逃生。

③在积极组织扑救火灾、疏散旅客的同时,还要积极抢救伤员。

④了解事故详细情况,做好调查访问笔录,搜集相关证据。

(3)机械师作为协助指挥,负责列车灭火、车辆分离、设置防护、救援等工作。

①按照列车长的指挥,迅速切断电源。

②设置防护。

③正确指导乘务人员和旅客充分利用车内消防器材或其他可以利用的工具迅速扑救。

④正确指导乘务人员和旅客利用车门紧急开关开门和从逃生窗逃生。

(4)司机立即采取紧急停车措施,负责协助机械师车辆分解、设置防护工作。

(5)列车员及相关工作人员按事先分工或按组长的安排负责灭火、信息传递、隔离、疏散旅客、维护稳定车内秩序,保护现场。

①听从列车长指挥,迅速参加扑救。

②使用防火隔断门迅速封锁车厢,严防旅客在列车运行中跳车、串车发生意外事故。

③在疏散旅客的同时,做好宣传工作,稳定旅客情绪,以免发生混乱。

④在扑救火灾、疏散旅客的同时,本着“先救人、后救物,先伤后亡,先重伤后轻伤”的原则,积极抢救伤员。

⑤情况紧急时,发动和组织旅客正确利用车门和逃生窗逃生。

⑥积极向公安机关提供线索,协助搞好现场调查,尽快查明事故原因。

(四)列车发生火灾爆炸事故应急处置程序

1. 信息报告

各级客调为接受报告和继续报告责任人。客调值班电话为:地区号+24814。

2. 应急处置

发生火灾爆炸事故,现场工作人员要按以下规定处置:

(1)立即停车。运行中发生火灾时,发现火情的列车乘务人员应立即按下报警按钮、紧急停车按钮或拉下紧急制动阀。紧急制动停车时,应注意避开桥梁、隧道、重要建筑物、油库和居民集中居住区。

(2)疏散旅客。列车紧急制动后,发现情况的乘务员应迅速报告列车长和乘警,传递信息时应注意避免引起旅客恐慌,防止事态扩大,并迅速组织旅客疏散到临近车厢或安全地带。对仍处在危险中的旅客要首先抢救使其脱离险境。对已经疏散的旅客,严禁返回事故车厢。

(3)迅速扑救。列车长、乘警在接到报告后,应立即组织人员赶赴现场,迅速判明原因,切断火源,本着先人员后财产的原则,统一指挥扑救。

(4)救护伤员。发现有人员受伤,应将伤者转移到安全处所,及时拨打120请求救护,并根据具体情况由红十字救护员或旅客中的医务工作者采取止血、简易固定、包扎等现场初期救护措施,为医院救治创造条件。

(5)及时报告。站长(在区间为列车长)应当尽快向事故发生地铁路局列车调度员和客运调度员报告情况。报告内容主要包括车次、时间、区间、事故初步判断和是否需要救援。铁路运输企业应当根据事故等级及时逐级向上级和地方政府报告。

(6)维持秩序。乘警应当采取措施,维护现场秩序,视情况需要设置警戒区,禁止实施救援以外的人员进入(对持有机要交通专用证,抢救保护机密文件的机要交通人员除外)。乘务员要配合乘警,共同维护秩序,稳定旅客情绪,以免发生混乱。

(7)防止扩大。事故如果影响邻线行车或暂时不能恢复行车需要在本列车后方设置防护时,列车长应当按规定听从司机的指挥,处理有关行车、列车防护等事宜,以防止扩大事故损失和影响。

(8)保护证据。对事故现场和有关证据材料要采取有效措施妥善保护。除因救护伤员、开通列车等需要外,不得擅自移动现场任何物品。因上述原因必须移动现场物品时,应当绘制现场原状草图或拍摄照片。

(9)协助调查。列车乘务人员要积极协助公安人员了解情况,提供线索、协助调查。同时,要认真清点疏散旅客和伤员人数及伤害程度,登记旅客姓名、性别、年龄、单位、地址、国籍、车票、身份证号码、其他证件及随身携带物品。

(10)确保供应。铁路各有关部门应当本着尽快开通运输的原则实施事故救援,具备开通条件的应当及时开通运输。如短时间不能开通,列车长应组织好对旅客的饮食供应并照顾好重点旅客。列车上食物储备不够时,应及时报告列车滞留所在地铁路局客调和附近车站,列车工作人员应提示旅客不买无证商贩的食品。

三、动车组发生晚点的应急处置

1. 信息通报

铁路局调度所应按规定做好动车组晚点信息的预报和通报工作。列车运行晚点超过15 min时,司机应当将原因及时通知列车长。

2. 途中晚点列车处置

动车组途中晚点时,列车长要及时联系铁路局客调,了解晚点原因等,报告车内情况和请求协助解决的问题,组织乘务员积极主动做好服务。晚点15 min以上时,应做好向旅客致歉、解释工作。乘警应与列车长密切配合,经常巡视车厢,维持好车内治安秩序。

3. 始发晚点车站处理

动车组在始发站晚点30 min以上时,车站应及时通知旅客,旅客在始发站乘车前要求退票或改签时,车站应及时办理退票或改签。

4. 干部添乘

始发站铁路局客运处或客运段须派科长或车队长级干部添乘,组织列车乘务组做好服务、解释和安抚旅客工作。

5. 终到站处理

接到动车组终到晚点30 min及以上的通知后,车站站长、派出所长须带领客运、公安有关人员到站台接车,组织旅客下车出站,并做好向旅客致歉、解释工作。到站是铁路局所在地的铁路局客运处、铁路公安局(处)领导要到站台接车,帮助指导车站做好应急处置工作。

6. 发生旅客以滞留列车的方式向铁路要求晚点或空调故障赔偿的处理

(1)站车工作人员应当以说服劝解、诚恳道歉为主,耐心细致地做好解释和相关法律法规的宣传工作,稳定情绪、化解怨气,力争取得旅客的理解和配合。

(2)公安部门要积极配合客运部门,认真开展滞留旅客的说服劝离工作,争取理解与支持。同时,要向旅客宣讲法律知识,告知旅客可以通过其他合法渠道和方式维护其合法权益,劝说旅客听从车站工作人员的安排到指定地点协商解决,并协助车站工作人员引导旅客下车。公安部门在协助劝离过程中,严禁携带枪支。客运部门在宣传和说服旅客离开车厢时,现场应有公安人员维持秩序;经反复工作劝离无效时,公安人员应宣布铁道部、公安部《关于维护铁路运输秩序保证列车正常运行的通告》，并组织足够的公安警力，对拒不下车的人员依法采取措施带离车厢。对煽动旅客滞留车厢和扰乱列车治安、破坏铁路运输秩序、用暴力手段对抗执法的个别人员，要认真调查取证，依法追究其法律责任。劝阻中要依法依规，有理有节，文明执法。

7. 免费用餐

列车晚点 1 h 以上并逢用餐时间时，在车站候车的旅客由车站免费为旅客供餐；在列车上逢用餐时间的，根据时间由中途或到达局客调安排车站向列车提供食品，列车免费为旅客供餐。免费供餐费用列运输成本。需要餐饮公司免费提供食品的，餐饮公司应当积极配合。所用食品凭列车长签认单按成本价由列车担当单位向餐饮公司支付。

8. 热备及更换车底

(1)铁路局应当有技术设备条件、卫生状况和服务备品随时处于运营标准热备动车组和乘务人员，以备应急。特殊情况使用非动车组列车替代时，有关车站应备足票款、开足窗口，及时为旅客退还车票差价款。

(2)启用热备车底时，列车调度员(动车调度)应通知客调、辆调、机调和客运处、机务处、车辆处，客调应通知相关站段和餐饮、保洁公司。

(3)运行中必须更换车底时，司机根据调度命令立即转告列车长并原则上应在车站更换。车站应当与列车一起组织旅客换车。只能在区间换车时，列车长接到司机通知后，以本务列车长为主，组织旅客安全换车。

(4)使用不同车型热备车底，在组织旅客倒换车底时，乘务员要熟悉各种车型各车厢的定员，掌握一等、二等车厢的分布，根据故障动车组列车所乘坐旅客数量情况，积极主动做好服务，有目的、有针对性做好宣传组织，稳定旅客情绪。当热备车底不能完全满足旅客座席或一等座席不足时，应积极做好向旅客致歉和解释工作。对持一等座席车票改乘二等座席的，编制客运记录交车站按规定退还票价差额。乘警应与列车长密切配合，经常巡视车厢，维持好车内治安秩序。

四、在电气化区段列车扑救灭火的应急处理

1. 电气化区段列车发生火灾时，应立即通知就近车站，向列车调度员、电力调度员和接触网工区值班人员报告，并要求停电。在区间可通过运转车长或机车司机，用列车无线调度电话通知车站上报，并要求停电。

2. 在扑救距离接触网不足 4 m 燃着物时，用水和一般灭火器灭火必须停电；如使用沙土灭火时，距接触网在 2 m 以上者，可在不停电情况下进行。

3. 车厢上部着火距接触网不足 4 m 时，不得用水救火。救火者所站位置要距离接触网导线 2 m 以上。

五、旅客在列车上发生疾病等情况的应急处理

(一)处置程序

1. 旅客在列车上发生急病时，列车工作人员要立即向列车长报告，列车长作为列车第一管理者必须马上采取一切必要的措施组织抢救。

2. 在及时抢救病人的同时，要尽快了解旅客姓名、单位、住址、同行人、联系人等，列车长和乘警要仔细了解旅客发病原因和过程，记录有关情况，做好随行人和周围旅客的旁证材料收集工作，要实事求是，文字表述清楚、明确，便于进一步抢救处理，同时寻找旅客携带品。对发生急病的旅客，必要时及时编制客运记录（票样见票例 4-3），移交车站，继续抢救处理。

××铁路局　　　　客统—1

客　运　记　录

第××号

记录事由：移交疾病旅客

石家庄北站：

　　2011 年 6 月 22 日，北京西开往太原的 D2011 次，北京西开车 1 小时后，一旅客持当日当次北京西至太原车票，突发急病，我车已积极组织救治，但仍需下车治疗，现编记录交贵站，请按章办理。

注：　　　　　　　　　　D2011 次编制人员（印）

1. 站、车需要编记录时均适用。　　签收人员（印）

2. 本记录不能作为乘车凭证。

2011 年 6 月 22 日编制

表明必要的履责

表明移交车站的目的

票例　4-3

3. 遇有旅客因病情严重须临时停车抢救时，列车长通过司机向列车调度员报告情况请求临时停车。列车调度员接到报告后，应尽快确定临时停车站，并向司机和停车站下达调度命令。有关站车接到命令后，应及时做好交接和救护等准备工作，客运乘务员不下车参与处理。

4. 列车在向车站移交急症病人时，旅客携带品要一并移交。

（二）注意事项

1. 旅客在列车上发生急病时，要立即设法组织治疗、抢救（广播找医生，发动旅客提供药品等），但要注意治疗的方式方法，不恰当的救治会加重病情。旅客病情较重或找不到医生时，列车长要及时编制客运记录，将患病旅客送交有医院的市、县所在地车站或较大车站转送医院治疗。

2. 旅客病情严重不能自理，又无同行人时，列车长要会同乘警清点旅客车票、携带物品一并移交。编制客运记录时，应注明旅客姓名、性别、年龄、单位、住址、身份证号码以及携带物品的名称、件数（大写）等。

3. 列车上一般没有仪器或人员能够判明旅客病情或死亡，列车移交时一般不作结果的判断。结论由医院或医生下,并有材料或证明。

4. 旅客病重或昏迷不醒时,一定要收集旅客对列车救治的旁证材料,取证要有公安人员参加。

5. 旅客在列车上分娩时,应及时汇报列车长,列车长会同乘警立即赶到现场了解情况,通过广播找大夫救治,并尽可能提供场所,为旅客创造好的条件。同时通过有效联系方式告知列车调度员,做好救护准备。列车长要做好相关材料及物品的移交准备,编制客运记录交旅客下车站或最近有医疗条件的停车站。

六、动车组列车发生旅客食物中毒应急处理预案

(一)处置程序

1. 动车组发生3名以上旅客食物中毒事件,列车长应立即联系司机向调度报告。报告内容:旅客发病时间、地点、人数、食(饮)用食物名称,要求派员处理。

2. 同时编制客运记录将食物中毒旅客交最近停车站抢救。

3. 保护现场,稳定旅客情绪。封存可疑食物、呕吐物样品(如旅客食用过列车出售的食品、饭菜),应立即停止出售可疑食物,追回已售出的可疑食物,等待卫生监督人员到场检验。

4. 调查取证。应向发病人(同行人)、周围旅客及有关工作人员调查发病原因及食(饮)用的食物,被调查者应写出书面证明材料。

5. 在行运途中列车长根据掌握的情况及时向上级有关部门汇报,听取指示要求;返乘后写出书面报告,连同有关取证材料一并上交。

(二)注意事项

1. 不论食物中毒责任在谁,首先要积极救治旅客。

2. 采取措施保证其他旅客免受损害或传染。

3. 了解情况,掌握证据要全面、准确。

七、铁路突发公共卫生事件应急处理预案

列车上发现有国家公布的传染病症状的旅客时,应根据情况,采取以下措施:

1. 报告。各单位要建立畅通的通信系统,设置疫情报告电话,利用便捷的铁路电报传输渠道。动车组可利用无线列调系统或其他移动通信设备,与车站进行有效的信息沟通。列车上发现有国家公布的传染病症状的旅客时,列车长应立即向本单位值班室和前方站报告。前方站和有关单位值班室应按照规定上报运输管理及卫生防疫部门。报告内容包括:车次、时间、运行地点、病人简况及主要症状、旅行目的站、病人所在车厢顺号等。

2. 动车组发生甲类传染病或传染性非典型肺炎、人感染高致病性禽流感等公共卫生事件的应急处理程序:

(1)乘务员要将病人或疑似病人隔离,或将病人移到该车厢的下风向处,其他旅客移至该车厢尽可能远的上风向;列车应急处理小组可采取在旅客中寻找医务人员的方式,组织应急救治工作;到站后将病人下交,并将登记资料一并交疾病预防控制部门;控制

病人原所在车厢旅客的流动；关闭病人所在车厢的中央空调，采取措施保持该车厢通风。

(2)卫生主管部门和疾病预防控制部门接到报告后，应立即通过电话或委派专业人员进行指导和处理疫情。

(3)对密切接触者进行登记(内容包括：姓名、性别、年龄、身份证号码、联系方式等)，同时要联系其到达站的疾病预防控制部门，由到达站的疾病预防控制部门按照规定处理。

(4)根据病种情况，加强个人防护措施；对病人污染的车厢、隔离场所及可能污染的范围进行消毒。列车到达后，由所在地铁路疾病预防控制部门对全列车进行消毒。

(5)对密切接触病人的乘务人员，疾病预防控制部门负责对其下达医学观察通知。

3. 卫生管理和防疫部门接到报告后，应立即通过电话或委派专业人员添乘列车，并按下列程序指导、处理疫情：

(1)立即报告地方卫生行政部门。

(2)对病人所在车厢的旅客、同行人员以及有关乘务人员应确定为密切接触者。

(3)在对密切接触者进行登记后(内容包括：姓名、性别、年龄、身份证号码、联系方式等)，要联系其到达站的卫生防疫部门，由卫生防疫部门按照规定处理。

(4)对列车通风情况进行检查。

(5)按规定对病人污染的车厢、隔离场所及可能污染的范围进行消毒。

(6)通知最近设有留验站所在地的车站，做好接收准备。将病人下交留验站时，将登记资料一并交卫生防疫部门。

发生突发公共卫生事件时，铁路疾病预防控制机构应立即赶赴现场，采取有效的应急处理措施，防止疫病借铁路交通工具传播。

4. 应急人员的安全防护：

(1)处理鼠疫、传染性非典型肺炎时，应急人员须着隔离服，戴口罩、手套、防护眼镜，穿防护靴，并扎紧袖口和领口；处理霍乱疫情时，应着隔离服，戴口罩、手套，穿防护靴。

(2)处理传染病疫情时，应急人员进出现场应采取边消毒边进出的方式，始终保持在消毒区域内。

(3)应急人员完成传染病疫情处理任务后，对身着的防护装备进行消毒后，方可脱掉防护装备。废弃的防护装备应放入污染袋中，进行集中消毒处理或焚烧销毁。

5. 终末消毒。列车到达目的地后，由所在地铁路卫生防疫部门对全列车进行消毒。

6. 医学观察。对密切接触病人的乘务人员，由卫生防疫部门安排进行医学观察。

八、运行中车内突然断电的应急预案

1. 乘务员应立即通知列车长，由列车长通知司机和机械师，机械师迅速到达现场查明原因并及时修复。

2. 在通电恢复前，乘务员应加强巡视，向旅客做好宣传解释，稳定车内秩序，减少旅客走动，防止发生意外。

3. 机械师应在尽量减少对旅客干扰的前提下，及时进行修复，不要人为扩大影响。夜间列车停电后，乘务人员及旅客严禁用明火照明，不得动用电器设备。

4. 恢复照明后,列车长、乘警、机械师应对列车(或停电车厢)进行巡视,检查有无人员受伤、旅客携带品丢失、损坏,车内电器设备重新启动后有无异常。

5. 如全列车大面积、长时间停电或不能修复时,列车长应立即向本段、客调汇报,请示工作。

6. 故障动车组应尽可能保证辅助供电系统工作正常,保持基本的列车通风、照明,采用机车救援后,动车组随沿途救援机车运行到终点站,由就近动车组运用所组织抢修(CRH_2型动车组无外部供电的情况下,采用机车救援的无火回送,蓄电池只能维持2 h。应组织救援机车将动车组牵引至前方客运车站停车,组织旅客换乘)。

7. 涉及夜间运行或白天运行通过长大隧道的列车,应配备应急照明设备。

九、动车组故障的应急处置

(一)热备动车组出动

1. 动车组故障无法及时修复时,应及时启用热备动车组。启用备用动车组时首先考虑使用热备动车组。无热备动车组或热备动车组定员少于故障动车组实际人数时,应调整在线运行动车组交路,有条件时,利用其他动车组担当救援车底。上述措施无法实现时,就近利用空闲普通客车底担当救援车底。

2. 热备动车组预备司机必须满足担当各线动车组任务配备,在机务段机车调度室出勤时,按照热备动车组担当各线任务办理出勤(包括传达调度命令和IC卡)。到动车所调度室报到后,在距动车组停留地点较近的行车公寓或机务段(动车组运用所)候班,充分休息,保证叫班后随时出乘担当任务。

3. 热备动车组出动救援跨局动车组时,由铁道部调度统一指挥。

铁道部运输局调度部调度处动车组调度员应立即报告值班处长、调度处长、调度部主任(副主任),并根据需要通知铁道部车辆、机务、供电、电务调度;由铁道部车辆、机务、供电、电务调度分别通知客车处长、机车运用处长、供电处长、信号处长。

铁道部运输局调度部调度处值班处长接到应急救援指挥中心领导热备动车组出动的指示后,应立即布置动车组调度台向有关铁路局下达热备动车组出动及开行的调度命令。

热备动车组配属局调度所接到动车组出动命令后,立即(3 min内)向有关单位下达热备动车组出动的调度命令,有关单位必须在接令后10 min内完成热备动车组的调车、整备、司乘人员配备等项工作,具备发车条件。热备动车组救援出动时本务司机、随车机械师、客运乘务由配属局担当。

热备动车组和预备司机担当非本局动车组担当区段的车次时,由原担当铁路局动车组司机担当,车型不符时,由预备司机担当,原担当任务铁路局司机负责带道,并负责提供动车组司机携带列车时刻表。

4. 热备动车组救援局管内动车组时,由铁路局调度统一指挥,并向铁道部动车组调度台报告(具体办法由铁路局规定)。

5. 铁路局应细化热备动车组备用及出动管理办法,明确热备动车组、人员、备品、日常管理和出动各项作业时限标准,确保设备完好和准时出动。

(二)动车组因故障组织旅客换乘

1. 使用热备动车组组织旅客换乘时，车站应加强站车组织，按规定做好换乘旅客的饮食供应和后勤服务工作，两列换乘车底应尽量安排在同一站台方便旅客换乘。此时，站段应急领导小组应立即赶赴现场，必要时，铁路局应急领导小组成员应赶赴现场组织指挥。

2. 使用非动车组热备车底替换动车组开行旅客列车时，车次应当相对固定(原则上将原动车组车次改为特快或快速旅客列车车次)，开车命令必须在开车 1 h 前下达，跨局旅客列车由铁道部、局管内由铁路局客运调度下达停运动车组，开行旅客列车的调度命令。客调命令中须明确停运动车组列车车次、车底所属局、开行车次、编组顺位、车种、型号、定员、停车站到开时刻、乘务担当单位等。

3. 车站接到热备车开车命令后，应按票价差备足零款，指定专人到指定地点组织引导旅客收回动车组旅客原票，换发新票并退还票价差额。旅客要求改乘其他列车时，车站应及时办理改签手续，并尽可能地改签为有席位车票。退票、改签不收手续费。

4. 换乘时，站车要认真组织验票，严禁持其他车次车票的旅客上车，持有停运动车组列车车票的旅客，必须换新票后方可上车。

十、动车组无法接入高站台线路

1. 正常情况下，办理客运营业的动车组必须在高站台上接发，因特殊情况无法接入高站台时，铁路局列车调度员必须通知值班主任，经调度所副主任准许后，列车调度员与车站共同确定接车股道，并要求车站做好准备，在动车组到达车站 15 min 前由列车调度员通知司机。司机要及时通知列车有关工作人员做好准备。

2. CRH5 型动车组列车，列车长接到通知后，要按事先制定的分工范围，用对讲机通知乘务人员提前打开列车停靠站台一侧的踏板，并确认踏板锁闭良好，列车长要进行巡视确认，并通过广播向旅客宣传安全注意事项。列车开车后，及时将踏板复位并锁闭到位，避免踏板打开的安全隐患，确保车门开关性能正常。

3. CRH1、CRH2 型动车组接入低站台时，列车乘务人员在接到信息后，积极加强宣传组织，要注意加强和车站的协调配合，在确认车站已准备好应急移动梯的车门口，做好安全提示和扶老携幼，以保证旅客乘降的绝对安全。

4. 列车乘务人员应熟知列车无法接入高站台的作业组织程序。

十一、车门故障的应急处置

动车组列车设备发生故障时，列车乘务员应及时通知随车机械师处理。车门发生故障时，应立即采取临时安全防护措施。车门紧急解锁拉手使用后必须复位并通知随车机械师。

加强宣传和组织，引导旅客从非故障车门乘降，防止旅客越站和漏乘。

十二、动车组列车运行中发生路外伤亡事故停车检查的处置

为确保动车组列车运行安全，动车组列车运行中发生路外伤亡事故时的处置要采取以下

措施:

1. 动车组列车运行中发生路外伤亡事故,司机应立即采取停车措施。停车后立即报告列车调度员,同时请求办理随车机械师下车检查调度命令。

2. 列车调度员接到司机报告后,应发布调度命令通知邻线运行的列车司机通过该段时限速 120 km/h,再发布调度命令通知司机,准许随车机械师下车检查动车组。该命令准许使用列车无线调度通信设备发布、转达。

3. 司机接到准许随车机械师下车检查调度命令后,应通知随车机械师和列车长。随车机械师接到司机通知后,应立即下车检查,确认动车组技术状态。若无异状、不影响列车继续运行时,应立即通知司机开车,司机开车后及时报告列车调度员。如不能继续运行时,按有关规定进行防护和组织救援。

4. 列车调度员接到发生路外伤亡事故报告后,应立即通知公安人员到现场处置。公安人员应及时了解、上报现场勘察处置情况。

5. 随车机械师下车检查处置必须在列车运行方向左侧,列车长负责车上监护。司机应密切注意邻线来车情况,遇邻线来车时应使用电台及时通知下车检查的机械师,确保作业人身安全。

6. 列车长接到司机通知后,应立即广播告知旅客临时停车,通知列车员巡视车辆车门,解答旅客问题,安抚旅客情绪,制止旅客不安全行为。

第四节　红十字应急抢救

一、现场急救——心肺复苏

1. 目的

(1)抢救生命,降低死亡率。

(2)防止病情继续恶化。

(3)减轻病痛,减少意外损害,降低伤残率。

2. 原则

(1)沉着,心细,分清轻、重、缓、急。

(2)先处理危重病人,再处理轻伤病人。

(3)观察现场,确保自身安全。

(4)充分运用现场可支配的人力、物力。

3. 程序

(1)判断意识:轻拍伤病者肩部、面部判断有无意识(见图 4-3)。婴儿拍击足跟,掐合谷判断有无意识。

(2)呼救:高声呼救,拨打急救电话(119 或 120)。

(3)摆放仰卧体位:伤病者俯卧或侧卧,应翻转为仰卧在硬地面上(见图 4-4)。注意保护头颈部。

(4)抢救者体位:抢救者位于伤病者一侧,跪于伤病者肩腰部水平位(见图 4-5)。

图 4-3　判断意识

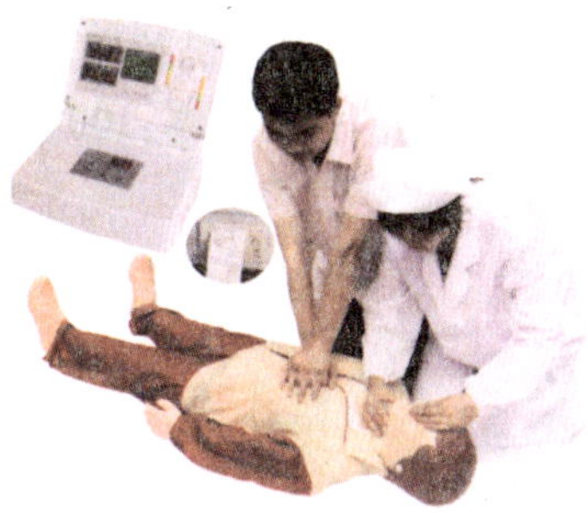

图 4-4　摆放体位

(5)打开气道:抢救者一手置放于伤病者前额并下压,使头部后仰,另一手的食指中指放于伤病者下颌骨下方,将颈部向上抬起,帮助头部后仰(见图 4-6)。

图 4-5　抢救者体位

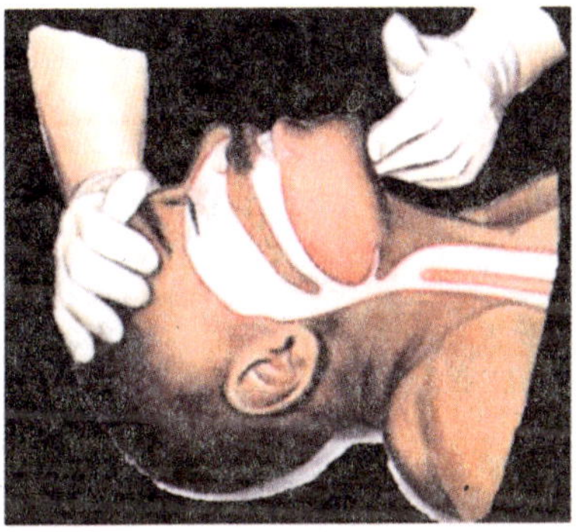

图 4-6　打开气道

(6)呼吸:抢救者采用仰头举颈法保持伤病者气道通畅,利用视、听、感觉方法 3～5 s,检查伤病者有无自主呼吸(见图 4-7)。

(7)循环:抢救者在 5～10 s 内用触摸颈动脉、颈动脉是否有搏动,判断伤病者有无心跳,婴儿触摸动脉(见图 4-8)。

图 4-7　检查呼吸

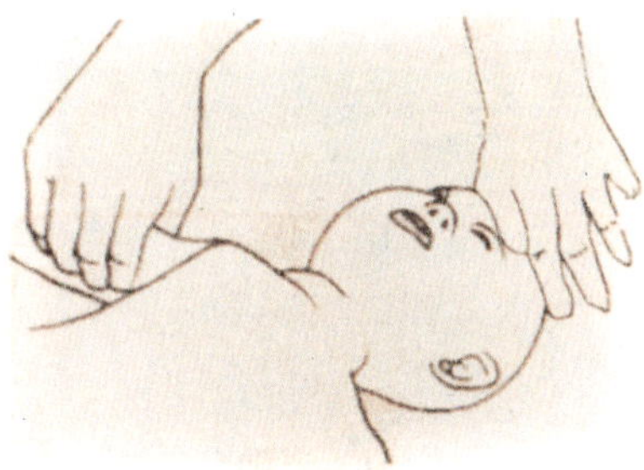

图 4-8　循环检查

（8）人工呼吸：保持气道开放，捏住伤病者的鼻孔，深吸一口气缓慢而持续地将气体吹入伤病者口中，连续进行两次充分吹气，每次吹气时间为 1～1.5 s，气量为 800 mL（见图 4-9）。

（9）无心跳进行胸外心脏按压：上身前倾，垂直按压，肘部伸直，双手上下交叉用手掌根部按压，深度 4～5 cm，按压频率：100 次/min（见图 4-10）。

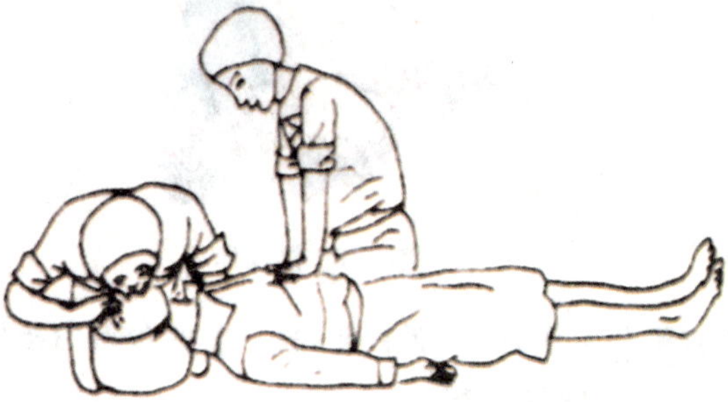

图 4-9　人工呼吸

图 4-10　胸外心脏按压

二、现场急救

使用绷带包扎伤口见图 4-11～图 4-17。

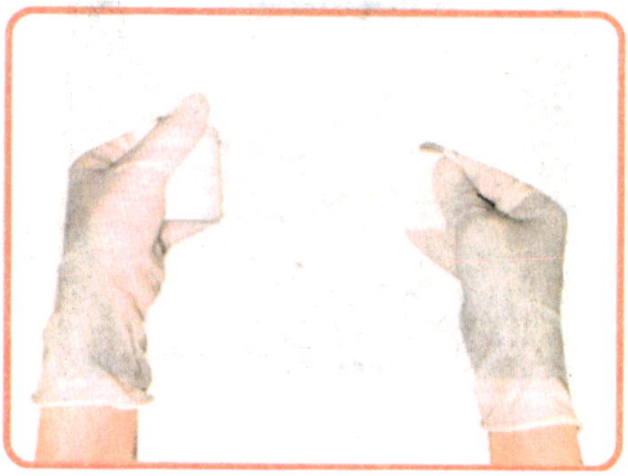

图 4-11　绷带

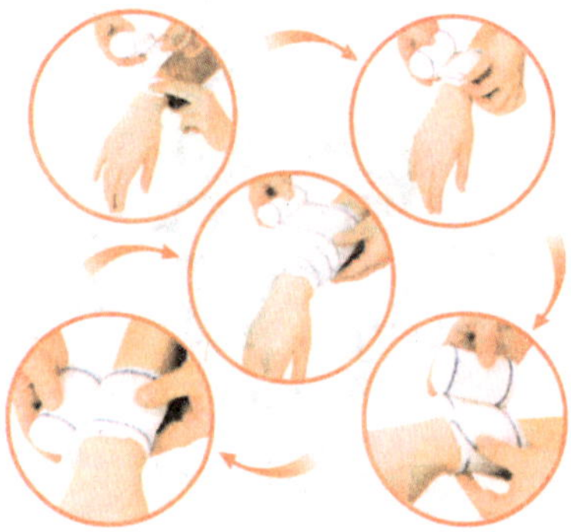

图 4-12　绷带包扎法

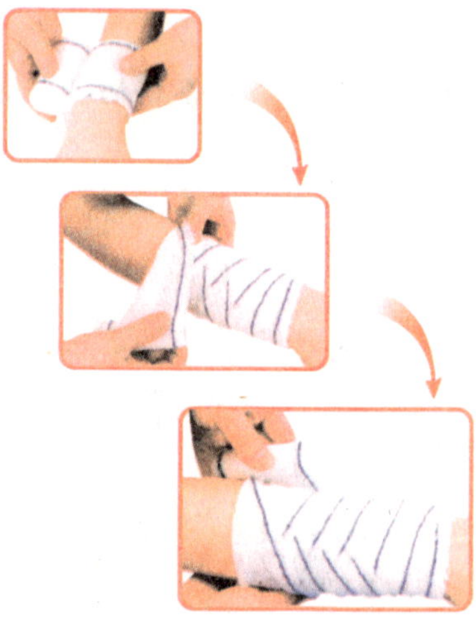

图 4-13　螺旋反折包扎

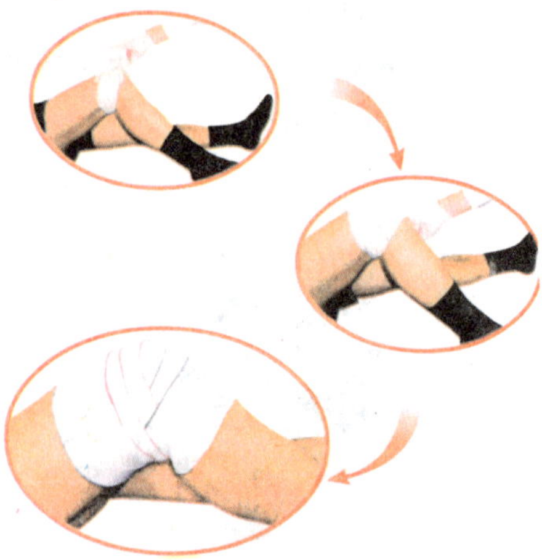

图 4-14　膝部包扎

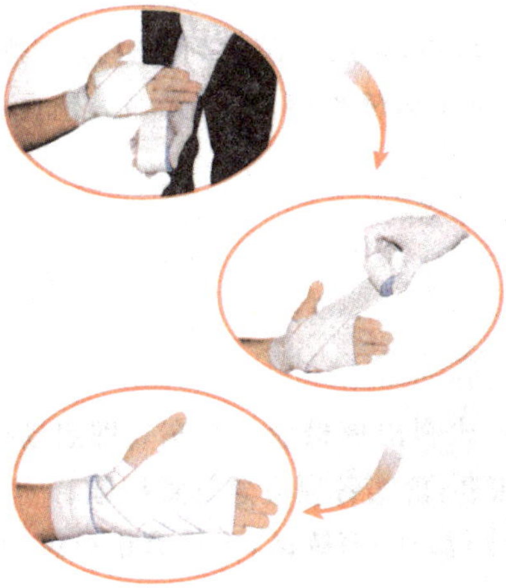

图 4-15　手掌包扎

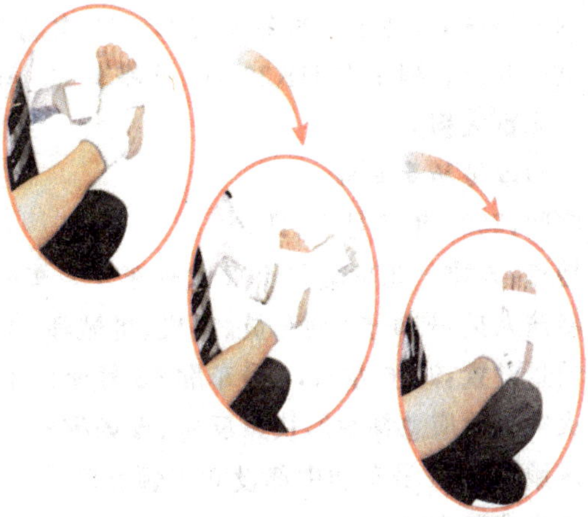

图 4-16　足部包扎

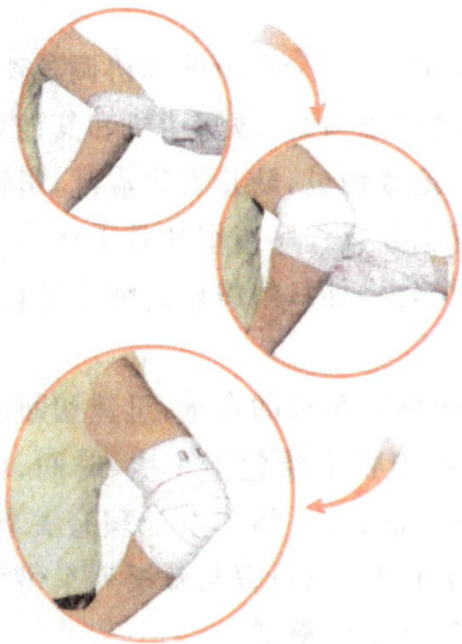

图 4-17　肘部包扎

第五节　应急演练程序举例

一、京津城际列车发生火灾时旅客疏散应急演练程序

模拟事故及处置梗概

2008 年 7 月 15 日，天津开往北京南站的 D5002 次列车，天津站 8:50 开车，9:00 左右 4 号车厢突然冒烟出现火情，旅客一片惊慌。乘务员及时赶到现场，稳定旅客情绪，迅速通知列车长。列车长闻讯，依据旅客列车火灾应急处置 40 字程序，立即启动动车组火灾事故应急处置预案，组织客运乘务员、随车机械师、餐饮、保洁人员，一面及时疏散旅客，一面迅速开展火灾扑救，争取了宝贵的时间。由于电路原因起火，火势蔓延，列车长判明情况，果断通知司机立即停车并请求救援。司机冷静判明形势，一面请列车长尽力控制火情，一面和列车调度联系停车，请求救援车支援。列车调度员迅速安排临时停车及火灾救援工作，同时向铁路局及所在地有

关部门报告。

列车停站后,动车组热备车底D5101次迅速赶到停车地点,将旅客疏散到D5101次热备车底继续开行。列车在JJK26 km处停车25 min,尽快恢复了运输秩序,旅客无一人伤亡,旅客财产无重大损失。

(一)演练场景安排

时间:2008年7月15日。

地点:天津—北京南D5002次列车4号车厢。

参演人员:列车长、列车员、司机、机械师、餐饮、保洁人员。

情景设置:9:00左右,4号车厢63号座位下发生火情,旅客出现恐慌。列车立即启动《动车组火灾事故应急预案》,快速反应、现场施救、及时疏散旅客,落实各项应急处置措施。

区域设置:4号车厢中部设立①领导区(30号~60号座位);②演练区:内设解说员区,3、5号车厢为疏散方向。

(二)动车组现场应急处置小组成员及具体分工

1. 列车长

列车长作为现场应急处置总负责人,全面指挥和协调各项工作。

(1)接到火情报告后立即启动应急预案,通知司机和其他列车工作人员,并迅速赶到现场。

(2)组织工作人员疏散旅客,抢救伤员,防止发生混乱,组织旅客开展自助自救活动。

(3)全面指挥,按列车火灾应急处置程序组织扑救工作。

(4)协助公安、安监部门查明起火原因,组织恢复列车运行。

2. 本务司机

本务司机负责接报火警后,根据列车长的要求,迅速切断电源;列车在区间被迫停车时,司机应立即向列车调度员报告(报告内容主要包括车次、时间、区间、发生火情和处理的简要情况),随车机械师、列车长均应在司机的统一指挥下处理有关事故救援等事宜。及时将列车调度员的指示,向列车长和机械师进行转达;负责与救援列车司机联系,进行门对门停靠;向机械师下达安放紧急渡板命令,请求热备车底救援。

3. 列车调度员

(1)列车调度员接到报告后,立即报告调度所值班主任,同时向动车台调度员通报。动车台调度员立即通知机车、车辆、客运、供电调度员。

(2)调度所值班主任应立即报告调度所主任、总调度长、局办总值班室、安监室值班监察和公安局值班室(报告内容按照《铁路交通事故调查处理规则》第二十三条)。

(3)机车、车辆、客运、供电调度员接报后分别向机务处、车辆处、客运处值班人员以及有关机务、车辆、客运段和动车运用所值班室通报。

(4)各业务处(室)和各段值班人员接报后立即向各处长(主任)、段长(副段长)通报,局值班室接报后向局长、有关副局长报告。

(5)同时向铁道部调度及相关部门报告。

4. 随车机械师

随车机械师负责列车灭火、设置防护、救援等工作。

(1)按照列车长的指挥,迅速切断有关电源及电器设备连接。

(2)正确指导乘务人员和旅客充分利用车内消防器材或其他可以利用的工具迅速扑救。

(3)当列车出现紧急情况，负责拆装、安放紧急渡板，正确指导乘务人员和旅客利用车门紧急开关开启车门或从逃生窗逃生，负责 CRH_2 型动车组集控开关车门工作。

(4)配合做好有关行车、列车防护和事故救援工作。

5. 客运乘务员

客运乘务员按分工负责灭火、信息传递、隔离、疏散旅客、维护稳定车内秩序、保护现场等工作。

(1)听从列车长指挥，迅速参加扑救。

(2)在疏散旅客的同时，做好宣传工作，稳定旅客情绪，以免发生混乱。在扑救火灾、疏散旅客的同时，本着“先救人、后救物、先伤后亡、先重伤后轻伤”的原则，积极抢救伤员。

(3)情况紧急时，组织旅客正确利用车门或逃生窗逃生。

(4)积极向公安机关提供线索，协助搞好现场调查，尽快查明事故原因。

6. 保洁、餐饮人员

保洁、餐饮人员在火灾应急处理中全面服从列车长命令，听从指挥，协助列车工作人员传递灭火器、稳定旅客情绪、疏散旅客，扑救初起火灾。

(三)现场演练过程并解说词

1. 参演人员到达指定位置。

现场总指挥：“请各部门报告演练准备情况。”

各工种用对讲机报告准备到位情况：“列车员×××准备完毕，列车员×××准备完毕，机械师×××准备完毕，司机×××准备完毕，餐服长×××准备完毕，保洁员×××准备完毕。列车长×××报告总指挥，六乘部门演练准备工作就绪。”

现场总指挥：“各部门原地待命。报告各位领导，北京铁路局京津城际动车组火灾应急模拟、旅客疏散演练准备工作就绪，请您指示。”

2. 领导回复。

3. 现场总指挥：“各部门请注意，京津城际动车组火灾应急模拟、旅客疏散演练现在开始。”

解说员：(女)2008 年 7 月 15 日，由天津开往北京南站的 D5002 次列车启动，车厢内旅客平静，列车工作人员正在车内有序工作。突然，列车 4 号车厢发生了火情。

旅客甲：“这是什么味，你闻见了吗？冒烟了。”

旅客乙：“真的冒烟了，在这里！”

旅客丙：“冒烟了，赶紧叫列车员。”

旅客乙：“列车员！列车员！”

乘务员：“怎么回事？”

旅客乙：“这冒烟了！”

乘务员：“大家不要惊慌，由我来处理。(边走边说)D5002 次列车长、D5002 次列车长，4 号车厢有火情，请抓紧赶到现场。”

列车长：“D5002 次列车长明白。”

解说员：(女)乘务员立即按下红色火灾报警按钮。

司机：“D5002 次列车长、机械师，我是 D5002 次司机，4 车有火情报警，请核实。”

列车长：“D5002 车长明白，我正赶往 4 车厢。”

机械师:“机械师明白,我马上到。”

列车长:“各部门请注意,4 号车厢发生火情,立即启动应急预案,立即启动应急预案!”

乘务员:“疏散组明白。”

乘务员:“扑救组明白。”

餐服长:“餐服长明白。”

保洁员:“保洁员明白。”

乘务员:“旅客们,大家不要着急,请大家在工作人员指挥下离开这里,大家按顺序向两边撤离。”

旅客甲:“我们行李怎么办?”

旅客乙:“乘务员我们往哪走?往哪里走?”

乘务员:在端门处说:“5 号车厢在这边,请大家跟我往这面走。请大家先行撤离,行李先不要拿,请大家有序撤离,请大家不要惊慌,不要慌乱,有序撤离。”

解说员:(男)乘务员初步判断冒烟由电路引起,正在现场扑救,按照灭火器使用要领,拔掉灭火器保险销,按下压把,对准火源根部进行喷射。

列车长:(一进车厢说)“现在情况怎么样?”

乘务员:“烟雾越来越大,我已用了灭火器!”

列车长:(列车长、机械师同时赶到现场)“在哪?”

乘务员:(用手指着说)“在座席下。”

列车长:“机械师查看火情。”

机械师:(查看后说)“车长,现在必须断电灭火。”

列车长:“D5002 次司机,我是 D5002 次列车长,4 号车厢有火情,请切断电源,启动应急照明设施。”

司机:“司机明白,电源已切断。”

列车长拨打火警电话 119,报告列车车次、所处位置、火势情况、预停地点。

解说员:(女)在列车工作人员组织扑救的同时,机械师经确认,判明了着火点在车厢座席下方,由于着火点较为隐蔽、火势蔓延、不易扑救,列车长请求司机联系停车救援。

机械师:“车长,火势蔓延了,必须停车救援。”

列车长:“D5002 次司机,我是本次列车长,火势蔓延,请求停车并联系救援。”

司机:“司机明白,我正在联系列车调度。”

列车长:“D5002 次司机,D5002 次列车 7 号一等车厢有参加奥运会足球比赛的外国运动员 24 人,行程紧急需要先行疏散,改走公路,请一并联系。”

司机:“D5002 次司机明白。”

列车长拨打公安局指挥中心电话(010-51825678):“D5002 次列车发生火情,紧急停车,我车有 24 名外国运动员需赶往赛场,请求救援”。

解说员:(女)列车调度员接到司机报告后向铁路局列车调度员报告,同时通报当地政府。并用列车无线调度通信设备通知 D5002 次后续列车及邻线列车,封锁邻线区间,安排铁路、公路救援。

解说员:(男)列车调度员接到司机报告后,立即报告调度所值班主任,值班主任立即通知机车、车辆、客运、供电调度员。并立即报告调度所生产副主任、调度所主任、总调度长、局总值班室、安监室值班监察和公安局指挥中心。

解说员：(女)局总值班室接到报告后，立即向主管局领导报告，并按照指示要求，通知局内有关业务处室负责同志赶赴现场，并在局领导的组织下，传达救援方案。

列车长："全体工作人员继续将灭火器传到4号车厢。疏散小组尽快疏散旅客、稳定旅客情绪，扑救小组全力组织扑救。"

乘务员：(走到车长面前)"报告车长，4号车厢旅客已全部撤离。相邻车厢正在组织撤离隔离！"

列车长："明白，现场工作人员检查4车厢是否还有旅客和行李，广播员请做好通告，安抚旅客。"

广播员："广播员明白。""旅客们请注意，现在列车4号车厢发生紧急情况，我们正在全力处理，请其他车厢旅客不要惊慌，不要随意走动，听从工作人员的指挥，我们会保证大家的安全，感谢大家的配合！感谢大家的配合！"

解说员：(男)刚刚发生的一幕是4号车厢发生火情。按照铁道部40字火灾处置程序：立即停车、疏散旅客、迅速扑救，切断火源的规定。列车员闻讯后，赶到现场，确认火情，按下火灾报警按钮，及时通知列车长，进行扑救，疏散旅客。

列车长："D5002次司机听到请回答。"

司机："D5002次司机有，请讲。"

列车长："停车位置是否确定。"

司机："D5002次列车长，调度命令，列车将在京津城际铁路上行线JJK26+420处停车，停车后请将运动员通过紧急疏散梯疏散下桥，救援车在准备中，有准确信息后我通知你。"

列车长："D5002次列车长明白。全体工作人员现在马上撤离现场，关闭防火隔断门，工作人员按分工稳定好旅客情绪，准备紧急用梯和过渡板，做好停车后疏散准备。"

列车员：(全体)"明白。"

关闭防火隔断门。

解说词：(女)由于情况特殊，对外国运动员进行先行疏散，由北京南站公安民警赶赴现场，打开492逃生口，并在桥上等待、引导运动员下桥。同时做好事故现场的安全保卫工作。公安局指挥中心通知北京南站派出所出动警车带道，引导北京南站中巴车前往事故现场接运外国参赛队将其迅速送往赛场。

解说员：(男)此时，列车已减速驶进停车区段。由于动车组列车车门距地面较高，疏散旅客时，列车广播和乘务人员应提醒、引导、搀扶旅客，防止摔伤。CRH_2型动车组可使用1车、8车的紧急用梯子向地面组织乘降或使用过渡板实施门对门换车对接，将旅客向救援车过渡疏散，确保旅客安全撤离。

列车长："广播员请通知旅客和乘务员做好停车后疏散准备。"

广播员："明白。""旅客们请注意，由于列车发生系统故障，列车须临时停车，停车后，请您听从列车工作人员指挥，不要下车，我们已经联系救援列车，车到后大家有序转到邻线救援列车上。"(广播两遍)

司机："D5002次机械师准备安装梯子，疏散运动员。安装时要手动开门。"

机械师:“明白。”

解说词:(女)此时列车停在京津城际铁路上行线JJK26+420处,列车长接到使用中巴车接送运动员通知后,会同机械师在司机指挥下,按规定手动打开7号车厢1位车门,架设紧急用梯子,并设专人在现场进行防护,防止旅客摔伤。列车长指挥列车乘务人员组织运动员有序从列车上下到桥面,转移并集结。

列车长:“机械师,乘降梯是否安放牢固、稳妥。”

机械师:“没有问题。”

列车长:“保洁员,我在车下防护,你与机械师车上组织疏散。”

保洁员:“好的,明白。”

列车长:(用对讲机)“列车员注意,甲做好1～3车旅客组织,保洁员、餐饮人员配合你做好旅客安抚工作;乙做好5～8车旅客组织和安抚,保洁、餐饮做好配合,全体工作人员不得打开车门下车,确保车上旅客安全。”

列车员(全体):“明白。”

解说词:(女)集结完毕后,由列车长组织旅客向指定疏散梯处进行转移。转移过程中注意瞭望,做好防护工作。

司机:“D5002次列车长,逃生口在94号桥墩处,大家注意安全。”

列车长:“D5002次列车长明白。”

解说词:(男)列车长到达指定疏散梯处与北京南站派出所公安人员接头后,将运动员移交派出所公安人员,由公安人员组织运动员按顺序转移至地面,送上预先到达的中巴车,由警车开道,火速赶赴指定赛场。

解说词:(女)将运动员安全移交后,列车长返回D5002次列车,等待热备车底到达后准备对车上旅客进行过渡疏散。

解说词:(男)列车调度员在安排停车时已经向北京南站、天津客运段、北京车辆段、北京机务段、北京铁路公安局下达开行热备车底救援命令及方案。

解说词:(女)司机接到启动热备动车组救援命令后,通过无线电台通知列车长、随车机械师。

解说词:(男)在救援列车到达之前,列车长向全体乘务人员下达命令,查看车内情况并坚守岗位,严禁打开车门。

司机:“D5002次列车长,热备车底9:40到达,机械师检查过渡板安装情况,准备过渡。过渡时要手动开门。”

列车长:“工作人员注意,提前准备好过渡板,救援车9:40到达。甲,你负责1～3车旅客从3车1位门过渡,救援车上有工作人员接应你。乙、我和机械师负责5～8车旅客从7车1位门过渡,你反复进行广播宣传。”

列车员:“甲明白”,“乙明白”。

广播员:“旅客们,由于列车发生系统故障暂时不能正常运行。为了您的安全,铁路部门救援列车将于9:40到达我们的停车地点,请旅客们耐心等候。到时请您务必按照列车工作人员的指挥,分别从3号和7号车厢顺序换乘救援列车。由此给您带来不便,我代表铁路部门向乘坐本次列车的旅客表示深深的歉意。”

司机:“D5002机械师听到请回答。”

机械师："D5002 机械师有，请讲。"

司机："渡板准备好了吗？"

机械师："准备完毕，可以开门对接。"

司机："明白。"

列车长(事故车)："全体工作人员注意，现在准备过渡疏散。D5101 次列车长听到请回答。"

列车长(救援车)："D5101 次列车长有，请讲。"

列车长(事故车)："我们从 3 车 1 位门、7 车 1 位门过渡旅客，你们请接应，我车机械师在 7 号车门处，你车机械师到 3 号车门接应。"

列车长(救援车)："好的，明白"。

列车长(事故车)："餐饮及随车保洁人员你们协助做好旅客组织和转移过程中的防护工作"。

保洁、餐饮："明白。"

列车长(事故车)："广播员做好宣传。"

广播员："明白。"

广播员："旅客们请注意，现在热备车底已经到达，准备完毕。在换车过程中，请您听从列车工作人员指挥，有序撤离，不要拥挤，注意脚下安全，抓稳扶牢，防止滑倒摔伤。到达热备车底后，请您按照原座位号就座。感谢大家的配合。"

解说词：(女)热备动车组车底停靠临线指定位置后，由调度所通知司机，司机向列车长和机械师下达安装紧急渡板命令。列车长和机械师按照有关规定，分别手动打开 3 号车厢 1 位和 7 号车厢 1 位车门，架设紧急渡板，并设专人在紧急渡板放置场所进行防护，防止旅客摔伤。在旅客转移过程中，救援列车列车长组织乘务员按照对号原则积极疏导、安置旅客，确保转移有序、快速。

解说词：(男)旅客换乘完毕，列车长和机械师负责紧急渡板的拆卸及存放工作，除本务司机和机械师外，其余工作人员登乘救援列车，由救援列车列车长通知司机关闭车门。

解说词：(女)救援列车确认信号开放后开车，将旅客继续运送至北京南站。

解说词：(女)救援动车组开车后两列动车组车长清点、确认、交接旅客人数，做好途中的服务等相关工作。

解说词：(男)北京铁路局京津城际动车组火灾处置、旅客疏散已完毕。列车长代表铁路部门，对列车设备故障原因造成晚点向旅客致歉。

列车长：(救援车)"旅客朋友们大家好，由于列车发生系统故障不能正常运行，造成列车晚点，给大家带来不便，我代表铁路运输部门向您表示深深的歉意，同时对旅客们互助自救的精神以及对我们工作的配合表示衷心的感谢！"

事故车列车长与救援列车列车长办理交接："D5002 次列车共有旅客 200 名。其中一等车旅客 24 名，为参加比赛运动员，在 9:10 停车时，已由公路疏散，实际登乘热备车旅客 176 名，请核对人数。"

列车长："(事故车)请示领导，演练结束。"

二、石太客运专线动车组应急模拟演练

1. 石太客专动车组火灾演练内容

(1)2009 年 3 月 26 日 12:50 左右，石家庄开往太原的 D55001 次动车组，4 号车厢发生火

情,列车员闻讯赶到 4 号车厢,经确认立即拉下红色报警手柄,并利用对讲机向列车长报告。

(2)列车长用对讲机通知司机,4 号车厢发生火情,请切断电源。同时命令列车工作人员迅速按职责启动应急处置预案。

(3)先期到达 4 号车厢的列车员使用本车厢的灭火器(模拟)对冒烟部位进行扑救,并迅速组织旅客有秩序疏散到其他车厢远离危险区域。其他闻讯赶来的乘警、列车员、机械师、餐饮、保洁人员按照应急预案的要求,立即做好稳定旅客情绪工作,发动车厢内党政、军警、干部、战士等社会力量参与灭火和疏散旅客。向起火车厢两端 3、5 号车厢疏散旅客,传送灭火器等工作,对现场火源进行紧急扑救。

(4)由于火情无法控制,列车长命令关闭 4 号车厢防火隔断门,乘务员检查确认旅客全部离开 4 号车厢后,关闭车厢两端防火隔断门,并按照扑救程序模拟进行扑救。

模拟列车运行中火灾应急扑救及车内旅客疏散演练结束。

2. 模拟隧道内旅客下车疏散演练

由于设备故障,D55001 次动车组停于石太客专下行线 92 km 处(太行山隧道内)。

(1)列车长接到司机传达的疏散旅客的调度命令后,指挥列车乘务人员组织旅客下车疏散工作。

(2)列车长指挥各车厢乘务员提前做好清点旅客人数,做好旅客安抚工作,维护好车内秩序。

(3)列车长组织乘警、机械师和乘务人员按照预案疏散旅客。即:对参加的 60 名模拟旅客分两组(每组 30 人)由列车长、乘警、乘务员组织,从运行方向左侧(有低站台)3、5 号车厢 1 位车门疏散到车下。清点旅客人数,报告。

(4)列车长组织带领 3 号车厢下车的 30 名旅客向列车运行方向前方疏散,寻找前方 K92+391处横通道,设置防护,横越线路,将旅客疏散到横通道内上行线一侧,解锁横通道隔离门,关闭横通道隔离门。

(5)乘警组织带领 5 号车厢下车的 30 名旅客向列车运行方向后方疏散,寻找后方 K91+971 处横通道,设置防护,横越线路,将旅客疏散到横通道内上行线一侧,解锁横通道隔离门,关闭隔离门。

(6)1 名列车员负责由列车长组织旅客疏散断后的组织安全工作;另 1 名列车员负责乘警旅客疏散断后的组织安全工作。

(7)两名保洁员负责由列车长组织旅客横越线路的安全防护工作。

(8)两名餐服员负责由乘警组织旅客横越线路的安全防护工作。

(9)列车长、乘警分别对疏散到横通道内的旅客进行清点,报告。分别带领旅客到上行线公路疏散通道处,清点人数,报告。

(10)救援列车到达后,立即组织旅客登程救援列车(原路返回上动车组)。清点人数,报告。

疏散旅客演练结束。

3. 使用隧道内消火栓灭火演练

列车停车后,旅客疏散完毕,扑救组迅速到达下行线,找到消火栓,接通消防带,打开水阀,立即组织扑救,登乘救援列车(原路返回上动车组)。向列车长汇报,列车长通知司机可以开车。列车长通过列车广播,代表铁路部门安抚旅客,稳定旅客情绪。

演练人员全部登乘救援列车,列车安全开出事故地点,石太客专火灾应急、旅客疏散模拟演练结束。

第五章　站车服务人员行为规范

第一节　站车服务工作概述

一、动车组站车服务特点

动车组与既有线的旅客列车相比，不仅在安全、快速、方便等方面有巨大的飞跃，同时先进的硬件设施，给旅客创造了更加舒适、人性化的旅行环境。在安全、快速、舒适的前提下，动车组的又一目标是为旅客提供更快捷和更优质的服务。这就意味着动车组站车服务人员不但要提供车上安全的保证，还要为旅客提供更为热情、周到的服务。动车组站车服务是铁路运输服务中直接面对旅客服务的窗口，它直接代表着中国高速铁路的形象。

由于站车服务工作面对的是不同国家、地区、文化层次、职业、年龄、地位、风俗习惯的旅客，所以有其服务特殊性。为了满足国内外不同旅客的服务需求，动车组站车服务人员只有不断提高自身文化修养，掌握丰富的专业知识和服务技巧，努力学习掌握不同旅客的不同服务需求及心理特点，努力做好各项服务工作。同时，动车组站车服务人员的言谈举止、服务态度是影响旅客对动车组印象的重要因素，是铁路运输服务水平的重要体现。因此，动车组站车服务人员也应更注意日常礼仪、专业礼仪及服务礼仪，以便可以为旅客提供更优质的服务，为动车组营造更良好的品牌形象。

二、客运服务礼仪的原则

1.“旅客至上”原则

随着市场经济的不断深入，铁路面对的是一个竞争的运输市场，铁路服务必须树立“旅客至上”的理念。世界著名“万豪”集团的创始人威拉德·玛里奥特先生提出了“顾客永远是对的”这句箴言，改变了世界的服务理念。动车组站车服务人员要变“以我为主”为“以客为主”，真正从内心深处把旅客当成我们的“衣食父母”。

2. 用心服务原则

铁路客运站每天要接待数以万计的旅客，特别是春运、节假日等特殊时期，旅客出行的人数更多，如何在繁杂劳累的工作中保持良好的服务礼仪，必须从内心去感受或体会礼仪服务的重要性和必要性，养成礼仪服务的职业习惯，做到服务发自内心。同时，用心服务还包括通过各种方式获知旅客的需求信号，主动发现服务机会，并提供及时、恰当、满意的服务，以满足旅客的高期望值。

3. 持之以恒的原则

服务礼仪既然作为规范化服务的重要内容之一，表明它不会自发形成，而是需要进行岗位培训，规范岗位纪律和要求。为此，动车组站车服务人员要善于保持心理平衡，维系一种良好的服务心态,才能将职业要求逐步形成职业习惯,持之以恒。只有保持持之以恒的服务礼仪,才能从根本上形成良好的服务规范。

三、动车组客运乘务员的综合素质

(一)道德修养

1. 热爱祖国,热爱铁路事业,热爱本职工作。
2. 遵守国家法律、法规和铁路行业管理规章制度,自觉维护旅客合法权益。
3. 尊重旅客的民族习俗和宗教信仰,对不同种族、国籍、民族的旅客一视同仁。
4. 有高度的工作责任心,诚实守信,敬业爱岗,忠于职守。
5. 爱护站车设备设施,不占有、浪费服务备品和餐饮供应品,廉洁自律,公私分明。
6. 尊老爱幼,谦虚谨慎,真诚热情,努力树立动车组站车客运人员良好形象。

(二)职业风貌

1. 听从指挥,团结协作,工作认真,有严谨的工作作风。
2. 精神饱满,仪容整洁,行为端庄,举止文明,有健康向上的风貌。
3. 服务主动,细致周到,表情亲切,言语和蔼,有亲和力。
4. 遵章守纪,落实标准,有严于律己的自觉性。

(三)职业素质

1. 勤奋学习,钻研业务,有较高的文化素养和较全面的专业知识。
2. 能运用普通话,熟练掌握常用英语会话,具备良好的语言表达和文字写作能力。
3. 了解旅客的不同需求及心理特点,掌握相应的服务技巧。
4. 熟知作业程序和标准,熟悉使用服务设备设施,能为旅客提供及时、准确的服务。
5. 熟知安全措施和应急预案,熟练使用安全设备设施,具备妥善处理突发事件的应急、应变能力。

四、服务守则

(一)尊重为先

1. 服务的内涵:即尊重他人,理解他人。很多矛盾冲突往往是由于在双方交际的过程中缺乏彼此的尊重所造成的,比如:乘务人员对于有意见的乘车旅客反唇相讥,拿旅客的言行当谈资,以貌取人,造成旅客对服务态度的投诉等。因此,乘务人员首先要学会尊重旅客,从旅客的角度看待和处理问题。

2. 热情待客。乘务人员在工作中不仅不能怠慢、排斥、挑剔旅客,而且还应当积极、热情、主动地接近旅客,淡化彼此之间的戒备、抵触和对立的情绪,将旅客当作自己人看待。

3. 重视旅客。乘务人员对旅客的尊重应表现为认真对待旅客,并且主动关心旅客的需求和感受。

4. 赞美旅客。乘务人员应善于捕捉旅客的优点并加以发自内心的赞美。从心理学的角度来讲,每个人都喜欢听赞美之词,所有的正常人都希望自己能够得到别人的欣赏与肯定,获得他人的赞美，就是对自己最大的欣赏与肯定。

（二）角色定位

1. 乘务人员是旅客的秘书，大部分旅客对动车组设施设备和服务内容都没有乘务人员清楚，乘务人员所应该做的就是向旅客耐心解释和热情服务，消除旅客的疑虑，为旅客提供满意的服务。

2. 旅客是铁路及乘务人员的衣食父母，乘务人员的工作职责就是为旅客提供满意的服务，让旅客感觉到“宾至如归”，想旅客之所想、急旅客之所急，这样才能提升旅客的满意度和信任度。决不能对旅客不理不睬，置若罔闻。

3. 乘务人员还应根据所在行业的服务特点，在服务内涵方面准确定位，按照社会对自己所应扮演的既定角色的常规要求、限制和看法，对自己的形象进行设计。

（三）服务意识

1. 服务意识是满足旅客潜在需求的服务能力。是否能够及时、准确地发现旅客的潜在需求就需要乘务人员主动关注旅客，学会察言观色，主动与旅客沟通，通过旅客的言行举止来发掘旅客的潜在需求，主动地、尽可能地满足旅客的要求。

2. 积极主动地为旅客着想。列车乘务人员身负为旅客服务的责任，应该积极主动地想旅客之所想，为旅客排忧解难。

3. 耐心周到地为旅客服务。乘务人员应该根据不同旅客的性格特点，耐心地为旅客办理业务、解答咨询，用心为旅客服务。

（四）心态调整

1. 很多乘务人员在为旅客服务的过程中受到旅客的情绪波动或由于工作中不顺心的事情而影响了为旅客服务时的态度和质量，牢骚满腹，甚至将不高兴的情绪传染给所服务的旅客，必然会对旅客的感受产生影响，导致旅客不满意。我们应该清醒地认识到为旅客服务好是每一位乘务人员的基本职责，不应该把自己的情绪带到工作中来，不能影响铁路对外的形象。遇到这种情况时，积极调整自己的情绪和心态是非常重要的。

2. 同样的工作为什么某某收入比我高，我挣我的工资，只要旅客不找我的麻烦，其他的事情和我无关等等，这样的思想和心态如果得不到纠正，没有大局观念，就会直接影响到旅客的满意和自己的发展。

（五）掌握技能

1. 乘务人员应该掌握的基本技能包括：服务礼仪、专业知识、业务技能等。

2. 不难想象，对于一名乘务人员来说，仅仅具备很好的工作态度和服务意识是不够的。如果不具备工作职责所要求的基本技能，就不能很好地为旅客服务，工作中出现的差错同样是造成旅客投诉非常重要的因素。

（六）自我改进

1. 旅客运输行业在日益激烈的市场竞争的环境下，企业之间产品和服务日趋同质化，服务的创新已成为各企业争取和挽留旅客的有力武器。列车乘务人员服务素养的自我改进是铁路维系和拓展市场份额、应对激烈竞争的重要举措，也是服务创新的基础。

2. 自我改进也是乘务人员提高服务质量永恒的主题，不进则退，这是我们众所周知的发展规律,乘务人员面对期望和需要不断提升的旅客群体,只有不断总结、取长补短,学习新的服务理念和服务模式,以提升自身的服务技能和服务素养,才是赢得旅客信任的有效途径。

第二节　站车服务人员的日常礼仪修养

一、高雅的仪容仪表

仪表是指人的外表,一般包括人的容貌、服饰和姿态等,是一个人的精神面貌和外观体现。仪容是指人的容貌。一个人的仪容仪表往往与它的生活情调、思想修养、道德品质和文明程度密切相关。动车组站车服务人员必须注意自身的仪容仪表,给旅客留下良好的服务形象,其原因是:(1)注重仪容仪表是客运服务人员的基本素质;(2)动车组站车服务人员的仪容仪表反映运输企业的管理水平和服务水平;(3)注重仪容仪表是尊重旅客的需要;(4)注重仪容仪表反映员工自重自爱。

二、姿态要求

动车组列车是为了适应市场需求,满足旅客出行需要而推出的全新的旅客运输产品。服务理念是“以人为本、旅客至上”。铁路运输企业应采用先进的管理方法,保证优质的服务质量,树立动车组安全、快速、便捷、优质的品牌形象。

站车客运人员的专业形象是:活力、热情、文明、自信。

(一)站　　姿

1. 挺胸收腹,双肩下沉,颈部正直,收下颚,身体自然挺直,面带微笑。

2. 女性客运人员:双脚并拢右脚略向后,脚尖分开成“丁”字形,双手四指并拢,交叉相握,右手叠放在左手之上,自然垂于腹前,见图5-1。

3. 男性客运人员:双脚分开与肩同宽,脚尖略向外张,双手放在身后,左手半握拳,右手握左手手腕处,见图 5-2。

4. 注意事项:

(1)在非正式场合下,如果累了可以适当调节一下姿态,比如可以将一条腿向前跨半步或是向后撤半步,身体重心轮流放在两条腿上;或是轻轻倚靠在某物上,但不可以东倒西歪。如果这些姿态掌握得体,则既可防止疲劳,又不失风度美。

(2)正确健美的站姿会给人以挺拔笔直、舒展俊美、庄重大方、精力充沛、信心十足、积极向上的印象。站立时不要过于随便,不要探脖、塌腰、耸肩、双腿弯曲或不停地颤抖;在庄重场合,双手不可放在衣兜里或插在腰间,这些站姿会给人留下不良印象。

图 5-1　女性客运人员正确站姿

图 5-2　男性客运人员正确站姿

（二）坐　　姿

1. 入座前，腿与座椅应有 30 cm 的距离；就座后，上身挺直，略向前倾，不得斜肩、倾背、抱胸、曲腰或闭目；不得打趣、玩笑和直接面对旅客整理个人仪容仪表，注意保持专业化坐姿和良好精神面貌。

2. 女性客运人员：右手轻抚后裙摆（手心向上），左手自然放在身体一侧，坐下后右脚略向前移，左脚跟上，双膝、双脚并拢，大小腿之间成不小于 90°夹角，双手五指并拢自然放在腿上。

3. 男性客运人员：坐下后，双脚略分开，膝关节分开与之同宽，双手五指伸直或轻握拳放在双腿之上。

4. 介绍三种坐姿：

（1）双腿并拢，坐正，上体挺直，两脚略向前伸，两手分别放在双膝上，见图 5-3、图 5-4。

（2）女士坐姿。坐正，上身挺直，两腿并拢，两脚同时向左放或向右放，两手叠放，置于左腿或右腿上，见图 5-5、图 5-6。

（3）女士坐姿。坐正，上身挺直，两腿并拢，两脚交叉，置于一侧，两手叠放，置于左腿或右腿上。

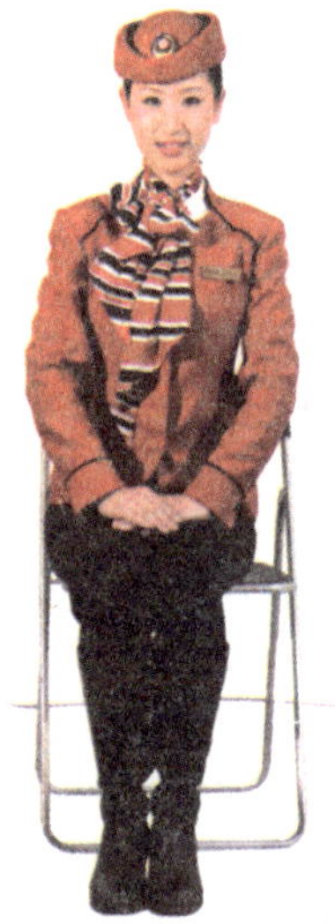

图 5-3　女性客运人员正确坐姿

图 5-4　男性客运人员正确坐姿

5. 应纠正的不良坐姿：

（1）坐时不可前倾后仰，或是歪歪扭扭。

（2）两腿不可过于叉开，也不可长长地伸开。

图 5-5　正确坐姿

图 5-6　正确坐姿

（3）坐下后不应随意挪动椅子。

（4）不可以将大腿并拢，小腿分开，或双手放于臀下。

(5)腿脚不可不停地抖动。

(三)行　　走

1. 挺胸收腹，颈部正直，目视前方，身体自然挺直，双臂自然摆动，双脚内侧在同一直线上行走，不左右摇摆，脚步不过重、过大、过急(特殊情况除外)，见图 5-7。

2. 行走要礼让，与旅客走对面时要主动停下，伸手示意让路，不与旅客抢道、并行。

3. 女性客运人员在旅客周围巡视时，双手可自然相握，抬至腰间，见图 5-8。

图 5-7　自然走姿

图 5-8　巡视走姿

4. 客运人员集体进出站车时，要列队行走，女性在前，男性在后，列车长或客运值班员在队列左侧中后部同步行走，见图 5-9。

5. 携带箱包行走时，拎(背)包或拉箱时，应队列整齐，步伐一致，箱(包)应在同一侧，见图 5-9。

6. 要努力纠正不正确的步态。走路最忌内八字和外八字，其次是弯腰驼背、歪肩晃膀；走路不要大甩手，扭腰摆臀，左顾右盼；不要双腿过于弯曲，走路不成直线；不要步子太大或太碎；不要上下颤动；不要脚蹭地面等。

(四)取拾物品

在较低位置取拾物品时，不得弯腰，必须下蹲。下蹲时，一腿在前一腿在后，双腿并拢，腿高一侧的手轻扶在膝盖上，腿低一侧的手用来取拾物品，背部尽量保持自然挺直，轻蹲轻起，直蹲直起，见图 5-10、图 5-11。

图 5-9　列队行走

(五)上　　举

手臂上举时要做到姿态优雅；必要时，可踮起脚跟以增加身体的高度。

（六）鞠　　躬

1. 鞠躬时应面带微笑，双脚并拢，脚尖略分开，双手四指并拢，交叉相握，右手叠放在左手之上，自然垂于腹前，身体向前，腰部下弯成 15°，头、颈、背自然成一条直线，见图 5-12；上身抬起时，要比向下弯时稍慢些；视线随着身体的移动而移动，视线的顺序是：旅客的眼睛—脚—眼睛。

图 5-10　女性客运人员正确蹲姿

图 5-11　男性客运人员正确蹲姿

2. 迎送客时和行还礼时，身体鞠躬为 30°，见图 5-13。

3. 给旅客道歉时，身体鞠躬为 45°，见图 5-14。

图 5-12　鞠躬 15°

图 5-13　鞠躬 30°

图 5-14　鞠躬 45°

4. 鞠躬时应注意：

(1)一般情况下，鞠躬时必须脱下帽子，因戴帽鞠躬是不礼貌的。

(2)鞠躬时目光应该向下看,表示一种谦恭的态度,不可以一面鞠躬一面翻起眼睛看着对方。

(3)鞠躬时,嘴里不能吃东西或叼着香烟。

(4)鞠躬礼毕直起身时,双眼应该有礼貌地注视着对方,如果视线移向别处,即使行了鞠躬礼,也不会让人感到是诚心诚意的。

(七)指示方位

指示方位时应五指并拢,小臂带动大臂,根据指示距离的远近调整手臂的高度,身体随手的方向自然转动,目光与所指示的方向一致;收回时,小臂向身体内侧略成弧线自然收回。切忌用单个手指指示方位,见图 5-15。

(a) (b) (c) (d)

图 5-15　正确指引手势

（八）面部表情

微笑时，嘴角微翘，嘴唇微启，表情真诚、自然。女性客运人员的微笑要甜美，男性客运人员的微笑要亲切，见图 5-16。

(a)

(b)

图 5-16　微笑

（九）端拿递送

1. 服务时面带微笑，和旅客有适当的语言交流和眼神交流。

2. 端托盘时，双手端住托盘的后半部分，大拇指握紧托盘内沿，其余四指托住托盘底部；托盘的高度应在腰间以上胸部以下，托盘端平，微向里倾斜；托盘上放置的物品不应过高，以不超过胸部为宜。

3. 拿东西时，应轻拿轻放。拿水杯时，应该一手握住水杯把手（无把手水杯应拿水杯的下1/3处），一手轻托水杯底部。

4. 递送东西时，应站在旅客的正面与之成 45°角的地方，双手递送；递送东西应到位，当对方接稳后再松手。

三、仪容仪表

（一）着　　装

1. 女性客运人员基本要求

（1）衣着合体，不得随意改变制服款式。

（2）制服应洗净，熨烫平整，无污渍、斑点、皱褶、脱线、缺扣、残破、毛边等现象。

（3）制服上不得佩戴任何饰物；着制服当班时，必须佩戴职务标志。

（4）在非工作时间，除集体活动外，不得穿制服出入公共场合和乘坐列车。

图 5-17　女性客运人员正确着装

女性客运人员正确着装见图 5-17。

2. 女性客运人员夏装着装要求

（1）连裤袜的颜色应统一为肉色或浅灰色，不得出现破洞和抽丝等现象。

（2）统一佩带领花或丝巾。

（3）制服上装每天都须水洗。

（4）不得将笔插放在衣兜内。

图 5-18 女性客运人员夏装正确着装

女性客运人员夏装正确着装见图 5-18。

3. 女性客运人员春秋装、冬装着装要求

(1)外套、上衣、裙子、裤子的纽扣和拉链等应扣好、拉紧。

(2)统一佩带领带、领花或丝巾;衬衣应束在裙子或裤子内,衬衣的衣袖不得卷起。

(3)裤装必须干净、平整、有裤线,不可有光亮感。

(4)穿着风衣、大衣时,须扣好纽扣,系好腰带。

(5)穿着外套、风衣、大衣时,必须戴工作帽。但在车厢、室内、送餐时可不戴。

(6)不得将笔插在衣服前襟。

4. 女性客运人员穿着围裙要求

(1)餐饮服务人员服务时应穿着围裙。穿着围裙的时间为餐饮服务之前;脱围裙的时间为收完食品包装物之后。穿、脱围裙的时间必须一致。

(2)保证围裙干净、平整、整齐,穿戴完毕后应互相整理。

(3)围裙结一律系成蝴蝶结状。

5. 女性客运人员佩戴职务标志要求

(1)职务标志应别于左胸上方,与上衣第二颗纽扣平行。佩戴臂章时,臂章上缘应当于左袖肩下四指处。

(2)穿着围裙时,不可将职务标志佩戴在围裙上。

6. 男性客运人员基本要求

(1)衣着合体,不得随意改变制服款式。

(2)制服应洗净,熨烫平整,无污渍、斑点、皱褶、脱线、缺扣、残破、毛边等现象。

(3)制服上不得佩戴任何饰物;着制服当班时,必须佩戴职务标志。

(4)袜子的颜色应统一为深蓝色或黑色。

(5)在非工作时间,除集体活动外,不得穿制服出入公共场合和乘坐列车。

男性客运人员正确着装见图 5-19。

7. 男性客运人员夏装着装要求

(1)统一佩带领带,衣领上的扣环必须扣好,上衣应束于裤内。

(2)裤子必须保持干净、平整、有裤线,不可有光亮感。

(3)制服每天必须清洗。

男性客运人员夏装正确着装见图 5-20。

8. 男性客运人员春秋装、冬装着装要求

(1)袜子的颜色应统一为黑色或深蓝色,每天更换。

(2)外套、上衣、裤子的纽扣和拉链等应扣好、拉紧。

(3)统一佩带领带,衬衣应束于裤内,衬衣的衣袖不得卷起。

(4)穿着风衣、大衣时,须扣好纽扣,系好腰带。

(5)穿着外套、风衣、大衣时,必须戴工作帽。但在车厢、室内时可不戴。

男性客运人员冬装正确着装见图 5-21。

9. 男性客运人员佩戴职务标志要求

(1)胸牌应端正别于左胸上方,与上衣第二颗纽扣平行。佩戴臂章时,臂章上缘应当于左袖肩下四指处。

图 5-19 男性客运人员正确着装

图 5-20 男性客运人员夏装正确着装

图 5-21 男性客运人员冬装正确着装

(2)列车长臂章应端正别挂在规定位置,不可用松紧带套于臂上。

(二)发 型

1. 女性客运人员

(1)每天保持干净,有光泽,无头皮屑。

(2)短发最短不得短于两寸,发长最长不得超过衣领底线,刘海儿应保持在眉毛上方,禁止理奇异发型。

(3)任何一种发型都应梳理整齐,使用发胶、摩丝定型,不得有蓬乱的感觉,见图 5-22。

(4)头发应保持黑色或自然棕黄色,不得使用假发套。

(5)发夹、发箍、头花应为无饰物黑色,见图 5-23。

图 5-22 发型

图 5-23 发卡与头花

2. 男性客运人员

(1)每天保持干净,有光泽,无头皮屑。

(2)发型要修剪得体,轮廓分明,头发应梳理整齐,使用发胶、摩丝等定型,不得有蓬乱的感觉。

(3)头发两侧鬓角不得长于耳垂底部,发长应前面不遮盖眼睛,后部不长于衬衣领。

(4)不得剃光头、烫发和剪板寸头。

(5)头发应保持黑色或自然棕黄色,不得使用假发套。

3. 发型礼仪

发型对一个人的仪表有着重要的影响。一种发型就是一种象征,一种无声的语言,它能有力地表现一个人的追求和兴趣。因此,选择适合自己的发型,对展示自己的风度十分重要。选择发型的原则是:

(1)发型与体型相配。

(2)发型与脸型相配。

(3)发型与年龄相配。

(4)发型与性格相配。

(5)发型与职业相配。

因此,动车组服务人员应该选择和本人气质相符的、与制服配起来很协调的发型,可以使人看上去更加美丽。如果头发长于肩膀,在穿制服时,必须使头发保持在肩膀的上方。长发可以挽成发髻。头发上不可在明处别发卡,用发网即可。刘海儿不要过长。过长的刘海儿会挡住眼睛,旅客看不到服务人员的眼睛会感到不安,同时也会影响风采。

(三)化　　妆

1. 女性客运人员

(1)当班前,必须按标准化淡妆,工作中还应注意及时补妆,补妆应在洗手间或乘务间进行。

(2)唇线的颜色应与口红颜色一致,不得使用珠光色口红和不健康色的口红。

(3)眉毛的颜色应接近头发颜色,应修剪秀丽、整齐,眉笔应使用黑色、深棕色。

(4)使用眼影时,颜色应与制服颜色一致。

(5)画眼线时,颜色应使用黑色、深棕色。

(6)香水以清香、淡雅型香水为限,不可过香、过浓。可喷口香剂保持口气清新。

(7)双手要保持清洁健康,指甲修剪整齐美观,指甲保持肉色,可涂透明色指甲油,但不得有脱落现象。涂色指甲长度不超过手指尖 3 mm,不涂色指甲不超过 2 mm,手指甲长度应保持一致。

站车服务人员经常用手为旅客服务,手和指甲必须要经常保持清洁、卫生。洗手后,要用护手霜或护手液,保护手部皮肤润滑。经常护理指甲(剪、修、洗)。假若吸烟,要除掉手上的尼古丁痕迹。指甲油的颜色要与化妆品和服装、制服的颜色搭配协调。不要使用假指甲。

2. 男性客运人员

(1)不得留胡须。

(2)双手要保持清洁健康,手指不得有抽烟留下的熏黄痕迹,指甲应保持清洁,修剪整齐,无凹凸不平的边角，长度不超过手指尖 2 mm。

(3)工作中始终保持手和面部的清洁卫生。

(4)可喷口香剂保持口气清新。

3. 化妆礼仪

(1)正式场合要化妆

当出席一个正式的场合时，女士应适当化妆，让自己容光焕发，富有活力，不化妆则被视为失礼。男士也应当进行面容的适当修饰。比如，刮干净胡须，嘴唇轮廓和厚薄不理想或唇色不正，均可用唇笔描画并涂上男士专用唇膏来弥补。

(2)不要在公共场所化妆

有的女士对自己的容貌非常在意，不论是工作、学习、上街、社交还是在其他公共场所，一旦有了空闲，就马上掏出自己的化妆盒来对镜修饰一番，旁若无人，在众目睽睽之下化妆，这样做既可能有碍别人，也不尊重自己，是非常失礼的。如果真的有必要化妆或进行修饰的话，需到化妆间或洗面间去做。

(3)不要在男士面前化妆

有的女士常常当着男同事或男朋友的面化妆，你可能不在乎，"大家都很熟了，可以随便一点嘛"。但这也是十分失礼的，对自己、对别人都是不尊重的。因此，女士化妆一定要避开男士，就是男朋友或丈夫也不例外。这一段"距离"是必不可少的。

(4)不要非议他人的化妆

由于民族、肤色和个人文化修养的差异，每个人的化妆不可能都是一样的。有的女士偏爱浓妆，有的则偏爱淡妆，而外宾的化妆就更是各具特点了，对此，我们不要少见多怪，也不要以为自己的化妆就是最好的。对外宾的化妆尤其不要指指点点，也不要同外宾或不很熟悉的人切磋化妆术。

(5)不要借用他人的化妆品

除非主人心甘情愿为你提供方便，千万不要借用别人的化妆品，因为这是极不卫生的，也是很不礼貌的。

(四)皮　　鞋

皮鞋款式应简洁朴素，不得有任何装饰物，保持光亮无破损。

(五)饰　　物

1. 必须戴走时准确的手表，手表款式、颜色简单不夸张，宽度不得超过 2 cm，不得系挂怀表。

2. 只可佩戴一枚设计简单的金、银或宝石戒指。

3. 女性客运人员只戴一副式样和形式保守的金、银质或镶嵌物直径不超过 3 mm 的耳钉，不得佩戴耳环、耳坠等。

4. 男性客运人员不准佩戴任何饰物。

5. 饰物礼仪：

制服本身是一种不需要装饰用品的朴素的服装。在使用饰品时必须谨慎行事。在穿制服时不适合戴像宝石的装饰品，如手镯、悬垂物、胸针、踝饰等。按照规定不能戴 2 个以上戒指。

不规范着装及佩饰见图 5-24～图 5-27。

四、言谈举止

客运职工在工作中要与各种各样的旅客打交道,语言服务就是一项主要任务。语言表达是一种技能和艺术,是衡量一个人的能力水平之一。好的口才可以显示一个人的才干和魅力,

图 5-24　不规范着装及饰品

图 5-25　不规范袜子及饰品

图 5-26　不规范着装及佩饰

图 5-27　不规范着装

受人尊敬和欢迎,是促使事业成功不可缺少的重要才能。

1. 与旅客谈话、服务方式的基本要求

(1)与旅客交谈时,要面对对方,保持适当距离(45～100 cm),见图 5-28。

(2)站姿端正,可采取稍弯腰或下蹲等动作来调节身体的姿态和高度。

(3)目光要注视对方的眼睛,以示尊敬。

(4)要注意听取对方的谈话,不可东张西望。

(5)口齿清楚、语气温和、用词文雅、简捷适中、诚恳态度，给对方以体贴信赖感。

(6)如果不得已需要打断旅客说话时，应等对方讲完一句话后，先说“对不起”，再进行说明。

(7)无意碰撞或影响了旅客，应表示歉意，取得对方谅解。

(8)遇到经常乘坐列车的旅客，应主动打招呼问候，表示欢迎。

图 5-28　交流

(9)为旅客发送物品时，应主动介绍名称，严格遵循发放原则：先左后右、先里后外、先宾后主、先女后男。

(10)对旅客提出的合理要求应尽量满足，不能做到时，应耐心解释。

(11)应允旅客的事情，一定要落实，要言而有信。

(12)不打听旅客的隐私，特别是外国旅客的年龄(多为女宾)、薪金收入、衣饰价格等。

2. 需要注意的谈话、服务方式

(1)常用的文明用语：请、您好、谢谢、辛苦了、对不起、请原谅、早上好、中午好、晚上好、晚安、再见。

(2)时刻注意自己的仪容、仪表、举止、言谈。

(3)不食用大蒜、大葱和韭菜等有强烈刺激性气味的食品。

(4)不在公共场所修指甲、挖鼻孔、剔牙齿、掏耳朵、伸懒腰，不用手指人。

(5)不随地吐痰，不乱扔杂物。

(6)不要大声喧哗、谈笑和影响他人。不在旅客面前接打手机。在公共场所接打电话时，声音不宜过大。

(7)打喷嚏和打哈欠时要用手捂住口鼻，面向一旁。

(8)离开公寓时，应整理房间，保持整洁。

(9)进入餐厅时，不将手提包或衣、帽等放在餐桌上；不可穿拖鞋、着睡衣进入餐厅。就餐时要坐姿端正；咀嚼食物要慢，不要发出声音。

3. 恰当的服务

满足旅客需求是服务的根本出发点，旅客至上应该成为客运服务人员的座右铭。但是，客运服务人员在微笑、礼貌、文明服务的同时，要尊重旅客的自由活动空间，在无特殊服务需求的情况下，尽量不干扰旅客，更要重视保护旅客的私密性。

热情、周到服务也要把握一个度。好动机不一定有好的结果,热情、周到服务也要把握一个度。提倡主动迎送旅客,不是越主动、越热情越好,这里有一个度的问题。要充分考虑服务先后、服务对象等问题。

4. 处理旅客投诉

在处理旅客投诉时,千万不能表现出不耐烦的情绪或者置之不理的态度,要冷静、耐心倾听,使矛盾不激化,要多从自身方面找原因,弄清事实真相。属于自己的责任,要主动表示歉意,改进工作。属于旅客的责任,要多作解释工作,增加理解。

5. 有助于表现动车组专业形象的说话方式

声音柔和而清晰并具有亲和感;语言简单明了;语速快慢适当;音量高低适中;不说话时做其他事情;特殊情况下可使用方言。

6. 不应有的说话方式

(1)声音使人感觉粗俗刺耳。声音太大或太小。声音慵懒倦怠。呼吸声音过大,使人感到局促不安和犹豫。鼻音过重。

(2)口齿不清,语言含糊,令人难以理解。语速过慢,使人感觉烦闷;语速过快,使人思维无法跟上。

(3)语言平淡,气氛沉闷。使用过于专业的术语。使用责备的口吻甚至粗鲁的语言。

(4)随意打断旅客的说话。表现出厌烦的情绪和神色。边走边讲或不断地看手表。手放到口袋里或双臂抱在胸前。手扶着座椅靠背或坐在扶手上。

(5)谈论与工作无关的事情。与旅客嬉笑玩闹,对旅客评头论足。

五、公共场所礼仪

站车服务人员在公共场所同样要重视礼节礼貌,时刻注意自己的仪容、仪表、举止、言谈。

1. 不要用手指人,切忌随地吐痰,乱扔果皮纸屑;不应在公共场合修指甲、挖鼻孔、剔牙齿、掏耳朵、伸懒腰,打喷嚏;打哈欠时要用手帕捂住口鼻,面向一旁,避免发出响声;在候车室、餐厅、列车上等场所不要大声喧哗、谈笑和影响他人的活动。

2. 打电话时,声音不宜过大;离开公寓或宾馆时应将房间稍加整理,保持整洁。进入餐厅时,一般不要带大件物品,也不要将手提包或帽子等放在餐桌上。切不可穿拖鞋、着睡衣进入餐厅。就餐时要坐姿端正。吃西餐时,应注意正确使用餐巾、刀叉。咀嚼食物要慢,不应发出过大声音。

3. 出发前准备阶段,主动向乘务组成员打招呼;主动让路问好,禁止与旅客抢占座位,在公共场所始终保持专业化微笑。

4. 在交接班时,接班列车长首先与交班列车长使用"辛苦了"等语言,做到文明交接、礼貌用语;接班列车员主动与交班列车员问好或点头示意。

5. 列车员在乘车及上下楼梯时,应将乘务箱拉杆收回后拎着箱子,禁止拖拉乘务箱。男乘务员不得在公众场合吸烟。

6. 工作箱包在规定的摆放区域整齐摆放,避免影响他人行走;不勾肩搭背、大声交谈、嬉笑玩耍,保持良好的专业化形象;在候车室有空座的情况下可就座,就座时需保持列车乘务员良好的专业化形象,禁止躺卧,禁止出现不雅行为。

六、接待礼仪

迎来送往是日常工作和生活不可缺少的内容。恰当的接待礼仪，可以显示出良好的修养和热情好客态度。接待人员的风度、谈吐要求高雅。

1. 自我介绍的礼节

(1)在社交场合中，如果你想认识某一个人，最好预先获得一些有关他的资料，如个人兴趣、性格、特长等，有了这些资料，在自我介绍后便容易交谈，使关系进一步融洽。

(2)表示出自己渴望认识对方的心情，但不要卑躬屈膝，应热诚、自信。

(3)在作自我介绍时，应清楚地报出自己的姓名及身份，并善于用体态语言如眼神、手势、脸部表情等表示自己的友善。

(4)在获得对方的姓名之后，不妨回头加以重复一次。重复他的姓名，一方面使对方有自豪感和满足感，另一方面可以帮助自己记住对方姓名。

如“我是动车队的×××，欢迎您。这是我的名片，请多多指教。”

2. 介绍他人的礼节

(1)注意介绍的时机：

①首先了解对方是否有结识的愿望，不要贸然行事。

②如果带你的朋友、同事参加宴会或去某公司，而在场的人都不认识他时，要很自然地让他结识更多的人。但介绍你的朋友或同事时，也不应该带着他满屋子转，到处主动介绍，而打断别人的谈话。

③不要把刚进来的客人介绍给正准备离去的客人。

(2)注意介绍的原则：

一般来说，先把男士介绍给女士，把年轻人介绍给年长者。把身份、地位低的人介绍给身份、地位高的人，把未婚者介绍给已婚者；如果不易比较，则随便先介绍哪个。

如果一方是位地位高的年轻女士，一方是位地位低的年老男士，按我国传统，是先把男士介绍给女士。

(3)介绍的禁忌：

①主人应把主宾介绍给其他客人，否则不礼貌。

②介绍时绝不能用命令口气，如“小王，来见见张小姐”。

③切勿把介绍的双方弄得感情不平衡，如称一方为“我的朋友”，另一方为“我的好朋友”；一方称“这是××”，另一方称“这是我的朋友××”。

④介绍具体人时，要有礼貌地用手示意，不能用手指指人。

⑤当你想结识某人，而又无介绍人时，应该首先做自我介绍，如果对方没有向你作自我介绍，也不必再问，可以向其他人打听。

⑥介绍时避免过分颂扬某一个人。

(4)被介绍以后，应该：

①要互相问候：“你好！见到你很高兴。”“认识你很荣幸”等。

②被介绍给他人之后，男士之间通常要握手，女士之间不一定。男士被介绍给女士，女士可以微笑说一声“您好！”或点一下头。男士看女士的反应，如对方伸手则可握手，如对方点头

微笑你也同样如此还礼,注意恰到好处。对女士来说,如对方伸出了手,则不宜拒绝,否则失礼。

③在公共场合,男士被介绍给女士后,女士不一定起立;在女士进入房屋时,男士一般应起立;但年长者及正在和年长者谈话的年轻人、地位高的人例外。

3. 迎送礼仪

迎送礼仪总的要求是热情、主动、礼貌、大方,体态合乎礼仪。通常的迎送礼仪有以下要求:

(1)迎接来宾前,首先了解来宾的背景资料,如他的身份、性别、习俗等,并确定相应的迎送规格。主要迎送人员通常要与来宾的身份相当或者相差不大,尽量做到对等。当事人不能出面时,应从礼貌角度出发向对方做出解释。

(2)掌握抵达和离开的时间,如迎送时间有变化,应及时掌握。

(3)迎接未见面的客人,在车站、码头、机场时有必要准备一块醒目牌子:"欢迎×××"。迎接那些必须向他们致欢迎词的贵宾,应事先准备好一篇热情洋溢、优美、简短的欢迎词。

(4)见到来宾后,应根据来宾的身份、性别、年龄、习俗以及来访性质等,热情地与他们拥抱、握手,或向他们鞠躬、抱拳作揖、双手合十、点头、鼓掌欢迎等。

(5)向来宾行礼后,应道辛苦并作自我介绍。为了不使对方在如何称呼你的问题上感到为难,应向对方表示:"请叫我小×(老×)"。

(6)应主动向客人表示帮助他拿行李的意思,如有车来接,应为他打开车门。上车时,最好为客人打开右侧车门,使客人从右侧上车,主人从左侧门上车,避免从客人座前穿过。三排座的轿车,翻译坐在主人前面的加座上;二排座轿车,翻译坐在司机旁边。

(7)上车后,应该将活动日程表送到客人手上,并询问客人有何私人活动需要帮助安排,可向客人介绍沿途建筑、风光、民俗、气候、特产等情况。

(8)到住宿处后不要久留,让客人得到休息。分手前一定要说好下一次见面的时间、地点,并告诉客人与你联系的方法。

客人离去时应是客人在前,否则有驱赶客人之嫌。离别前握手告别,并说:"欢迎您再来"。

七、电话、手持电台(对讲机)礼仪

从日常生活到工作场合,电话已是现代人不可缺少的通信工具,动车组列车长日常工作中经常要使用电话或手持电台(对讲机)联系工作,因此,正确使用电话、手持电台(对讲机)越来越重要了。

(一)电话的特性

1. 只闻声不见人

打电话时,可以说是声为其人。通过电话只闻其声的交流,便可以考察出一个人。说话方式、声音里自然而然地反映出一个人的态度和修养,因此,打电话的措词及说话方式就应该特别引起注意。语调诚恳、清晰、和缓、明朗,能给人一种亲切感、信任感,留心向电话微笑着表达敬意是很必要的。

拿电话的方法:把受话口紧贴耳朵,送话口正对着唇部。送话器与嘴之间的距离为一拳左右。

声音的大小:不要用大得像在怒吼的声音或小得像在窃窃私语那样的声音说话。

说话的速度:300 字/min 的速度较为容易接受。

电话中说得太快就不容易被听懂。不管怎么说,还是应该采取爽快、明确而亲切的说话方式。声音的好坏不在于音质,而在于说话人的态度及语气。

2. 看不见对方状况的单方面性

对方正要想干点什么的时候,单方面地硬用电话把他叫住,应采用:"突然间给您打电话,还请您原谅"、"让您回电话真不好意思"等方式来请对方原谅。

3. 电话周围 4 m^2 内的敏感性

电话敏感度良好,可以把方圆 4 m^2 的声音传送到对方那里,因此,要尽量使周围的人安静下来;打电话时,若要和旁边的人说话,要用手掌盖住话筒,注意不要让通话方听见。

(二)打电话礼仪

1. 注意打电话的时间。除了紧急要事之外,一般在以下时间是不宜打电话的:三餐吃饭的时间、早晨 7:00 以前、中午午休时间、晚上 10:30 以后。

2. 注意通话所需的时间。电话交谈所持续的时间,一般以 3~5 min 为宜。

3. 电话接通后,首先说:"您好,我是××单位的×××,请帮忙找×××先生(小姐)接电话,谢谢。"

4. 如果对方说找的人不在,应致谢,并附带一句"改日再打"之类的话。

5. 当拨错号码时,应致歉:"对不起",不能不说话就挂断。

6. 当你被缠在电话上时,应先暗示对方希望结束通话,如无效,应在对方讲话停顿时或必要时打断他的讲话,可以说"对不起,我这里又来了一位客人,过一会我给你回电话好吗?"

7. 电话中的语言礼仪:

(1)语调不要过高或过低。过高,会使人感到严厉、生硬、冷淡,刚而不柔;过低,使人感到无精打采、有气无力。

(2)语调不能过长或过短。语调过长则显得懒散拖沓,过短又显得不负责任。

(3)一般情况下,语气要适中,语调稍高些,尾音稍拖一点,才会使人感到亲切自然。

(4)使用礼貌用语"请、谢谢、您"之类。

(三)接电话礼仪

1. 尽快拿起话筒、自报家门。一听到电话铃响,应马上放下手中的工作去接电话,一般应在电话铃响三遍之前拿起话筒。拿起话筒后的第一件事是自报家门。

2. 仔细聆听对方的讲话,并不时用"嗯,对"等给予对方积极的反馈。

3. 一般应左手拿话筒,右手做记录,用事先准备好的纸笔,将电话内容记下来。

4. 如果自己手头工作正忙,不可能和对方长谈,则可委婉地告诉对方改天再打,或以后打电话给对方。

5. 如果你不是受话人,请对方稍等后,应把话筒轻轻放下,通知受话人。不能话筒尚未放下,就大喊"××,你的电话!"这很不礼貌。

6. 若找的人不在,不能把电话一挂了事,而应耐心地询问对方的姓名、电话号码、是否需转告,征得对方同意后详细记录下来。

7. 将留言记录当面转交,如不能当面转交,则置于办公桌上,同时记下接电话的日期、地点、自己的姓名。

8. 一般由发话人先结束电话,如对方还没有讲完,自己便挂断电话是不礼貌。

(四)使用电话或手持电台的注意事项

1. 遇工作中的紧急情况,应尽量避免在旅客面前接、打电话,以免引起不必要的混乱。

2. 手持电台按规定频道守候、联系。

3. 手持电台要使用耳机,不要把工作中相互协调联系等内容暴露给旅客。

八、餐服人员礼仪规范

餐车服务又是一张企业形象的“名片”,因此在餐车服务中的礼节、礼貌是不可缺少的一部分,它渗透在列车餐饮服务的方方面面,贯穿服务过程始终。无论是餐车服务员还是餐车长,都应该是这趟列车的“礼仪大使”,把就餐旅客放在“贵宾”的位置来对待。

由于列车的晃动,要求餐车服务员走路时脚步要稳、轻、灵、巧。头发梳理平整,指甲修剪整洁,语言礼貌和气,精神饱满,步态轻盈,躲闪灵活,手脚利落,观察仔细,及时了解旅客需求,提供满意服务。

餐车服务在就餐时间到来之前:

(1)要做好仪容、仪表和精神准备,站立在餐车两侧第一张桌位置迎接客人。餐车服务员的仪容仪表,大体与前两节讲到的内容相同,但站姿不能过于生硬,应该有亲和力,在此不做过多介绍。

(2)旅客到来时,餐车服务员要热情相迎,主动问候。在引领旅客时,应问清几位就餐,然后引到合适的座位。主要宾客要向列车前行方向。

(3)帮助旅客把随身携带的物品放在合适的地方,但必须先征得旅客的同意。

(4)旅客被引到餐桌时,可以双手将香巾递到旅客面前,也可用不锈钢夹夹起香巾送给旅客。

餐饮服务应注意以下细节:旅客喝咖啡,单独放糖包、奶包时,及时清理用完的糖包和奶包的包装袋;需添加咖啡时,应将杯子擦拭干净或重新更换咖啡杯;旅客饮用完牛奶后提出需要柠檬红茶,也应提醒旅客不宜混饮;为儿童提供热饮时需递给其监护人等。提供餐食服务时应注意:主动介绍餐食品种,汤温度过高时及时提醒旅客;为旅客冲泡方便面、奶粉,需同时送上餐巾纸或湿纸巾;禁止将餐饮或杂物从旅客头顶上方掠过,旁边旅客协助递送时需及时向旅客致谢等。

第三节　动车组列车服务技巧

一、列车服务技巧

1. 塑造积极热情的第一印象

“先入为主”的第一印象对于人的心理都会产生的重要影响,所以迎宾服务作为旅客正式踏上旅程、接受列车提供服务的第一步,显得非常重要。

(1)迎宾的仪容形象

列车乘务员上岗时应穿着统一的制服,佩戴职务标志,淡妆上岗。迎宾的仪容仪表可简要的归纳为：发必齐，须必剃，甲必剪，妆必淡，衣必整，帽必正，鞋必净。

(2)迎宾的语言声调

迎宾时要讲普通话。语调应亲切，音量要适中。这个时候我们可以让“十字”礼貌用语大显身手：“请”、“您好”、“对不起”、“谢谢”等。同时，“别客气”、“请稍等”、“您慢上”、“请出示车票”、“请不要带危险品上车”、“请注意脚下”等基本用语也应当常挂在嘴边。恰当地使用敬语、谦语、雅语，有时可收到想不到的效果。另外，“喂、哎、老头、老太太”等粗言粗语、高声喊叫应当杜绝，因为无论何时，暖人心田的温言软语都比呼来喝去更容易让人接受。

(3)迎宾的举止行为

站立是列车迎宾工作中最基本的举止，也是最重要的举止，所以站姿丝毫马虎不得。试想，如果在车门立岗时七歪八倒、掏耳抠鼻、叉腰抖腿、手插裤兜，给旅客一副大大咧咧、不修边幅的形象，那么即使你其他的工作做得再好，旅客对你的评价也要大打折扣。

2. 列车广播要热情洋溢

很多乘务员都有这样的感慨：列车就是一个小小的社会。乘务员作为这个小社会的“组织者”和服务者，致好迎宾词，做好列车广播，关系到你能否为大家所认同和接受。

迎宾词通常包括问候、车次、方向、自我介绍、提醒和服务内容等。使用“欢迎您乘坐本次列车”、“祝您旅客愉快”、“祝您一路平安”等欢迎词和祝福词，会使旅客感受你的热情；对旅客说“我是乘务员小王，有幸能为您服务!”旅客会感到很亲切；开水供应、空调温度等服务内容的介绍，会使旅客产生舒适感；具有特色的服务承诺和作业标准介绍，旅客对你的服务会有信任感；对旅客说“为确保您的旅途顺利，我们就在您身边”，会给旅客安全感。

我们在致迎宾词和广播时，千万不可面无表情地背诵，根据情况可以适当调整顺序、强调重点，或改变表达方式，做到用词恰当、语言清晰、词义明了、表达准确。照本宣科式的背诵，会让旅客感到你在被迫完成某个作业程序，难免会对你服务的诚意产生怀疑。

广播声音高低要根据情况而定。车厢内人多嘈杂，要适当抬高声音；车厢比较静，就不必高声致词。声音的高低，以确保绝大多数旅客都能听到为度。女乘务员的声音应清脆明快、细腻甜美。男乘务员则要洪亮有力、简捷干练。

优雅的姿态是有教养、充满自信的完美表达。动车组列车广播大多在车厢通道，要调整好心态，沉着自信，面带微笑，给旅客一种可亲、可信的亲切感。

3. 补票：犯规的“上帝”仍然是“上帝”

车票是旅客乘车的凭证，是铁路与旅客的运输合同，也是铁路盛情相邀的“请柬”。

某旅法学者说过这样一桩轶事：巴黎的地铁上，乘务员在查票。走到一位先生面前时，先生似乎睡了。“先生，您的票呢?”乘务员轻问。没有回音。“先生，您的票呢?”声音大了些，可先生仍然双目紧闭做睡觉状。乘务员等了一会见仍没动静，只好耸耸肩，对车厢里的人“宣布”：“他冬眠了”。周围乘客发出会心的微笑。

乘车买票天经地义，不容置疑。人们的微笑，是赞许乘务员对人的尊重。国情不同，我们不能照搬法国同行的做法以慷国家之慨。但对人的尊重却是相通的。

查票前要事先做好广播宣传或口头宣传：“旅客们，现在开始查验车票，请大家把车票准备好，谢谢!”提醒当中传递着一份善解人意的关怀。

查票的时机要在适当时候，以免影响旅客休息。

注意查票时的语言，要亲切礼貌，“请”字当头，如“请出示您的车票”、“请收好您的车票，谢谢”，切忌“查票啦，把车票拿出来”、“为什么不买票”、“补票去”等生硬、冷漠的语气。

在查票时往往会碰上不理不睬、不配合的旅客。无论他出于什么原因，你都不能计较，可略提高音量，态度和蔼地说：“先生(女士)，请出示您的车票，如果您没有来得及买票，可以办理补票手续。”只要你据理说事，态度和蔼，旅客会出示车票的。

切不可有“终于让我逮着你了”的心态，得理不让人。要有理说理，就事论事，绝不能把话题引向该旅客的品格、修养上，进行人身攻击，犯规的“上帝”仍是“上帝”。

二、应对非正常事件的技巧

1. 安排重号旅客的处置技巧

(1)遇到重号的旅客，应认真核对两位重号旅客车票。如果确认是重复的座位号码，应先听取两名旅客的意见，观察哪一名旅客有想要调换其他座位的意向。

(2)传递信息。列车员应及时报告列车长，列车长了解现场情况，及时汇报客调。

(3)妥善安置旅客。列车长根据重号旅客人数判断同等级车厢是否有空座，尽量安排旅客尽快就座，向旅客致歉，并委婉告诉旅客如果有旅客就座的话，我们再协助他调整到其他座位，不要让旅客自行在车厢内找空位就座，以免造成旅客座位号码再次重复而引起不满，甚至导致投诉等。

(4)遇到满员情况，乘务员可以帮助重号旅客(或后到的重号旅客)提拿行李，到餐车或乘务员休息的座席稍加等候，等全部旅客上齐后，让重号旅客在相同车厢等级的基础上，选择空余座位入座。

(5)安排重号旅客妥善就座后，为重号旅客送一杯热茶，并及时道歉。列车长记录重号旅客的基本情况和车票的起始站、票号、车厢座位号、发售车票的车站等，并及时向有关部门汇报。

(6)席位发生变化需退款时，编制客运记录，交到站退款。

2. 迎客时有旅客提出其他服务的处理技巧

加强服务意识，乘务员应该站在旅客角度考虑旅客需求的重要性。

提高服务技巧，当旅客提出特殊需求：

(1)尽可能立即办理。

(2)有其他原因不能及时办理，应立即在便签本上记录，或委托其他乘务员及时办理(也可委托他人提醒自己办理)，并要及时跟踪处理情况。

(3)如因客观条件无法及时提供的，应先向旅客说明理由，并稍后办理。

(4)如因客观条件无法提供的，应及时向旅客做好解释工作。

3. 防止旅客物品丢失被盗的提示处理技巧

(1)提示

①旅客携带手提电脑等贵重物品上车时，安排在旅客座位附近且视线范围内的行李架上，并提示旅客贵重物品小心看管。

②帮助旅客安排较大行李存放手续时，提醒旅客取出贵重物品，并确认物品存放位置，下车及时领取。

③到站前 5 min 广播预报时间、温度，提醒旅客提前整理好随身衣物。

④加强车厢监控，密切关注经常起身打开行李架上的行李或不在自己座椅附近拿取行李物品的旅客，并询问："您好，请问您需要我帮忙吗？"委婉的进行制止，并记住可疑旅客的外貌特征。

⑤对于携带行李使用卫生间的旅客应引起注意，提高警惕。

(2)处置

①得知旅客丢失物品的消息后，首先应及时向列车乘警通报，配合乘警询问当事人是否确定物品在列车上丢失。

②先了解丢失物品的基本特征，然后广播寻物启事并积极配合当事人寻找丢失物品。

③记录丢失物品的名称、型号、形状、颜色、大小，包括当事人的姓名、联系地址、电话等详细信息。

④征求旅客意见，是否需要通知车站公安协助寻找。

⑤如需要排查，需对其他旅客做好解释工作，广播说明车上有旅客丢失了贵重物品，到站后请大家协助检查。注意语言技巧，避免引起其他旅客反感。

如部分旅客已经下车，通知公安部门在出口处对已下车的旅客进行排查。

⑥工作结束后列车长按规定填写《乘务报告》及时反馈段及车队，单位有关部门将进行备案。

⑦如果是在车站丢失物品，马上报告列车长，联系车站工作人员。将丢失物品特征告之车站并请车站人员协助处理，及时为旅客通报信息并留下旅客姓名、联系方式及有效地址。列车长做好记录。

(3)旅客物品被盗

①发生盗窃案后，乘务员要在第一时间内将事件报告乘警长及列车长，并能密切配合、分工明确、稳而不乱。

②与周围旅客及嫌疑人交谈言辞得当，同时细心观察其他旅客的表现，锁定嫌疑人。

③列车长要迅速做出判断，果断处理，并及时中止旅客下车，请公安部门对已下车的旅客进行调查，做好车上其他旅客的安抚工作。

④锁定嫌疑对象后与列车长、公安部门协调，决定是否可以让其他旅客下车，并让案件的几名当事人在安全员的监控下离开列车等候公安人员的处理，以免带来安全隐患。

⑤发生车上盗窃事件后，列车长将旅客信息及事件经过，在值乘结束后 1 个工作日内，反馈有关部门备案。

4. 旅客在发车上发生争执的处理技巧

(1)乘务员先安抚旅客并简单了解事情的起因，同时报告乘警长和列车长。

(2)尽可能为旅客调整座位，协助旅客妥善放置好随身物品，调解、缓解旅客间的矛盾，注意语言技巧，减少对周围旅客的影响。

(3)对继续旅行的旅客，乘务员和乘警要在列车途中加强监控，以避免矛盾再次激发。

(4)乘务员提供优质的服务，比照重点旅客照顾，消除旅客不愉快的记忆，缓解矛盾。

5. 接待投诉的旅客

(1)首先代表乘务人员对工作中的不足赔礼道歉。

(2)针对旅客提出的合理要求，采取相应措施。

(3)虚心接受旅客意见,在自己的权限内给出处理方案,表示出处理的诚意。

6. 劝告与说服的技巧

客运乘务人员面对的旅客来自各行各业,难免遇到一些不同意见的旅客,这就需要劝导或说服对方。劝导时要换位思考,了解对方的心理状态,明了对方的心思,采取立足对方的劝说方法,尽量把乘务员的大度、诚意和善意说到对方的心坎,起到增强理解的目的。否则,无法说服他人,甚至会因曲解而产生误会和矛盾。

7. 回答旅客提问的技巧

乘务工作中经常遇到旅客提问,回答旅客提问时要站住,面向旅客回答,耐心而热情,解答时简洁准确,要注意礼貌、得体,讲究回答技巧,切忌给人一种不友好、不平等、不耐烦的感觉,避免使对方误会。

8. 旅客在洗手时用水多,洗完找不到干手器,手上的水甩到地面时的快速处理方法

乘务员、随车保洁员在巡视车厢发现旅客洗手多用水时,应委婉的劝阻,及时介绍引导烘干器的使用方法,当发现洗脸间地面水迹较多时,应及时用抹布擦净。

9. 发现卫生间内异味较大时的处理方法

发现卫生间内异味较大时,乘务员应通知、督促随车保洁员及时清理卫生间卫生,清理完后及时盖上马桶盖,芳香球(盒)缺少及时补充,用空气清新剂喷在卫生间内的通风口上,必要时暂时引导旅客使用其他车厢卫生间,挂上温馨提示牌。

10. 旅客反映卫生间异味但拒绝使用空气清新剂的处理技巧

运行途中应督促保洁加强卫生间卫生的清理,旅客使用完毕后,及时合闭马桶盖,关闭卫生间门,挂上提示牌。当旅客对空气清新剂的味道提出异议时,乘务员应先耐心向旅客表示歉意,并把车厢两端的内拉门调试到自动关闭状态。对反映强烈的旅客,如其他车厢有空座位时可为其调整同等席别座位,并做好服务工作。同时,及时通知随车机械师将车内温度适度调低。

11. 集便器容量达到80%报警时的处理方法

当卫生间集便器容量达到80%报警时,乘务员接到通知后,应及时通知列车长和机械师,听从机械师安排是否需要锁闭卫生间或关闭车厢内洗漱用水,并向旅客做好解释工作,引导旅客使用其他卫生间,挂上提示牌。如已达到80%时,利用列车广播加强车内宣传,乘务员加强口头宣传,告知旅客:本次列车采用的是先进的集便式卫生间,因集便器容量有限,请大家在列车上注意节约用水,以免过多的废水占用集便器空间影响卫生间的正常使用。

12. 列车运行中某节车厢突然停电的服务技巧

列车运行中车厢内突然停电应及时通知列车长和随车机械师,本车厢乘务员应坚守岗位,做好各项服务工作,在不能辨明停电原因的情况下,不要对旅客做过多解释,妥善照顾车内重点旅客。

13. 发现男式小便间内出现粪便、烟头、方便面渣等污物时的处理方法

如发现男士小便间内有粪便或污物时,乘务员应及时通知随车保洁员在最短的时间内,用一次性手套和塑料袋将卫生间清理并冲刷干净,确认卫生合格后,方可引导旅客使用。当保洁人员在5 min内未及时到位时,乘务员要自己动手将卫生间清理干净,保证旅客正常使用。如在未清理时有旅客要使用卫生间,乘务员应先引导旅客使用其他卫生间。如其他卫生间有人

时，要先对旅客说："先生（××领导），您好，请您稍等，我清理一下，马上就好。"清理完毕要对旅客说："对不起，让您久等了。"

14. 卫生间内蜂鸣器报警的处理方法

如卫生间内蜂鸣器报警时，乘务员应先敲卫生间门，询问是否需要帮助，确认后方可进入卫生间。同时，乘务员应向旅客介绍车内及卫生间内的服务设施，以免旅客在不知情的情况下误按按钮。

15. 因故障自动广播无法正常使用时的处理办法

当列车自动广播发生故障无法正常使用时，乘务员要做好各项广播宣传，及时通告站名和到开时刻，避免旅客上错车、坐过站。运行途中通过广播向旅客宣传乘车需知和安全注意事项。

如所有广播机都故障，乘务员要巡视各车厢，面对面地向旅客宣传乘车需知和安全注意事项，加强车厢内流动通告站名和到开时刻，避免旅客上错车、坐过站。

16. 旅客出入座席打翻杯子或座席被污染、弄湿时的处理技巧

旅客出入座席打翻杯子时，乘务员应及时为旅客清理，并为旅客更换纸杯。途中、终到站前，利用广播提醒旅客及时打起小桌板，途中适当增加广播，乘务员在巡视车厢时及时协助提醒旅客。

旅客的座席被污染或弄湿时，乘务员应先向旅客道歉，在有空余座席的情况下，可先安排旅客到空余座席就座。无空余座席时，乘务员应及时清理座席，可为旅客及时提供防水坐垫或其他必要措施，安排旅客就座，并为旅客送上一杯水，感谢旅客的支持和配合。

17. 遇旅客座椅发生故障无法转动时的处理办法

遇旅客座椅发生故障，无法正常使用时，乘务员应向旅客做好解释工作。如坐席椅背发生故障，首先让乘务员踩住座席转动踏板，整排座椅全部复位后，再让旅客调整到自己满意的角度；如座椅不能复位，通知随车机械师查明故障问题予以及时修复；如不能修复，应尽量安排同等席别的空座让旅客乘坐，并向旅客表示歉意。

18. 洗手盆堵塞的处理方法

乘务员如发现洗脸间、卫生间内洗手盆堵塞时，应在第一时间通知随车保洁人员清理，并检查清理情况，途中随时检查洗手盆过滤网，及时清除过滤网内的茶梗、发丝、痰迹等杂物，并将洗手盆擦拭干净。如因没有过滤网发生堵塞时，乘务员应先通知列车长，列车长在第一时间赶到现场，查看后由列车长通知机械师关闭自动感应出水器，然后采取皮揣原理拿抹布用力上下疏通，疏通后将洗手盆擦拭干净。

19. 发现旅客在卫生间内吸烟时的处理办法

乘务员如在卫生间外闻到烟味，可敲卫生间门，劝其不要在卫生间内吸烟，必要时可通知乘警到场处理。

20. 当列车中途停车 1 min，旅客下车吸烟或购物时的处理

列车到站前，利用广播加强宣传，让旅客了解停车时间较短，只停 1 min，不下车的旅客请不要下车吸烟或购物，避免漏乘。停车后，乘务员应在车内车门口随时注意旅客动向，如有旅客执意下车吸烟，须告知旅客不要远离车门，以免漏乘，并提前告知旅客将烟头熄灭后投放到指定位置，不要把燃着的烟头扔下高站台。

21. 遇到本车厢多数旅客携带大件行李，行李仓放不开时的处理

遇有旅客携带大件行李较多时,乘务员应协助旅客妥善安排。如果是团体旅客,在旅客允许的情况下,可以旋转一排座席的方向,把行李放在背对着的两排座席之间,也可以让旅客放在本车厢最后一排座席后面,要告诉旅客,车厢内的大件行李是由旅客本人自行看管,请他们在各个中途停站时注意自己的行李。

22. 中途站旅客下车未来得及上车时的处理办法

发现或接报旅客中途站下车未来得及上车时,乘务员应及时报告列车长,列车长应确定旅客所在车厢、座席、到站,查找该旅客有无行李,会同乘警查看该旅客行李物品,编制客运记录,移交车站处理,并积极与该旅客联系,及时向车队报告。

23. 当餐车的服务没有满足旅客的需求,引起旅客投诉时的处理

餐车上的盒饭都是冷藏的,当客流量较大时,餐服人员应提前加热部分盒饭,尽量避免在用餐高峰期,让旅客排长队的现象发生。如旅客强烈不满,列车乘务员应积极配合,耐心解释,安抚旅客情绪。同时及时报告列车长,积极协助列车长处理。

24. 在车厢内遇有旅客接听手机、电脑音乐声或大声说话时的处理

乘务员要到旅客旁边,用婉转语言劝其带上耳机或者把声音尽量调小,劝其尽量到连接处接听手机。说话时要声音适当,尽量不对其他旅客造成影响,最后要对该旅客的配合表示感谢。

25. 遇有老人、残疾人或重点旅客单独乘车时的工作

遇有老人、残疾人或重点旅客乘车,乘务员要坚持首问负责制,主动向旅客介绍列车设施设备和安全注意事项,协助拿放行李,引导去洗手间、卫生间,随时为其做好重点服务。

26. 旅客补票后没有座位不理解时的处理办法

乘务员应及时说明动车组列车只能办理无席位号补票业务的情况,稳定旅客情绪,争取旅客理解。如旅客仍有意见,应立即通知列车长处理。

27. 遇有危重病人时的处理办法

乘务员立即通知列车长、乘警长赶到现场,了解旅客病情,广播寻医。调整位置,把该旅客安排到多功能室或动员旅客支持帮助,及时通过司机或列车调度员与站方联系,做好救护准备。

28. 因铁路责任造成旅客不满意,虽然不是列车责任,但旅客在列车内发泄不满时的处理办法

列车长应树立铁路是一个整体的大局观念,认真妥善处理好旅客提出的问题。乘务员热情服务,让旅客感受到宾至如归的感觉。

提示:列车长在处理问题时不要当着全体旅客,尽量把该旅客请到车厢连接处或餐车,认真倾听旅客意见(让旅客说出他的意见,发泄出他的情绪,也是缓解不满意的一种方法),再解释道歉。

29. 列车重联后旅客上错车的处理方法

由于列车重联,两列动车(1～8 号、9～16 号)中间不相通,有的旅客因急着赶车在站台上就近上车,当发现中间不通但又没有时间过去时,乘务员应先安抚旅客情绪并通过对讲机向列车长汇报,如开车前不能保证旅客安全到达另外一列动车时,应向旅客说明情况,有条件时可根据旅客的车票安排本列的同等座席。在到达中间站停车前请旅客提前到 8 号或 9 号车厢门口等候,到站时由 8 号或 9 号车厢乘务员协助该旅客到另一列动车组。

30. 遇有在车内喂婴儿的女士时的处理技巧

遇有在车内喂婴儿的女士时，乘务员应主动上前询问是否需要帮助，有条件时引导到列车多功能室喂婴儿。

第四节 列车服务实用接待英语

一、迎接旅客上车

1. Good morning/afternoon/evening, sir/madam.
   先生/女士，上午好/下午好/晚上好。
2. (1)May I check your ticket?
   (2)Show me your ticket,please?
   (3)Ticket,please.
   请您出示车票 。
3. Have your ticket back.
   请收回你的车票。
4. (1)Get on,please.
   (2)Get aboard,please.
   请上车。
5. (1)It's time to board the train.
   (2)It's time to get on board (of the train).
   现在该上车了。
6. Thank you. /Thanks a lot.
   谢谢。
7. (1)You are welcome.
   (2)It's my pleasure. /My pleasure.
   (3)Don't mention it.
   (4)Not at all.
   (5)That's (quite) all right.
   不用客气。

二、领座、领铺

1. (1)Can I help you?
   您需要帮助吗?
   (2)What can I do for you?
   我能为您做些什么吗?
2. (1)This way,please.
   (2)Follow me,please.
   请您跟我来。
3. It's in the fourth row from this end.

从这头起第四排。

4. It's in the fourth row from the other end.

从那头起第四排。

5. Your seat number is 106.

您的座位号是 106 号。

6. Please go to the other end of the coach.

请走到车厢的那一头。

三、车厢内作业

1. What's your nationality ?

您是哪国国籍?

2. Your passport, please?

请出示您的护照好吗?

3. (1)May I know your name?

(2)May I ask your name?

可以告诉我您的名字吗?

4. Please put your luggage on the rack.

请把行李放在行李架上。

5. Let me put your suitcase on the rack.

我把您的手提箱放在架子上吧。

6. Excuse me, I'll have a floor cleaning.

对不起,我要把地板拖一下 。

7. (1)Smoking is not allowed in the cabin.

(2)No smoking in the car.

车厢内禁止吸烟。

四、解答问询

(一)列车运行时间情况

P: When does the train arrive in Beijing?

这趟车几点到北京?

C: At five to nine in the morning.

早上 8:55 到。

P: Is the train on time?

列车正点吗?

C: Yes, sir.

列车现在正点。

P: What's the next stop, please?

下一个停车站是哪儿?

C：It's Zhengzhou，sir.

是郑州站，先生。

(二)列车到达晚点情况

1. The train arrives in Beijing at….

列车将在……点……分到达北京。

2. Are we on time?

列车正点吗?

3. The train's due to arrive there at….

列车应该……点……分到达。

4. (1)The train is five minutes late.

(2)The train is five minutes behind time.

(3)We are delayed (about) five minutes.

列车晚点 5 min。

5. 时间表示法

(1)小时＋ 分钟

(2)分钟 past 小时

(3)分钟 to 小时

(4)a. m. ＝in the morning

(5)p. m. ＝in the afternoon，in the evening

(三)旅客询问厕所情况

P：Excuse me，where's the toilet，please?

请问厕所在哪儿?

C：There's one at each end of the coach.

在车厢的两端都有。

P：Could I use the toilet now?

我现在可以用一下卫生间吗?

C：Sorry，I'm afraid you can't.

对不起，现在恐怕不行。

C：The toilet is locked while the train is stopping at the station. But we are leaving very soon. Just wait a moment. OK?

对不起，列车在车站停车时厕所是锁闭的。但很快就要开车了，稍等片刻行吗?

P：All right.

好吧。

(四)听不清时的对话

1. Sorry，I don't quite understand you.

对不起，我不大明白您的意思。

2. I'm sorry. Could you speak slowly?

对不起，您能说得慢点儿吗?

3. I beg your pardon? /Pardon?

请再说一遍好吗?

五、餐饮服务

(一)饮料单词翻译

1. drink 饮料
2. green tea 绿茶
3. black tea 红茶
4. jasmine tea 茉莉花茶
5. coffee 咖啡
6. orange juice 橙汁
7. mineral water 矿泉水
8. beer 啤酒
9. coca-cola 可口可乐

(二)旅客购买矿泉水

P:I'd like a bottle of water,please.

我想买一瓶水。

C:All right. Here you are.

好的。给你

P:How much is it?

多少钱?

C:Three yuan fifty fen,sir.

三元五角,先生。

(三)迎接旅客就餐对话

C:Welcome to the dinning car. Take a seat,please.

欢迎来到餐车就餐。请坐。

P:Could I have a look at the menu,please?

我能看一下菜单吗?

C:Sure. Here is the menu. Take your time,and I'll serve you a cup of tea.

当然可以。给您菜单。慢慢选吧,我给您取杯茶水来。

(四)迎接旅客就餐实用语

1. The dining car is in the middle of the train.

餐车位于列车中部 。

2. What kind of dishes will you have?

您想点什么菜?

3. Which do you prefer,Chinese food or Western food?

您想点中餐还是西餐?

4. May I take your order?

您现在点菜吗？

5. Shall I serve rice now?

现在上米饭吗？

6. The food is delicious.

这些食物很可口 。

7. The food is too salty/sweet/sour/spicy.

这些食物太咸/甜/酸/辣了。

8. Do you need a knife and fork/a pair of chopsticks?

您需要刀叉/筷子吗？

9. May I pay the bill,please?

请结账。

10. How much do I owe you? /How much is it?

多少钱？

11. You can keep the change.

零钱是你的。

12. We take no tips here.

我们这里不收小费。

(五)实用餐品单词

1. dish　菜
2. menu　菜单
3. meat　肉
4. pork　猪肉
5. beef　牛肉
6. mutton　羊肉
7. ham　火腿
8. vegetable　蔬菜
9. fry　油炸
10. stir-fry　炒
11. rice　米饭
12. bread　面包
13. steamed bread　馒头
14. soup　汤
15. instant noodles　方便面
16. fried noodles　炒面条
17. box-meal　盒饭

六、告别用语

1. Attention,please. The next station is …. Passengers for … station please get ready.

请注意,前方停车站是……站。在……站下车的旅客请做好准备。

2. The train has arrived at …. Passengers for … get off the train, please.
列车到达……站。到……站的旅客请下车。
3. Please get your luggage ready for getting off.
请把行李准备好,要下车了。
4. We sincerely welcome criticism to our work.
欢迎大家对我们的工作提出批评意见。
5. We are looking forward to having you here again.
我们期待您的再次光临。
6. Which door shall I get off from?
从哪边门下车。
7. The door on the right.
右边的。
8. I see. Thank you. I must say that you have done us a very good service.
知道了,谢谢你。我要说,您给我们提供了非常优质的服务。
9. Hope you take our train next time.
希望您下次还乘坐我们的列车。

七、车站和列车实用单词

1. station/railway station 车站
2. platform 站台
3. passenger 旅客
4. train 列车
5. fast train 快车
6. express train 特快
7. direct train 直达列车
8. car/carriage/coach 车厢
9. seat 座位
10. sleeping car 卧铺车
11. berth 卧铺
12. upper berth/middle berth/lower berth 上铺/中铺/下铺
13. dining car/restaurant car/diner 餐车
14. conductor/conductress 男(女)列车员
15. chief conductor/conductress 男(女)列车长
16. train policeman/policewoman 男(女)乘警
17. train crew 列车乘务组
18. chief conductor's office 列车长办公席